政策研究を越える新地平

政策情報学の試み

中道寿一・朽木 量【編著】

Hisakazu NAKAMICHI / Ryo KUTSUKI

福村出版

[JCOPY]〈出版者著作権管理機構 委託出版物〉
本書の無断複写は著作権法上での例外を除き禁じられています。複写される場合は，そのつど事前に，出版者著作権管理機構（電話 03-5244-5088，FAX 03-5244-5089, e-mail: info@jcopy.or.jp）の許諾を得てください。

は じ め に

　本書は，政策情報学会設立10周年を記念し，政策情報学についてできるだけ多くの人々に理解してもらうためにまとめられた論文集である。したがって，本書の執筆者は，政策情報学に関心を抱く者たちによって設立された政策情報学会のメンバーである。

　政策情報学会は，初代会長井関利明の「『政策情報学』への途　新学会の設立によせて」(『政策情報学会誌』創刊記念号，2007年）で示されているように，「今日の複雑かつ多元的な難問題に有効に対処し，的確な問題解決（政策）を提案し，実行し，評価するためには，これまでのような専門閉塞型の個別科学をこえた，超領域的あるいは諸科学横断的な『知と方法』の開発・創造が不可欠」と考え，「新たな知的再編成の出発点として，開かれた『対話と創造の場』」を提供しようとして設立されたものである。そのため，本学会は，異質なもの，雑多なものを包み込み，それらを相互連関させ新しい価値や意味を生み出し，しかも，「常に発展し自己再組織化していく動的な生成体」という性格を持っている。したがって，本学会は，政策情報学そのものだけでなく，研究上のさまざまなバックグラウンドをもちながら，「政策と情報をめぐる諸問題を共通テーマ」としつつ，新たな知的再編成を目指して，活発な相互交流を通じて価値の創造に資することを望む，多様な人々の集まりでもある。それゆえ，本書は，それぞれの分野の諸概念の差異を前提としながらも，それぞれの分野と政策情報学との関わりを中心とした論考から成り立っている。

　ところで，政策情報学会には，2つの研究活動がある。夏期の研究フォーラムと秋期の研究大会である。研究フォーラムの主たる目的は，議論するうえで時間的制約のある研究大会とは異なり，小規模ながら，政策情報学に関連したさまざまなテーマについて，時間をかけて密度の高い議論を行うこと，異なる立場の交流と協働を図る「開かれた対話と創造の場」として，現実のさまざまな政策問題を探求し，検討し，解決策を提示することである。

　これまで，研究フォーラムは，下記のようなテーマで開催されてきた。すな

わち,「東アジアの未来と人材育成の展望」(第1回, 2006年),「政策展望を持った大学教育」(第2回, 2007年),「地球経営と政策創造」(第3回, 2008年),「政策情報学とはなにか？」(第4回, 2009年),「政策情報学とはなにか？」(第5回, 2010年),「政策情報学の現在とこれから」(第6回, 2011年),「東日本大震災および原発事故後の政策対応」(第7回, 2012年),「原発事故報告書はどのように活かされるのか？」(第8回, 2013年),「政策教育と価値の創出」(第9回, 2014年),「政策過程における政策情報」(第10回, 2015年) である。

　研究大会は, 会員の研究報告と, 統一テーマに基づく基調講演及びパネル・ディスカッションを中心にして行われるが, 各回のテーマは, 下記のようなものであった。「政策学を創る－明日への展望－」(第1回, 2005年),「社会的公正と政策情報」(第2回, 2006年),「戦略的イノベーションと政策情報学」(第3回, 2007年),「転換期の政策創造」(第4回, 2008年),「サスティナブル社会の構築と政策情報－東アジア, 環境, エコビジネス－」(第5回, 2009年),「国際観光と政策情報－継承と変革－」(第6回, 2010年),「時間・空間軸を横断した文化交流－推進と排除, クリエイティビティという視点を中心に－」(第7回, 2011年),「一般化された政策とその当事者としての市民－未来設計の観察者から当事者へ－」(第8回, 2012年),「政策情報と評価」(第9回, 2013年),「政策評価と規範的思考」(第10回, 2014年) がそれである。

　以上のような研究フォーラム, 研究大会のテーマからもわかるように, 政策情報学会は, 当然のことであるが, その時々の重要なテーマと取り組みながら, 常に政策情報及び政策情報学とは何かを問い続けている。しかし, その成果は, どちらかと言えば,『政策情報学会誌』を通じての, 会員相互の共有にとどまる傾向にあった。たしかに, 政策情報学会第5回研究大会の成果を, 仲上健一 (政策情報学会顧問, 第2～4期政策情報学会会長) とともに,『サステイナブル社会の構築と政策情報学－環境情報の視点から－』(福村出版, 2011年) として公刊したことがある。しかし, それは, 研究大会のなかの「特別分科会」及びシンポジウムに参加した報告者たちが, 環境問題と政策情報との関連性を中心にして論述し直したものであり, 執筆者もテーマも限定されたものであった。その意味において, 本書は, 執筆者全員が政策情報学会のメンバーであり, テーマも多岐にわたっていることから,「政策情報学」についてできるだけ多

くの人に理解してもらううえで，より充実した内容になっているのではないかと思っている。もともと政策研究は，既存の諸領域を乗り越えて総合化をはかりながら，新しい社会像を模索するものであるけれども，さらに政策情報学という視座を加えることによって，これまで見えなかったものがよりよく見えるようになるし，また，より新しい社会を展望することができるようになるはずである。本書が，1人でも多くの人々の目に触れ，心に届くことによって，「政策情報学が知的世界において市民権を得た証し」を目にすることができればと，切に期待している。

　今回も，こうした私たちの企画を快諾してくれた福村出版の宮下基幸氏と，編集を担当してくれた小川史乃さん，閏月社の徳宮峻氏に心より感謝申し上げたい。3人の方々の御助力なくして本書の刊行はあり得ませんでした。

　　2015年8月

中道寿一

政策研究を越える新地平
目　次

はじめに　3

Ⅰ部　政策情報学とは何か

1章　「政策情報学」の構想 ……………………………… 井関 利明　10

2章　人文社会科学の理論的展開と政策情報学という試み ……… 朽木 量　19

Ⅱ部　諸分野における政策情報学的思考の展開

1章　国際政治と政策情報学 ……………………………… 山神 進　36

2章　経営情報学と政策情報学 …………………………… 國領 二郎　68

3章　環境政策と政策情報学 ……………………………… 仲上 健一　84

4章　環境計画と政策情報学 …………………………… 若井 郁次郎　98

5章　環境経済と政策情報学 ……………………………… 小泉 國茂　114

6章　社会科学と政策情報学 ……………………………… 松田 憲忠　132

7章　社会福祉サービスと政策情報学 …………………… 狭間 直樹　155

8章　ガバナンス研究と政策情報学 ……………………… 市川 顕　168

9章　学習・学習支援と政策情報学 ……………………… 濱野 和人　187

10章　地方自治と政策情報学 …………………………… 髙木 昭美　202

11章　政治理論と政策情報学 …………………………… 中道 寿一　214

Ⅲ部　政策情報学的思考のためのキーワード

- ＊ヴァナキュラーな知　233
- ＊コンヴィヴィアリティ　235
- ＊コンテクスト／関係論　238
- ＊市民目線　240
- ＊重層的非決定　242
- ＊多元主義　243
- ＊超領域　245
- ＊ツリーとセミラティス　247
- ＊認識論的転回／存在論的転回　249
- ＊物語性　250
- ＊臨床の知／実践の知　252

あとがき　259

政策情報学会の歩みと入会案内　262

I部

政策情報学とは何か

1章 「政策情報学」の構想

井関　利明

1　新学会の役割―開かれた対話と創造の場―

　21世紀の今日，人類は大きな課題をかかえています。それは，自然環境，社会・文化，科学・技術と人間との関わり合いを再調整し，あらためてつくり直す作業です。グローバリゼーションのなかでの民族間，文化間，宗教間の対立と紛争問題も忘れてはなりません。一方で，多様性と異質性のなかに「共生と協同と参加」を確保し，他方で，「個別の可能性」を開発する，という課題もあります。いわば，あらゆる分野で，いま大規模なリフォメーション（改革）とリストラクチャリング（再編成）が進みつつあるのです。

　20世紀の科学・技術は，人類に大きな成果を生みだすことになりました。たしかに，比較的単純な因果関係が支配する問題や現象は，従来からの個別諸科学の成果によって，かなり解決されたように思います。しかし，多数の要因が，複雑に相互作用し合うような問題や現象については，その解明も解決も十分に行われないまま，難問題として21世紀に残されてしまっています。今日の複雑かつ多元的な難問題に，有効に対処し，的確な問題解決策（政策）を提案し，実行し，評価するためには，これまでのような専門閉塞型の個別科学をこえた，超領域的（Trans-disciplinary）あるいは諸科学横断的（Cross-disciplinary）な「知と方法」の開発・創造が必要不可欠です。

　こうした社会的要請に応えるために，新たな知的再編成の出発点として，開かれた「対話と創造の場」を準備してみました。それが，この「政策情報学会」です。四方八方に議論が噴出し，さまざまな問題解決や政策の提言が繰り返される学会とは，一方で，対立し，競合する議論と作業の場であり，他方で

は，異質な立場を誘い込み，さまざまな問題領域へと越境する遠心力の働く場でもあります。従来からの学会は，往々にして，境界線が明瞭であり，内的整合性を高めるために，メンバー同士が価値と規範を共有し，権威と求心力が働く集合体であったように思われます。とすると，旧来の学会とは異なる軌道を進むものが，我々の「政策情報学会」でなければなりません。

2　「政策情報学」の特徴──コンテクストとしての学問──

　新しい学会の性格は，名称でもある「政策情報学」をどのように構想するかによって，決まってくることになるでしょう。もちろん「政策情報学」は，完成された学問でもなく，教科書や概論書が書かれているわけでもありません。もう1つの個別科学を，あらためて創ろうとしているわけではないのです。「政策情報学」は，従来の個別諸科学とは異なり，必ずしも体系化や理論的完成を目指す学問ではないからです。むしろ，流動する柔軟な「知と方法」がいま求められているのです。

　ここでは，「政策情報学」の性格を，5つのキーワードで描いてみようと思います。すなわち，アンブレラ（Umbrella），コンテクスト（Context），ビカミング（Becoming），リエンチャントメント（Reenchantment），そしてデジタル・ネットワーク（Digital Network），の5つです。それぞれについて，簡潔に説明しておくことにしましょう。

a　Umbrellaとしての「政策情報学」

　アンブレラは，異質なもの，雑多なものをすっぽりと包んでしまう大きな傘なのです。あるいは，広く大きな屋根なのかもしれません。その大きなアンブレラの下に，社会問題を解決し，新しい社会的価値を創造し，社会関係の活性化を計るさまざまな試み，特に超領域的，諸科学横断的アプローチの数々が，ゆるやかに包含されるのです。たとえば，リスク・マネジメント，コミュニティ（タウン）・マネジメント，ソーシャル・マーケティング，パブリック・ガバナンス，ニュー・パブリック・マネジメント，環境マネジメント，社会情報学，公共哲学などが，同じ屋根の下に共存し，交流し合うのです。ときには，

雑多な，知的に対立し合う学的故郷喪失者たちや知的亡命者たちが，寄り集まってくる知的リゾートであってもいいのです。大きく，カラフルで，人目につくようなアンブレラを立ててみたいのです。

b　Context としての「政策情報学」

また，「政策情報学」は，1つの学的コンテクストと考えることができます。コンテクストとは，ある意図を表現するために，取り込まれた要素や概念を相互に関連させて，新しい意味や価値を生みだす"文脈"や"場"を意味しています。特定の問題に焦点を当てたとき，その解決のために，さまざまな分野（個別諸科学）から，概念，モデル，理論，技法などを借用し，導入して，組み合わせ，新たな意味と関連を創りだす枠組み，それこそが，「コンテクストとしての政策情報学」なのです。いいかえれば，問題解決に焦点をおき，従来の個別諸科学の成果をコンテンツとして取り入れ，組み合わせ，新しい意味関連の構図を創りだす働きが「政策情報学」である，と言ってもいいかもしれません。それが，同時に，新たな知的再編成の場でもあるのです。既存の断片的な知識，モデル，技法といった知的コンテンツが，新しいコンテクストのなかに置かれるとき，いままでにない意味を担い，新しい関係と関連の構図をつくりだすのです。

c　Becoming としての「政策情報学」

"Being"は，確固たる存在，動かし難い安定した状態を意味します。それに対して，"Becoming"は，連続的な生成，形成，絶えざる転成，より良きものへの進化などを意味しています。

新しい「知と方法」は，問題と共に，状況と共に，新しい要素をとり入れながら常に発展し，自己再組織化していく動的な生成態なのです。従来の個別科学が，静的で安定した最終図柄（体系・構造）を目指しているのだとすれば，新しい「知と方法」は，最終図柄の見えない（予測できない）ジグソーパズルを始めたことなのかもしれません。さまざまなピースを嵌め込むたびに，少しずつ図柄が見え始めるのです。でも，まだまだ最終図柄は見えないようです。

d Reenchantment としての「政策情報学」

かつてウェーバー（M. Weber）は，18, 19世紀における西欧文明の転換を，Disenchantment（脱魔術化）という一語で表現したことがありました。西欧近代のテーマは，近代化，合理化，世俗化，啓蒙主義，理性中心志向などの言葉で語られていました。それらを総括すれば，伝統的な「魔術にかけられた（Enchanted）」状態から，西欧近代特有の「魔術を解かれ（Disenchanted）」，理性に目覚めた状態へと転換したことになるわけです。この Disenchantment は，最もティピカルな形で，科学方法論として表れました。西欧近代科学特有の理性中心主義，客観主義，実証主義，数量化，法則定立，予測可能性などが，Disenchanted された方法として確立されたのです。

科学の知	実践の知
・分析の知	・参与の知（住み込みの知）
・記述の知（観照の知）	・臨床の知
・予測の知	・設計・工学の知
・無時間の知	・物語の知（歴史の知）
・機械の知	・生命の知
・法則の知	・解釈・読みとりの知
・形式的知	・暗黙知

図 1-1　さまざまな「知と方法」

ところが，1960年代以降，西欧近代科学の限界が指摘され，その認識論的，方法論的基盤にまで遡って徹底的に批判されたのです。西欧近代科学批判については別の機会に譲りますが，今日では，それを超えた新しいタイプの「知と方法」が，あらためて求められているのです。

先鞭をつけたのは，かのプリゴジーヌ（I. Prigogine）でした。「脱魔術化」をさらに超えた新しい次元，それを Reenchantment（再魔術化）と呼んだのです。追随したのは，ウォーラーステイン（I. Wallerstein）やポストモダン社会学者のバウマン（Z. Bauman）でした。いずれも，新しい「知と方法」の探究を熱っぽく語るのです。もちろん，「再び魔術にかかる」ことを求めているわけではありません。

私もまた，Disenchanted された西欧近代科学とは異なる地平に，Reenchanted された「実践の知」の可能性を「政策情報学」のなかに期待したいのです。一方で，さまざまな「知と方法」の共存・並存を許容し，他方では，「科学の知」とは異なる「実践の知」（暗黙知や身体知も含む）の可能性を探っ

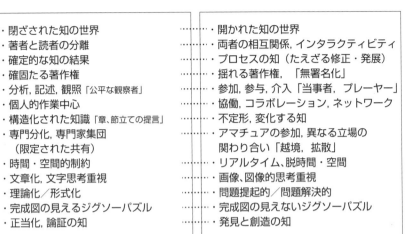

図 1-2 「プリント・メディアの知」と「デジタル・メディアの知」

てみたいのです。

e　Digital Network が支える「政策情報学」

　従来からの個別諸科学は, プリント・メディアそして活字文化によって形造られ, 支えられてきました。アルファベットの活字印刷技術の発明は, 西欧近代の基礎をつくりだしました。宗教改革も, 西欧近代科学も, 産業革命も, もとをただせば印刷技術の発達・普及に関わるのです。メディアは, 単なるコミュニケーションの手段や技術には留まらないのです。人々の神経や細胞や頭脳にも浸透し, 世界の認識のしかた, 記述のしかた, 伝達のしかた, 自己表現のしかたをも左右することになるのです。

　したがって, 新しい時代の新しい「知と方法」は, 何よりも 21 世紀のメディアであるデジタル・ネットワークと密接に結びつくのです。情報収集, 検索, 蓄積, 伝達, 表現の新しいインフラを持つにいたった「知と方法」は, 従来のものとは, はっきりと異なるパターンを描くことになります。その対比を, 多少誇張して図に示してみましょう。

　プリント・メディアとデジタル・メディアには, それぞれ特有の異なった世界認識, 異なった記述法, 異なったプレゼン法, 異なった自己表現のしかたが,

対応しているのです。まさに，2つの異なった「知と方法」のパターンです。学問の形が異なるのは，当然なのです。

3　政策動物としての人間——般化された「政策情報」概念—

　人間は，「政策的動物」（Policy-driven or oriented Animal）である，といわれます。外部環境に対して，もっぱら生得的適応様式（本能）に基づいて対応する他の動物とは異なっています。つまり，人間は，本能が壊れた動物なのです。そのため，人間は学習によって獲得する後天的装置によって，生きていくのです。人間は，自己意識を持ち，さらに時間・空間意識を働かせて，外部環境を選択的に認知し，分析し，再構成しています。自らのおかれた環境に不満を感じたり，問題を見つけ出したりして，より良き関係を求めて外部環境を変え，あるいは自ら変えようと行動を起こすことは，人間に特有のことです。そこに介在し，媒介するのが，他ならぬ情報です。この「情報と言葉による予見をもって，計画した行動」こそが，まさに一般化された「政策」（Policy）そのものです。

　ここでいう「情報」とは，行動主体と外部世界との間の「情況についての報らせ」をいうのです。一般に，生物は，自己の生命維持のために，たえず外部世界から，自らをとりまく情況についての"報らせ"を得て，これを識別し，評価し，外部環境に対応した行動をとるものです。たとえば，生物は，食物であれば捕らえ，外敵であれば逃避します。主体としての人間が，置かれた情況との間に違和感，快・不快，善し悪しを感じるときに，次の段階においてより良き関係を目指そうとする，あるいは失われてしまった価値や壊された価値を復元しようとするとき，必ず「情況についての報らせ」を受けとることになります。そしてその情報から，目標とすべき望ましい状態についてのイメージを描くのです。それを実現するための方法を探し，そのための行動計画をすることも情報に拠るものです。したがって，「情報」と「政策」は常に不可分な関係にあります。

　以上の意味での「政策（Policy）」とは，必ずしも政府や行政に関わるとは限らないのです。それは，外部環境との相互作用あるいは外部環境への関与（介入）行動であると同時に，自己変革，自己再組織化の行動でもあります。

こうして，行動主体が，個人であれ，集団・組織であれ，自治体・政府であれ，環境との相互作用と自己再組織化を目指す計画された行為（つまり政策行動）は，次なるより良き関係を求めて，たえず形成的かつ発展的に繰り返されるスパイラルな行動連鎖です。それを一般化して「政策行動」と呼ぶのです。

繰り返しますと，スパイラルな政策行動の過程において，行動主体は，自らの存続と発展のために，外部環境から情況や事物・現象についての「情報」を得て，これを識別し，評価し，組み合わせて，対応のための行動を計画します。この際重要なことは，不確かさを減少させ，より有効な行動選択に役立つ情報を獲得するため，そしてその行動成果を広く伝達し，評価を受けるために，どのようなメディアや技法を活用して，どのような情報を収集・分析，発信すべきか，であります。この意味でも，政策行動と情報は不可分な関係をもつものです。「政策情報」行動と，1つの用語で語られる所以です。

一般化された「政策」とは何かを，あらためて要約しておこうと思います。政策とは，「問題解決，または目標達成のための行動計画とその実行」，「情報によって，より良き未来のために計画された行動とその実行方法」，「未来に向かって，価値を創造し，増進し，配分するための意思決定と行動計画」，「自らを取りまく環境の状態と動きを察知し，環境に働きかけ，あるいは自分自身を革新しようとする，人間特有の行動」，を意味していることになります。この人間特有の行動を，"Policy Behavior" と呼びたいと思うのです。したがって，Policy Behavior は，個人のレベルから集団のレベル，組織のレベル，地域社会のレベル，国民国家のレベル，国際機関のレベルにいたる，多層・多重的な現象と言えるのです。各層のレベルそれぞれにおいて，「政策情報行動」という1つの同形性に着目していきたいのです。

こうして，拡張され，一般化された「政策情報」概念を，意識的につくりだす思考作業を通じて，包括性の高い「政策情報学」の構想が，ようやく出発点をもつことになるように思うのです。

4 新しい知の可能性──個別科学の知から政策情報学の知へ──

これまで，あり得べき「政策情報学」が，従来の個別科学とは，はっきりと

異なった方向性，目的，方法をもつ超領域型の実践的「知」であることを強調してきました。ここでは，あらためて両者の比較対照をしてみようと思います。

大まかにいえば，従来の個別科学は，「対象からの距離化」を学問の中立性，客観性として強調します。「政策情報学」は，むしろ「対象世界との関わり合いや参加・参画」を基本姿勢としています。また，前者は，内的整合性の高い「理論体系の形成」を目指していますが，後者は，対象世界と関わる「現場の知恵や暗黙知」の再編成を狙っています。つまり，モデルや理論から始まるのではなく，社会と生活の具体的な文脈における個々の生活経験や問題・出来事から出発します。

さらに，前者に属する研究者たちは，往々にして，同じ専門用語を語る「同質的な"ジャーナル共同体"」を形成しようとしているようですが，「政策情報学」に同調する研究者や実務家たちは，「異質・多様かつ流動的な対話の場」を楽しむ傾向がある，と考えます。詳しい対比は，図に示してご参考に供したいと思います。

さて，これまで「政策情報学」の，概念用具，モデル，命題・仮説，技法などのコンテンツについては，実質的なことは何も語っておりません。あり得べ

「個別科学の知」と「政策情報学の知」
(超領域型の実践的知)

「個別科学の知」	「政策情報学の知」
◇分析の知	○参与・関与の知（住み込みの知）
◇記述・観照の知	○臨床・設計の知
◇客観的・価値中立的な知	○社会的アカウンタビリティと自己言及性
《対象からの距離化》	《関わり合いと参加，価値と責任》
◇知識の伝授と学習	○問題の発見と解決
◇形式化，テキスト化	○たえざる形成のプロセス
◇無時間的法則性	○状況依存性，相互依存・相互浸透性
◇境界設定と排除の原理	○脱境界と取り込みの原理
◇集中性・求心性	○分散，拡散，遠心性
《理論的世界の重視》	《現場の知恵，暗黙知，その自己組織化》
◇均質な研究者たち	○異質・多様な立場のコラボレーション
◇知的創造拠点としての大学・研究所	○多様な知的創造拠点
◇専門家間での閉じた評価	○異質・多様な人びとからの「開かれた評価」
◇コンテンツの産出・提供	○コンテクストの形成と発展
◇プリント・メディア中心	○デジタル・ネットワークの活用
《同質的な「ジャーナル共同体」》	《異質・多様かつ流動的な公共空間の形成》

「重層的非決定な学問」は可能か

図1-3 「個別科学の知」と「政策情報学の知」

き特徴，性格，方向性など，むしろ周辺部分についてのみ多く語ったことになります。正直に申しますと，「政策情報学」は，まだ固有のコンテンツをもっていないのかもしれません。分析の対象や扱う問題の範囲についても，いまはまったくフリーハンドだ，といってもよいでしょう。

　このレクチャーは，「政策情報学への途」と題されていますが，そこへの道筋が明瞭に示されたわけではありません。錯綜した道路の絡まり具合が示されただけかもしれません。しかし，私は，こんなふうにも思うのです。つまり，目標地への道程は，もともといく筋もあり，異なった立場の参加者たちが，それぞれの地図と装備を頼りに，かならずしも明確ではないイメージだけの目標地を目指して，辿り行くのです。途中で，何度も何度もおたがいが出合うことになります。ときに助け合い，デジタル機器を活用して，難路を切り抜けることにもなるでしょう。そして，あるとき，忽然として「政策情報学」が，その姿を現すのです。

　また，こんな言い方も可能かもしれません。この新学会は，カラフルで魅力的なアリーナやシアターであって，さまざまな立場の異なるプレーヤーやアクターたちが数多く集まってきて，ダイナミックなプレーが展開され，やがてそこに新しいコンテンツが沈殿していくのだ，と。そこでのゲームやプレーは，問題・課題ごとに展開されるのであって，異なる立場の間での対話と相互作用からこそ，新しい「知と方法」が生まれるのだ，と信じているからでもあります。

　いずれにしても，よき社会，よき制度，よき関係の実現を目指して，人々の価値観，慣習，行動様式を変革するための「社会的技術」「知と方法」を，さまざまな交流のなかに創りだす場，それこそが，今回の「新しい学会」である，と考えているのです。立場と専門の異なる研究者と実務家たちのご協力とご支援を，心からお願いいたしたいと思います。

＊2004年11月20日「政策情報学会」発表記念シンポジウムにおける講演から収録　井関利明「『政策情報学』への途－新学会の設立によせて－」『CUC View & Vision』第19号　36-41　2005より転載

2章　人文社会科学の理論的展開と政策情報学という試み

朽木　量

1　はじめに

　政策情報学とは何かについて一言で言い表すとすれば，それは政策研究におけるポストモダニズムであると言えよう。さらに広義に捉えれば，現代社会におけるさまざまな問題を解決するためのポストモダン的思考様式と換言することもできる。ただし，そのポストモダニズムが，1980年代の日本において注目された「ポストモダン」という名の思想潮流や，単に近代以降という「状態」を指し示していると誤解されることがないように，急いで柄谷行人を引用しつつ注釈をつけなければならないだろう。
　柄谷行人は『闘争のエチカ』のなかで次のように述べている。「ある者たちに対しては，僕は，自分はポスト・モダンだと宣言するでしょう。しかし，それは，ポスト・モダンがモダンのあとにくる『状態』や『段階』なのではなくて，モダンなものに対してその自明性をくつがえすという"超越論的"な『姿勢』である限りにおいてです。だから，それは『状態』としてのポスト・モダンに対しても向けられなければならない」(蓮實・柄谷, 1988)。つまり，柄谷はポストモダンを「状態」としてではなく，自明性をくつがえす「批評」としての「姿勢」と捉えている。
　そして，冒頭で述べた政策研究におけるポストモダニズムという定義も，モダンなものの自明性をくつがえす「姿勢」という意味で用いている。また，政策研究の対象となる政策の意味も，公共政策のみに限定することなく，最も広義に捉えて，現代社会におけるさまざまな問題を解決するための方策を考える

ことという意味で用いている。では，政策情報学がくつがえそうと試みるモダンとそれを支える考え方は何だろうか。

2 人文社会科学の理論的展開

モダンの考え方を理解するためにはデカルト（R. Descartes）の『方法序説』にまで遡らねばなるまい。デカルトは，この書のなかで，科学的省察の方法として真であることが疑い得ないもののみに依拠し（明証），検討する問題を小部分に分割して（分析），最も単純で認識しやすいものからより複雑なものへと順序にしたがって進め（総合），最後に全体にわたる見直しを行って見落としがないか確かめる（枚挙）という4つの規則を提示している。これにより科学においては還元論的で分節化した思考が極端に進み，学問は細かなディシプリンに落とし込まれることになっていく。さらに，「我思うゆえに我在り」という有名な言葉が示すように，思考する自分（主観）と存在としての自分（客観）を分けることにより，客観的な思考を推し進めていくことにもなる。

このような，もともと自然科学の分野で進められてきた近代の科学的思考は，19世紀後半から20世紀頃には人文社会科学の各分野における研究にも適用されるようになる（表2-1）。社会学，文化人類学，地理学をはじめ，考古学や歴史学といった分野に至るまで，客観的な観察と記述に基づき科学的に分析しよ

表2-1 人文社会科学の潮流と理論の展開

分野	科学的方法論の人文社会への適用	全体と要素 一般システム理論		計量 モデルシュミレーション		解釈学 現象学
社会学	古典的社会学 （コント） （デュルケーム）	社会システム理論 （パーソンズ）	計量革命　パソコン　統計	社会統計学の発達	認識論・言語論的転回	現象学的社会学 （シュッツ）
文化人類学	文化進化論（タイラー） 文化伝播論（スミス）	機能主義（マリノフスキー） 構造機能主義 （ラドクリフ＝ブラウン）		構造主義 （レヴィ＝ストロース）		解釈人類学 （ギアーツ）
歴史学（アナール学派等）	アナール第一世代 （ブロック フェーブル）	アナール第二世代 全体史 （ブローデル）		アナール第三世代 社会経済史の発達		アナール第四世代 （シャルチエ）
地理学	系統地理学の初め （カール・リッター） （フンボルト）	人文地理学の精緻化		計量地理学 中心地理論など		現象学的地理学 人文主義的地理学
考古学	記述的考古学 （ペトリ トムセン）	プロセス考古学の萌芽期 （ディーツ）		プロセス考古学 （フラナリー レンフリュー）		ポストプロセス考古学 （ホダー）
経済学	古典派経済学 （スミス リカード マルサス ミル）	マルクス主義経済学 （マルクス エンゲルス）		計量経済学		行動経済学 解釈学的経済学

［出典：筆者作成］

うとされ始める。次いで，一般システム理論や機能主義に見られるように，全体をシステムとして捉え，社会の諸部分におけるある事象がそのなかでいかに機能しているかを論じていった。こうした考えは，地理学において計量革命とも呼ばれる程のパソコンと統計学の普及によりさらに推し進められた。統計学の普及は仮説検証・モデルシミュレーションといった形でも推し進められた。また，構造主義は科学的合理的思考の極致とも言え，レヴィ＝ストロース（C. Lévi-Strauss）の「野生の思考」などに見られる構造は，科学的合理性により導かれたモデルだとも言える。その後，いわゆるポスト構造主義やポストモダニズムで重視されたのが，解釈学や現象学的な立場である。構造主義では，個別性，歴史性などが捨象されているので，その反動として個々の文脈や意味が重視された結果，解釈学現象学的な方法論が重視されるに至ったのである。こうした動きは認識論的・言語論的転回とも呼ばれるように各分野でも広がりを見せ，シュッツ（A. Schütz）の現象学的社会学，ギアーツ（C. Geertz）の解釈人類学をはじめとして次々と成立していった。

　表2-1は恣意的に選んだ諸分野で，かなり大雑把に当該分野を概観したものである。展開する各段階も厳密な意味で共時的であるわけではなく，隣接分野の動向を受けて共に変化していったものをあえて横並びに表現している。しかし，社会現象の客観的な観察記述にはじまり，計量的分析や仮説検証を経て，解釈学的なものへという思想潮流の変化は人文社会科学を通じて大まかに一致している。このように見てくると，いわゆるモダンを下支えする近代科学は構造主義で一応完成し，その後，認識論的言語論的転回を経て，ポストモダニズムへと繋がっていることがわかる。そして，その動きはディシプリンの枠組みを超えて見られることが重要である。冒頭において，政策情報学とは政策研究におけるポストモダニズムだと述べたが，政策情報学も，こうした人文社会科学の潮流に対応しつつ，生み出されていったと言える。

　そもそも政策研究の中心の1つに，これまで合理的な政策決定という課題があった。ラスウェル（H. Lasswell）は，「社会における政策作成過程を解明し，政策問題についての合理的判断の作成に必要な資料を提供する科学」として政策科学を提唱し，ドロア（Y. Dror）は「体系的な知識，構造化された合理性及び組織化された創造性を政策決定の改善のために貢献させることに関わる科

学」として政策科学を定義した。いずれにおいても，合理的な判断に基づこうとしている。しかし，政策情報学はそうした既存の政策科学的な思考を超克するために構想された。モダンな世界に蔓延する科学的思考に捉われることなく，ポストモダンな現代社会の実情に柔軟に対応することが求められたためである。したがって，政策情報学とその特徴を理解しようとするならば，モダンな科学的思考を対置させつつ考察すると理解しやすい。そこで，政策情報学を特徴づけるキーワードを列挙すれば，①超領域的，②多元主義，③大衆目線の重視，④全体論的思考，⑤日常的実践への着目，⑥物語性重視，⑦場所性重視，⑧重層的非決定，⑨コンヴィヴィアルな社会の顕現の9点が挙げられる。以下，順次論じていきたい。

3 政策情報学の特徴

a 超領域的思考

政策情報学を最初に構想した井関利明は，政策情報学の5つの性格の最初に「アンブレラとしての政策情報学」を挙げ，「アンブレラは，異質なもの，雑多なものをすっぽりと包んでしまう巨大な傘」としたうえで，「その大きなアンブレラの下に，社会問題を解決し，新しい社会的価値を創造し，社会関係の活性化を計るさまざまな試み，特に超領域的，諸科学横断的アプローチの数々が緩やかに包含される」と述べている（井関，2007）。政策情報学における超領域的思考は，それを特徴づけるものと言えよう。

ではなぜ，超領域を志向するのか。それは，近代科学がディシプリンの細分化をもたらしたので，それを超克するために超領域的思考が標榜されたと言える。先に述べたように，デカルトは真理を究明するために，検討する問題を小部分に分割すること（分析）を行った。この還元論的な方法論を突き詰めていくと，科学はより細かなディシプリンへと落とし込まれていくことになる。医学が内科学と外科学に別れ，さらに外科学が脳外科，循環器外科など細分化されたように，あらゆる学問で細分化がなされ，その結果として専門閉塞という弊害が起きている。専門閉塞は分野内のみに通じるジャーゴン（専門用語）の濫用とルーティン化した思考パターンから生み出されるもので，細分化した学

問世界特有の病とも言えよう。

そうした学問の細分化と専門閉塞を乗り越えようと，これまでもさまざまな分野で共同研究が試みられてきた．赤司秀明はそうした共同研究を，シェリフ他の『学際研究－社会科学のフロンティア－』などを参照しつつ，その発展段階により4つに分類している（赤司，1997）．すなわち，

1) Multi-disciplinary: 学問の専門分野間の相互作用は少ない状態で，それぞれの専門分野は独自的に貢献している段階で，学際のスタートライン
2) Inter-disciplinary: 複数の専門分野の境界に目が向けられ，新しい構造の知識体系の可能性が出てくる段階
3) Cross-disciplinary: 既存の複数の専門分野に妥当するような新しい専門分野が求められ，その目的が理論的に統合する段階
4) Trans-disciplinary: もとの専門分野の境界が薄れて新しい構造の学問体系が生ずる段階

である．むろん，政策情報学が求める超領域性はTrans-disciplinaryなものであり，単に学問の枠組みを超える（Cross）だけでなく，相手の側に入り込むほど（Trans）の領域横断的なアプローチを志向する．しかし，赤司の述べるTrans-disciplinaryと異なるのは，政策情報学が新しい構造の学問体系や新しい学問分野になろうとしていない点である．政策情報学という新しいディシプリンや学問体系を創り出すというのでは，既存の分節化された科学の一分野として包摂されてしまう．井関の言葉を借りて言えば「『政策情報学』は，従来の個別諸科学とは異なり，必ずしも体系化や理論的完成を目指す学問」ではなく，「雑多な，知的に対立し合う学的故郷喪失者たちや知的亡命者たちが寄り集まってくる，知的リゾート」であるので（井関，2007），近代科学の一分野として収まってはならない．政策情報学は，近代科学という知の体系専門閉塞に陥ったスペシャリストたちの単なる集合体でなく，他の分野に入り込んで研究全体をコーディネートしたり，他へプロデュースしたりすることで，細分化したディシプリンを繋ぐような知のあり方である．

b 多元主義的思考

このように，雑多な「知的亡命者」の集まりである政策情報学は，その超領

域的研究のあり方として，必然的に多元主義的立場を取らざるを得ない。異質かつ多様な価値観を受容し，それぞれの立場を相対的に取り扱う必要性があるからである。政策情報学に見られるような解釈学・現象学を重視するポストモダニズムの立場では，歴史的な変遷に留意しつつ，それぞれが持つ個別性を大切にする。文脈により意味は異なるのである。真・善・美などの二元論的思考で唯一の真理を客観的に求めるのではなく，異質かつ多様な価値観を互いに認めて，意味の違いを強調しつつ相対化させていくのである。

　既存の近代科学に見られるような，個別性を捨象した客観的記述は，それぞれが持つ意味を押し殺してしまう。たとえば，時間雨量20ミリの雨といえば，客観的な記述であり，誰にとっても同じ雨の意味にしかなり得ない。しかし，日照りに悩む農民にとっては待望の恵みの雨という意味になる。その一方で，明日の運動会を心待ちにする小学生にとっては折角の運動会を台無しにしかねないという不安をもたらす。時間雨量という客観的記述では，そうした農民や小学生にとっての意味や心性を表現し得ないのである。政策情報学が，近代科学の合理的で客観的な思考を排し，コンテクストを重視する理由はここにある。

　ただし，解釈学的な立場に立ち，個別の意味のみに傾倒していくと，その個別の多様性に呑み込まれて収拾がつかなくなる可能性がある。人生いろいろ，人それぞれが違うというだけでは，専門閉塞に陥った学者が単に集っているだけのMulti-disciplinaryな状態と変わらないだけでなく，違いを強調するあまり余計に専門閉塞に陥りかねない。井関が構想した「知的リゾート」を完成させるためには，後述するようなコンヴィヴィアルな状態を創り出していく必要があるだろう。

c　大衆目線の重視

　近年，諸学問分野において，専門閉塞から脱するための試みとしてアカデミズムの世界から出てパブリックへと接近し，パブリックとの双方向的な関係のなかで新たに研究を進めようという動きが顕著である。すなわち，パブリック社会学，パブリック考古学，パブリック人類学など枚挙に暇がない。政策研究においても同様であるべきであるが，これまで一般大衆といえば観察の対象者になり得ても，当事者として政策立案に直接関わっていく局面は少なかった。

なぜなら従来の政策立案の場においては，一般大衆が持つプライベートな側面としての「個」を喪失させられる形で人々は「市民」として均質化され，政策の対象として客体の側に落とし込まれてしまっていたからである．

　しかし，状況は少しずつ変わりつつある．東日本大震災，原発事故など未曾有の大災害を経験することとなった現在の日本では，官僚制度，政局中心の政治など既存の組織の崩壊と組織の論理の弊害が露呈してきている．震災時に公的情報が混乱するなか，ネット掲示板やSNSでの情報が比較的有効に機能しており，見知らぬ個の緩やかな連携の強さを知ったのは記憶に新しい．また，フェイスブックなどネットコミュニケーションを媒介として，組織化されることなく首相官邸前に集まった人々よる反原発デモが行われるなどといった動きもあった．しかしながら，「市民」を政策の当事者として巻き込むための方途はパブリックコメントや地域フォーラムなどの手法に限られており，東浩紀が『一般意思2.0』(2011)で構想したような意見集約のための手立てはまだ確立されていない．

　政策情報学においては，その構想当初から大衆の目線の重視と大衆知の活用が認識されていたが，上記のような現状の今こそ政策の当事者としての大衆のあり方が問われており，政策情報学がそれに資するときだと言える．パブリックコメントのように「市民」から意見聴取して政策に反映させるというだけでは，旧来の組織中心の論理に「市民の意見を反映させた」という名ばかりの錦の御旗を与えるだけで，実態は以前と変わらずに組織の論理に合致するものだけが採択されるに過ぎない．大衆の異質で多様な意見をいかにして政策に反映させ，大衆にフィードバックするのか．それを受けて，大衆がさらにリコメントする余地も残しておかなければならない．そうした大衆と政策のインタラクティブ性を常に維持し，多様で異質なものを全体論的に取り扱うことが求められている．

　かつてギリシャの円形劇場ではギリシャ悲劇が生まれ，人々が音楽や芝居，議論を楽しむなかから学問が生まれ，アゴラの倉庫が美術館や図書館を生み，異質な知の横断と交流を生んできた．異質な知と自立した個の交流が作り出す連関こそが変化する社会に対応する新たな視角を生むのである．合理性や妥当性，多数性のみで選択するような荒っぽい既存の政策科学ではなく，しなやか

な政策情報学的発想から未来設計の当事者たる新しい大衆像と新たな政策立案のための手立てを模索する必要があると言える。

　ストリートミュージシャンがプロデビューし，映画やテレビ関係者でない素人の投稿した動画が1億回を超える再生回数を誇るのが当たり前になった現在において，プロとアマの垣根は限りなく低くなった。学問のみがプロとアマを顕然と仕分け，象牙の塔にこもったままでよいはずはない。「市民」という客体でなく当事者としての大衆を巻き込んだパブリックな政策研究が求められている。

d　全体論的思考

　先に述べたように，近代科学は客観的な記述と，問題を小部分に分節化し分析することで成立してきた。いわば，こうした還元論一辺倒に見える科学的方法論に対する批判は，デュエム-クワイン・テーゼなどに見られるように全体論的な立場からなされてきた。つまり，全体は1つのもので，部分に分けたときとは違う性質が全体には備わっているという考え方である。こうした全体論的アプローチに対する再評価は，医学や文化人類学などを例にするとわかりやすい。すなわち，これまでの近代医学は，還元論的方法により病気の原因を究明し，治療を施してきた。しかし，イヴァン・イリイチの『脱病院化社会』(1979) を引き合いに出すまでもなく，原因の究明できない病に対しては，人間の身体や健康・病気をホリスティックに捉える中国医学（中医学）の有効性が評価されている。その結果，現代医学では全体論的医学の重要性が教えられるように変化してきている。

　また，観察者が観察し始めた途端に観察対象と新しい関係性を創り出してしまうので，システムのなかで起こっていることは外からだけでは観察できないとして参与観察を行う文化人類学は，フィールドワークという形で分節化せずに対象と向き合う全体論的アプローチを採っている。とりわけ，解釈人類学で知られるクリフォード・ギアーツは「人間は自分自身がはりめぐらした意味の網のなかにかかっている動物」として捉え，文化の研究は「法則を探求する実験科学」ではなく「意味を探求する解釈学的な学問」であるとしている（ギアーツ，1987）。b項で述べたように，コンテクストと意味を重視する政策情

報学も，現場における日常的で実践的な知の観察が不可欠であり，上述の2例と同じく全体論的アプローチが不可欠である。分節化して原因を究明するという考え方ではなく，人々が紡ぎだす意味の網の目のなかに，観察対象者や政策の当事者としての大衆と一緒になって，観察者・研究者自身が絡まりあうことで，文化人類学におけるフィールドワークと同様に見えてくる世界があるはずである。

　ただし，こうした全体論的アプローチは，近代科学の還元論的アプローチと相反し，完全に否定するものではない。どちらが正しいあるいは優れているというのでもない。後述するような日常的実践がなされている現場に対峙するとき，従来の還元論一辺倒の科学方法論では見えなかったところに視野を広げ，違ったものが見えるようになることに繋がるのである。

e　日常的実践への着目

　前項，前々項において，政策の当事者としての大衆ということを述べたが，彼らは当事者として何を創り出しているのだろうか。この点について，ミシェル・ド・セルトー（M. de Certeau）は『日常的実践のポイエティーク』のなかで，「拡張主義的で中央集権的な，合理化された生産，騒々しく，見世物的な生産にたいして，もう1つの生産が呼応している。『消費』と形容されている生産が。こちらのほうの生産は，さまざまな策略を弄しながら，あちこちに点在し，いたるところに紛れこんでいるけれども，ひっそりと声もたてず，なかば不可視のものである。なぜならそれは，固有の生産物によって自らを表わさず，支配的な経済体制によって押しつけられたさまざまな製品をどう使いこなすかによっておのれを表わすからだ」と述べて，消費者の日常的実践のなかで生み出されるさまざまな「もののやり方」や，使いこなすための「戦略」を「消費者の生産」として捉えた（セルトー，1987）。

　しかし，普通の人が何気なくやっていることは，近代的な枠組みでは体系化されない。そのため，近代科学ではそうしたことを扱いきれていなかった。大衆の日常に眼を向けたとき，異質かつ多様な人々への対応に迫られる。そのとき，画一的で均質化された思考ではなく，政策情報学が持つ超領域的で多元的思考が求められるようになる。

井関利明は，政策情報学の5つの性格の4番目に「リエンチャントメント（再魔術化）としての政策情報学」を挙げ，人間性の回復及び科学とは異なる「実践の知」を志向した（井関，2007）。その趣意は，近代科学的思考によって客体化・対象化された「市民」の人間性を，当事者たる大衆として回復させ，彼らの生活のなかに表された日常的実践の知を掬い取ることにあるのではないだろうか。

f　物語性の重視

　井関は，政策情報学の5つの性格の2番目に「コンテクストとしての政策情報学」を挙げ，文脈や場に応じた新しい意味や価値の創出を論じた（井関 2007）。本項及び次項で論じる物語性や場所性の重視ということがこれにあたるだろう。先に，ギアーツの解釈人類学を紹介したが，こうした解釈学的アプローチを可能にするのが物語性であると言える。

　『文化の解釈学Ⅱ』のなかでギアーツは，バリを訪れた際に，非合法に行われている闘鶏の手入れ騒ぎを通じていかに自分たちがバリの人々に受け入れられるようになったのかを詳細に厚く記述している（ギアーツ，1987）。そして，その記述のなかにはギアーツ自身である「私」が登場する。それは，主体と客体とを分け，主体を外へ括り出すことによって保ってきた科学的で客観的な記述に対する明らかな挑戦であったと言える。科学的方法論では禁じ手である「私」をあえて持ち出すことにより，「私が見た限りでは〇〇だった」というように解釈の基盤を本人に限定することができたのである。

　そして，先述の時間雨量と農民及び小学生の例で示したように，政策情報学は近代科学の合理的で客観的な記述ではなく，コンテクストを重視している。それは，小学生の運動会に向けての日ごろの努力とか，運動会に向けて新調した運動靴の話であるとか，背景となるコンテクストを厚く記述することによってしか，運動会の意味やそれにかける思いを表現し得ないからである。つまり，政策情報学にとって物語性の重視とは，解釈の基盤となる意味の創出にとって必要不可欠な厚い記述を成り立たせるということなのである。

g 場所性重視

　近年，地域活性化のための方策として地域文化の活用が期待されているが，そうした国家レベルでの地域への期待が高まるほど，未だに「地域」の在り方のみが，国 – 地方（地域）といった国を中心とした軸によって語られていることへの違和感が強まってくる。つまり，国 – 地方（地域）といった既存の行政秩序と，個々の場所の個別性によって支えられた実際の地域との乖離が明確になってくるのである。

　これまで論じてきたように，ポストモダンの状況下にあって，近代が作ってきた秩序の組み替えが始まり，それを下支えしてきた主体・客体の分離によって成り立つ近代科学が崩壊しているという認識は，多くの社会科学者によって指摘されている。たとえば，ウォーラーステイン（I. Wallerstein）は国家，市民社会，市場経済の組み替えが始まっていることを指摘し，ハーバーマス（J. Habermas）も公共的な空間に理想的なコミュニケーションを組み立てていけばいいと指摘している。しかしそれらの多くは，具体的な方途は示していない。

　その一方で，そうした主体・客体の分離によって成り立つ近代科学の崩壊を踏まえて，主客非分離の状態下における具体的な「固有性に基づく『場所政治』という概念」を打ち出したのが山本哲士である。彼によると，「『場所政治』の最大の課題は，国家を非国家化するということ」であるとし，「国家がもつポジティブな要素でなくネガティブなファクターを，場所の自律的な政治によって乗り越えていく設計を場所それぞれが具体的に組み立てなくてはならない」としている。さらに，「『地域』はこれまで中央の広告代理店やシンクタンクによっていじくられて，どこでも場所性を無視した場所の文化破壊的な地域づくりがなされてきました。場所の設計は場所人からなされていかなければなりません」として，当該地域の発想で当該地域の人々により設計される地域づくりが必要だとしている（山本，2001）。

　筆者はかつて，上述した山本の発想を踏まえて，文化財や地域博物館を用いた地域づくりというものは，ヴァナキュラーな（土着的な，その土地固有の）文化的価値観に根ざしたものになるべきであることを論じた（朽木，2011）。近代科学が崩壊した現在においては，先述の古い枠組みにしがみついて「地域」を捉えるよりも，個別的で自立性を持った場所を想定し，それに合わせた

その場所の地域文化政策が必要であると考える。すなわち，ポストモダンの状況において地域での文化的な主導権を握るのは，その場所における生活世界に根ざした地域の人々自身（地域住民だけでなくその場所に集う人々すべて）であるべきだからである。政策情報学が，画一化され均質な「市民」を排し，異質で多様な大衆を想定するのであれば，対象となる「地域」も国－地方といった既存の行政秩序で語られるような「地域」ではなく，個々の場所の個別性とそこに生活する大衆の日常的実践によって支えられた実質的な「地域」を想定すべきであろう。その意味で，政策情報学は場所性を重視するのである。

h 重層的非決定

この重層的非決定という概念を論じるにあたって，吉本隆明の「重層的非決定」という概念だけでなく，アルチュセール（L. Althusser）の「重層的決定」も視野に入れる必要がある（本書Ⅲ部参照）。しかし，本章ではまず重層的非決定を文字どおりの意味で捉えておきたい。つまり，重層的であり，なおかつ非決定的であることが重要なのである。

これまで政策科学では，政策の評価基準として経済性（economy），効率性（efficiency），有効性（effectiveness），公平性（equity）と十分性（adequacy）が用いられ，とりわけ経済性と効率性が重視されて費用便益分析や費用効果分析などがなされてきた。しかし，科学的思考に距離をおく政策情報学においては，異質かつ多様なステークホルダーを前に，そうした経済的合理性や効率性のみで切り捨てられることの非合理性は明白である。「重層的」で「非決定」であるというスタンスは，政策情報学的思考にとって，そうした非合理性を超克するための手段であると言える。

まず，多元主義に立脚しつつ，異質かつ多様なステークホルダーの存在意義や価値観を認めたうえで，それらを相対的に扱うためには，それぞれが重層的に重なり合うのを容認せざるを得ない。さらに，井関利明は政策情報学の5つの性格の3番目に「ビカミングとしての政策情報学」を挙げ，政策情報学は連続的な生成や絶えざる転成，より良きものへの進化を続けていくべきであると論じているが（井関，2007），そうした絶えざる変化を実現するためには，重層的に重なり合う諸要素のうちの何かに軸足をおくのではなく，非決定になら

ざるを得ない。それはすなわちゴールを作らないということでもある。もちろん，それは全く野放しにするということではなく，後述するようなコンヴィヴィアルな社会を創ることで一緒にいることの意義を見出そうとし続けることは大切である。

i コンヴィヴィアルな社会の顕現

コンヴィヴィアルとは，先述のヴァナキュラーと同じくイヴァン・イリイチ（I. Illich）の用語である。『コンヴィヴィアリティのための道具』(1989) のなかで用いられたその語は「自立共生的」「共愉」「共悦」「楽しく共生する」などと訳され，バラバラなものが一緒にいることを楽しむ状態であると言える。多元主義的価値観に基づくと，ともすれば人それぞれという形になってしまいがちであるが，一緒にいることで新たな出会いが生じる可能性がある。和食の言葉に「出会いのもの」という語がある。「若筍煮」「芋棒」「ビールに枝豆」というように旬の最高の食材同士の組み合わせのなかには非常に良く合うものがある。政策情報学も，学問的な出自の異なるさまざまな人々同士の超領域的な交流のなかで，新たな発見・展開がなされることを望みたい。

4 今後の政策情報学の行方

これまで井関利明が指摘した政策情報学の5つの特徴を下敷きにしつつ，政策情報学を特徴づけるものの見方・考え方について述べてきた。そこで強調してきたのは，政策情報学が，認識論的転回以後の解釈学的なポストモダニズムの考え方に依拠している点である。政策情報学が絶えざる転成をなし続けるのであれば，政策情報学は人文社会科学における次なる潮流によって塗り替えられていくべきであろう。その意味で，政策情報学の今後を語ることは，人文社会科学の今後の展開を予想することに等しい。筆者は預言者ではないので，それを正確に予想するのは難しい。しかし，人文社会科学の現況を見る限り，この解釈学による認識論的転回の次に成立しつつあると目されているのが，ラトゥール（B. Latour）らが論じているアクターネットワーク理論による存在論的転回である。文化人類学における存在論的転回について論じた春日直樹は

「ストラザーンとラトゥールを通じて『静かな革命』がいかにポストモダン人類学の問題提起を乗り越えるのかをみるとき，二人が期せずして同時期に導入した革新的な議論を注視せざるを得ない。人間と主体に対する徹底的にして関係論的な認識である」としたうえで，「二人が起こした人間の成り立ちと現実を『徹底して』論じなおすという動きは，長い間ふさわしい反響を得ることがなかったのである。今日二人が揃って脚光を浴びだしたのは，この点がみいだされたことを意味しており，人間と現実に関する『存在論的転換』と形容されても不思議ではない」と評している（春日，2011）。すなわち，人間と主体に対する徹底した議論は，非人間的なモノをも含むラトゥールのいうアクターの関係性のなかから描き出されるという点で，先に述べた認識論的転回を相対化させることになり，さまざまなアクターが存在論的に問い直される。このため存在論的転換ないし転回と称されるのである。

　つまり，近代科学の下で発達した記述的で科学的な分析は，主客を分離して客観的に論じるが故に，書き手の立場と視点が考察を構成するうえで絶対的に優位な状況にあった。それに対し，これまで述べてきたような人文社会科学において広く見られる解釈学的でポストモダン的な視点では，書き手と書かれ手を対等な立場に置くことにより，書き手の優位性を否定し，相対化した。しかしながら，書き手と書かれ手を成立させているモノや微生物，動植物などさまざまな非人間的存在であるアクターについては考察から除外してきた。そのため，自然をはじめ，現実の世界に存在するものは所与のものであり，単一なものとして考えられてきた。しかし，ラトゥールがルイ・パスツールによる細菌研究を社会的事情と科学的な発見との双方から再検討したように，現実の世界としての自然は普遍ではなく，非人間の存在も我々に影響を与える。それは，福島原発事故の後に我々が放射能に怯えながら行動していることからも明らかである。放射能はエージェンシーを持ち，我々はそれにより影響を受け，放射性物質の残量濃度を気にかけ，風評被害も含めて購買行動に変化がもたらされた。モノがエージェンシーを持つというこの考え方は，意図を行為から分離するという捉え方である。意図は行為の基準や原因ではなく，関係性のネットワークのなかで結果的に生じるものであると捉える。すなわち，この存在論的転回は西洋哲学が二項対立的に扱ってきた自然と社会，主体と客体という近代

的二分法を超克し，人間と非人間の間にある区別をも超越しようとしている。この観点に立てば，モノは所与のものでなくなり，モノに影響されつつ存在する我々の認識の変化が考察可能になる。その意味で，従来の政策研究は，政策の対象となる客体と実行する主体を共に人間に限定してきていたが，今後はモノや微生物，動植物などさまざまな非人間的存在についても，主体・客体いずれにもなり得る存在として研究されていくことになるのではないだろうか。たとえば，オオタカの巣を守ろうという自然保護運動が，今後オオタカの目線で研究されるというようなことは充分考え得る。このように考えると，近代科学を完全に超克する存在論的転回以降のアクターネットワーク理論に依拠する論考がいつ政策情報学から出ても不思議はないだろう。その意味で，政策情報学の今後に期待したい。

■引用・参考文献
［1］赤司秀明 『学際研究入門』 コスモトゥーワン 1997
［2］井関利明 「「政策情報学」への途－新学会の設立によせて－」『政策情報学会誌』1-1: 3-9 2007
［3］イリイチ 『脱病院化社会』金子嗣郎訳 晶文社 1979
［4］イリイチ 『コンヴィヴィアリティのための道具』 渡辺京二ほか訳 日本エディタースクール出版部 1989
［5］春日直樹 『現実批判の人類学－新世代のエスノグラフィへ－』 世界思想社 2011
［6］ギアーツ 『文化の解釈学Ⅰ・Ⅱ』 吉田禎吾ほか訳 岩波現代選書118・119 1987
［7］朽木量 「新たな地域文化遺産概念の提唱－ヴァナキュラーな価値を重視した多声的な文化財の必要性－」 千葉商科大学政策情報学部10周年記念論集刊行会編 『政策情報学の視座：新たなる「知と方法」を求めて 』日経事業出版センター 306-321頁所収 2011
［8］シェリフ・シェリフ編 『学際研究－社会科学のフロンティア－』 南博監訳 鹿島出版会 1971
［9］セルトー 『日常的実践のポイエティーク』 山田登世子訳 国文社 1987
［10］デカルト 『方法序説』谷川多佳子訳 岩波文庫 1997
［11］蓮實重彦・柄谷行人 『闘争のエチカ』 河出書房新社 1988

[12] 東浩紀 『一般意思2.0』 講談社 2011
[13] 山本哲士 「国家・市民社会・市場経済の根本的な組み替えを」『別冊・文化資本1 場所政治』 三交社 2001

Ⅱ部

諸分野における政策情報学的思考の展開

1章　国際政治と政策情報学

山神　進

1　はじめに

　かつて政府の設置した多くの審議会，部会などに関係し，各種の政策，施策の検討，立案に携わった加藤寛（敬称略。以下同じ）は，政策情報学会の会合のなかで，それまでご自身が関与することとなった政策，施策の立案にあたって取り上げられた情報と取り上げられなかった情報があり，もしかすると，本来取り上げられるべきであったにもかかわらず参考にされなかったものがあったり，また，決定にあたって重要だとして取り上げられた情報が必ずしも実態を反映していなかったり，一部の視点に偏りすぎていたことがあったのではないかとの述懐をし，それが改めて政策情報を考えたいという想いになったと語ったことがある。その背景には，ご自身が関わった審議会などで採択した各種の政策・指針などのなかには，その後の実施結果などから見て検討の際に参考とされた情報が十分なものであったか，検討のテーブルには載せられなかった情報があったのではないかという想いもあったと推察されるのである。そこには，より良い政策，施策，より正しい政策，施策を立案し，実行していくには，どのような政策情報が活用されるべきであったのか，という視点があると考えられる。もとより，より良い，あるいはより正しい政策，施策を立案していくうえでは，生のさまざまな情報の取捨選択を含め，意思決定をする当事者の判断の善悪，適否が大きなウェートを占めることも否定できないであろう。しかし，同時に政策決定者の判断にさまざまな情報が大きく影響を与えていることも間違いがないところである。そこで，このような視点に立って，国際政治と政策（国際政治，経済上の各国の政策，施策）に生かされた情報，生かされな

かった情報を考察するのも面白いのではないかと安易に考えて本章の執筆を引き受けた次第である。しかし，執筆を引き受けてはみたものの，国際政治にはさまざまな位相があり，関係する国際政治，経済の諸局面に応じて，政策，施策の内容やその影響は多様であり，またその決定に当たって参考とされる情報もその種類，内容が極めて多岐にわたっており，国際政治一般について妥当する政策情報の整理，分析をすることができるような状況にないこと認識するに至り，さらには，個々の政策，施策の決定に影響を与えたと思われる情報はともかくとして，取り上げられなかった情報を調査することには格別の困難があることを思い知らされることになった。そこで，本章では，政策に影響を与えた事実と関係国のとった施策のほぼ全容が知られている事案と筆者が一時その一端に関与し，現在も引き続きフォローしている事案について振り返り，各国がどのように考え，どのような方針で臨んだかを考察する一助になればと考えるに至った次第である。前者の事案としては狂牛病（BSE）の発生と各国の対応策及び関係国の輸入制限をめぐる交渉を，後者の事案としてはアジア太平洋地域で多層的に進展するさまざまな地域協力のメカニズムにおけるメンバーシップの問題を中心に見てみることにしたい。

2　BSEの発生と各国の対応

　通常，狂牛病といわれるBSE（Bovine Spongiform Encephalopathy）は，家畜にとっては致命的であり，またこれに感染した牛の脳や脊髄を食することを通じてヒトに感染することもあることが知られている。BSE感染の最初の事例は1986年に英国で確認され，英国ではこれまでに約20万頭の牛の感染が報告され，400万頭に及ぶ殺処分がとられた。また，他のヨーロッパ諸国の合計でも数千頭の牛の感染が確認されている（たとえば，フランスやスイスで800ないし900頭，ドイツやスペインでも300ないし400頭）。発生のピークは1992年で，ヨーロッパで3万7000頭が報告されている。この問題は長くヨーロッパにおいてのみ確認され，他の地域においてこの症状が確認されるようになったのはそれ以降のことであった。北米における最初の感染事例はカナダで1993年に報告され，20件の感染が記録されている。米国では2003年に最初の

事例が報告されたが，これはカナダ原産牛であり，農務省が最初の米国産牛の感染を発表したのは 2005 年のテキサスにおける事例であった．それ以来，米国では 3 件の事例が確認されている．日本では 2001 年に最初の事例が報告され，これまでに 36 件の事例が確認されてきた．この関連では，飼育をもっぱら牧草によっている豪，NZ，アルゼンチンでは発生の報告がなく，ブラジルでも 2 件の報告があっただけである[1]．なお，ヒトへの感染による死亡事例は，英国が最も多く，約 170 人，その他の諸国の合計で 40 人余に上っている．

　ヒトへの感染の可能性が最初に確認されたのは 1996 年 3 月の英国議会での保健相の発言であったが，これはすぐにヨーロッパ全域における反応を引き起こした．そして，欧州委員会（European Commission）は，英国産の牛肉と英国産牛を含んだすべての製品の輸出を禁止したのである．そのようななか，英国の農業大臣は将来の感染源となる恐れのある牛約 30 万頭の殺処分を通じて 5 年後には BSE を撲滅することができるとし，首相は 1996 年の 5 月には欧州委員会に対して英国産牛肉に対する輸出禁止の撤回を求めようとしたのであった．しかしながら，2000 年に至ってもヨーロッパ大陸における BSE の拡散は継続し，その秋にはフランスとドイツは動物性の成分を含むすべての英国産飼料の輸入を禁止する措置を取るに至ったのである．ヨーロッパにおける状況は 2005 年ごろにようやく収束を迎え（2007 年以降も感染の報告は継続しているが，2008 年には二桁の数字に，2013 年以降は一桁の数字になっている），2006 年 5 月には英国産牛肉に対する輸出禁止措置も解除される運びとなった．

　この一連の経緯をめぐっては，英国は国内的な対応策（殺処分を含め）を採ってきていたが，EC/EU 内でのモノの移動の自由という基本原則もあって，ヨーロッパ全体としての対応が遅れたことについて，当然のことながら欧州委員会及び英国政府の対応についてさまざまな批判が存在し，特に，欧州委員会の英国産牛肉の輸出禁止の決定があまりにも遅かったのではないかという反省をもたらすことになった．他方，米国では，英国での BSE が確認された 1986 年に関係者がワーキンググループを立ち上げ，1989 年には英国産の反芻動物や牛肉などの輸入を禁止し，1997 年にはヨーロッパからのこれらの輸入を禁止している．さらに，米国では，BSE の感染原因とされている肉骨粉の使用禁止について，1994 年から自主規制が行われるようになり，1996 年の世界保

健機関（WHO）の勧告以降，1997 年には反芻動物への使用を法律で禁止した。ちなみに，特に英国でのヒトへの感染がかなりの多数に上ったこともあって，日本赤十字社は，1980 年から 1996 年までまたは 1997 年から 2004 年までの間に合計で 1 カ月以上英国に滞在した場合には献血を不適とする宣言を 2009 年に出している。

　日本において最初に BSE の報告があった際には，牛肉市場に一種のパニックが走り，焼肉店に顧客が寄り付かないといった社会現象を引き起こすに至ったことは記憶に新しい。そこで，日本では消費者の不安を克服し，売られている牛肉に対する安心感を取り戻すために，市場に出回る牛肉については，すべての牛について BSE に感染していないかどうかの検査をする（全頭検査）こととした。

　上に見たように，米国では最初に英国で BSE の感染が報じられてまもなく対応策の検討を始め，英国産の牛肉などの輸入禁止や肉骨粉の使用禁止などを取ってきていたが，2003 年に最初の米国における感染牛が報告されるに至ったのである。報告された事例はヨーロッパに比較すると格段に少ないが，外交上のインパクトはヨーロッパのそれをしのぐところがあったといっても過言ではない。すなわち，日本及び韓国は直ちに米国産牛肉の輸入を停止する旨を発表し，その翌日にはメキシコ，ロシア，ブラジル，豪，台，シンガポール，マレーシア，チリ，コロンビア及び香港がこれに続いたのである。日本は米国の牛肉の最大の輸出先であり，メキシコは日本に次いで 2 番目の，そして韓国は 3 番目の輸出先であり，結果的には 60 以上の国・地域が米国産の牛肉の輸入を禁止ないし制限することとなったので，米国の食肉輸出業界にとっては大打撃となった。なお，ヨーロッパは BSE 以前から米国産の牛には成長ホルモンが用いられているとして米国産牛肉の輸入を禁止し，これが米国との間で長年の懸案ともなっていたこともあり，米国産牛肉は，米国での BSE 発生を機に世界の主な市場から締め出されることになったのである。これに対し，米国は各国の輸入禁止措置を科学的根拠に基づかない不当な制限措置であるとして早期の輸入再開を求めたが，その主な主張として，米国における BSE の感染例は他の国・地域と比べて絶対数においても比率においても極めて少ないレベルにとどまっており，米国産の牛肉全般に対して輸入禁止措置を取る合理的な根

拠はないこと，米国での牛の養育は主として牧草や穀物によっており，動物性飼料の使用は早い時期から制限してきたこと，月齢30カ月以内の牛については感染が感知されたことがなく，こうした牛についてまで感染の有無を検査する科学的意味がないことなどを挙げていた。他方，米国からの輸入再開圧力にさらされた日本においては，牛丼業者を中心として米国産牛肉なしでは一定の味が出せないことから早期の輸入解禁を期待するグループや牛丼などの消費者からの声もあったものの，食の安全を求める多数の消費者の声もあり，政府としては，輸入を再開する条件として，少なくとも日本に輸出する牛肉については対象となる牛の全頭検査を求めることとなった（日本国内において全頭検査が導入されている以上，当然の条件と考えられた）。しかし，上記のとおり，米国側から見ると，そもそも全頭検査をすること自体が，科学的根拠に基づいておらず，非合理的であり，また，一部の輸出業者のなかに輸出の早期再開のためには自発的に日本に輸出するものに限って検査するのもやむを得ないと考える向きがあったとしても，米国政府としては，あたかも米国にBSEが蔓延しているのではないかといった印象を与え，また，日本の消費者の安全について米国の消費者の安全より高いハードルを設けていると受け止めかねられない措置に同意することは到底できない相談であったと言えよう。このように，日本側は消費者からの信頼感の回復のためにはあくまでも全頭検査を実施するしかないとする一方，米国側は日本のスタンスは非科学的であり，これを契機として（あるいは名目として）米国産牛肉を排除しようとしているのではないかとの疑念を強く持つようになるなかで，日米の交渉担当者を取り巻く双方の問題認識，重視すべき事実についての理解が大きく異なっていったため，米国産牛肉の輸入再開をめぐる交渉は難航に難航を重ねた。さらに，交渉がもたれる前後には，マスコミを含め，日米双方の関係者が交渉の方向性に強い圧力や関心を示し，互いに相手に不当な譲歩をする（あるいは，した）のではないかという疑念を持たれないためにも，自らの主張を譲りにくい事情もあったのではないかと思われる。

　BSE感染の有無を検査するための全頭検査の合理性をめぐっては，日本国内の専門家からも合理性について疑義が出されるようになるなかで，生後21カ月と23カ月でBSEに感染と判定された牛について専門家チームから感染性

を確認できないという報告が出されるという混乱を経て，2005年には，厚生省令が改正され，全頭検査は廃止され，検査対象の牛は月齢21カ月以上のものに限られることになったが，消費者の反発も勘案して，都道府県の負担で全頭検査をしてもよいこととされ，実質上の全頭検査は継続された。しかし，法令上の全頭検査がなくなったのを契機として，とにかく早期の輸出再開を求める米国側とこの問題をいつまでも日米間の懸案事項にしておくことのできない日本側との間での妥協案の模索が図られ，最終的には，2005年12月，信頼できる解体工場で解体し，危険部位（脳や脊髄など）を取り除き，これが混入しないようにすることを前提として20カ月以内の米国産牛肉について日本側が輸入を認めることで合意が成立した。しかし，この合意には，あくまでも全頭検査の原則を崩すべきではないとの日本側の消費者団体を中心とするグループの不満と米国側の生産者，輸出業者を中心とするグループのなかの30カ月ではなく20カ月という基準を採用したことへの不満がその後も色濃く残ることとなった。そして輸入再開後ほどなくして，2006年1月には脊髄の混入した案件が確認され，再び米国からの輸入を停止することになったが，米国は再び早期の輸入再開を求め，日本側は再発防止の徹底を条件として同年7月には輸入を再開したのである。しかし，この再開に際しても，日本の消費者団体やマスコミなどのなかには，米国の圧力に屈して輸入再開を急いだのは大問題であるとする強い反発が残るところとなった。

　日本と同様に米国からの牛肉の早期輸入再開を求められた韓国においても，米国の要請と国内の消費者団体や児童の父兄からの食の安全を求め，早期輸入解禁に強く反対する世論の間で政府は難しい対応を迫られることになった。韓国政府は，最終的には，30カ月以下の牛からはBSEの感染は確認できないという米国の主張を受け入れ，30カ月以内の牛に限って牛肉の輸入の再開を認めることになったが，これに関しては子供の健康に悪影響が出かねないといった，日本におけるよりもはるかに激しい反発があったほか，日本は米国との交渉で20カ月以内としたのに，韓国は30カ月以内となったことに対する政府の交渉姿勢が問題だとする意見も見られたのである。

　2007年5月には，OIEが米国は「BSEリスクが管理されている国」との認定を行い，事実上の安全宣言を行い，日本についても2009年に同様の認定が

行われることになった。2012年には日米間の交渉を通じて，日本側が20カ月以内としてきた月齢制限を30カ月以内とすることで合意が成立し，2013年には厚生労働省が，米国などからの輸入月齢条件を30カ月以内に緩和する省令改正を行うことになったのである。このころになると，日本におけるBSE問題は一応過去の問題と認識できるようになり，OIEも日本についてオーストラリアなどと同等の「BSEのリスクを無視できる国」と認定するようになった。こうしたなかで，2005年に厚生労働省の省令による全頭検査廃止後も都道府県の負担で継続されていた都道府県ごとでの全頭検査も2013年6月末の千葉県を最後に終了し，改めて厚生労働省の指針により48カ月超の牛についての全頭検査を実施することとしたのであった。

　以上に取りまとめた概略を現時点で日本側の対応と米国の反応について振り返ってみると，以下のように取りまとめることができよう。

(1) 日本で最初にBSE感染牛が発表された際に消費者が見せた牛肉回避の動きを見て，日本の市場に出る牛肉については全頭検査を導入することにしていたこともあって，米国で最初の感染牛が発表されたときに，日本側は米国産牛肉の輸入を停止し，米国側の求める輸入再開の条件として輸入の対象となる牛肉についての全頭検査を求めたのは，日本側の事情としては当然であったと考えられる。しかし，米国側から見ると，米国はすでにBSE対策を進めており，米国内では通常どおりの流通がなされていて特段の問題が生じておらず，米国に飼育されている多数の牛の1頭からBSE感染があったからといってすべての牛肉について輸入を停止するというのは過剰反応であり，非合理であると受け止められたうえに，月齢30カ月以内の牛についてまで検査をするのは科学的な知見に反しているとの認識があった。

(2) 日本側は，日米関係の重要性を認識するなかで，米国との交渉を通じて決着を図る（妥協点を模索する）以外には選択肢がなかったが，全頭検査の科学的合理性については，米国側の認識を受け入れつつも，日本では21カ月の牛にBSE感染と判定されたものがあった（ただし，この牛が本当にBSEに感染していたかについては否定的な専門家もいた）ことをあげて月齢20カ月以内の牛の肉に限って輸入の再開を認めること

を提起し，日本への輸出再開を急ぎたい米国側も，不満ながらもこの線で妥協することとなった。
(3) 輸入再開の条件である，危険部位の除去について，米国側の対応が不十分で，混入されたままのものが発見されたりするなど，米国側の検査体制が不十分との不満が日本側に醸成される一方，米国側には米国産の牛肉は基本的に安全である，そもそも米国は BSE に感染している牛は無視できるくらい少数でしかないとの認識を持っていたのではないかと推察されるのである。この米国側の認識について，日本の有識者のなかには，米国で感染牛がほとんど発見されないのは，検査体制そのものがきわめてずさんだからではないかとの見方をする向きもあった。
(4) 20 カ月という月齢をめぐってはその後も日米間で折衝が行われ，最終的には 30 カ月ということで了解に達したが，日本側の関係者には最終的に米国の圧力に負けたとする不満を持つ向きもあった。
(5) 日本の消費者の「食の安全」に関する認識を前提にすると日本側の交渉のスタンスはそれなりに首肯できるところではあるが，これが科学的に正しいものであったかや，交渉を通じての歩み寄りを米国の圧力に負けた，政府の対応は弱腰すぎるといった一部の有識者や世論については疑問とすべきところも残るところでもある。

3 アジア太平洋地域で多層的に展開されている地域協力のメカニズムにおけるメンバーシップに関する考察

アジア太平洋地域は，地理的，歴史的，文化的，政治的，経済的などさまざまな面での多様性が顕著であり，地域全体にわたっての協力，統合を模索すること自体がなかなか容易ではなかった。そのなかで，現実に存在する貿易をはじめとする経済的な相互依存関係を前提として，とりあえず経済面での協力を進めようという現実的なアプローチや西欧における EEC の進展に触発されてこの地域でもできるところから地域統合を模索，進めたいとの強い意欲を表明する向きが 1960 年代半ばに表面化し始めることになった。その代表格と言えるのが一橋大学の小島清であった。小島が 1965 年に提案した，太平洋自由貿易地域（太平洋共同市場）構想は，太平洋地域の先進 5 カ国（米，加，日，豪，

NZ）で自由貿易地域（Pacific Free Trade Area）を構築しようというものであったが，対象に挙げられた各国政府がこの構想に沿う方向への動きを示すことはなかった[2]。当時の日本は，高度成長の真っ只なかにあったが，なお国内産業の育成，成長が求められていたこともあって，農産物だけでなく，工業製品の一部についても貿易の自由化を検討する用意はなかったのではないかとも思われるが，関係国政府のいずれもが大きな関心を寄せなかった最大の理由は，第二次世界大戦後の国際貿易の基本秩序をなしている GATT の創設者（founding fathers）である米国やカナダを中心として，地域的なグループ内での貿易の自由化はグローバルなレベルでの無差別原則の実現を旨としている GATT の精神に反するとの想いがあったのであろうと思われる。このような想いは，筆者が外務省アジア局に出向し，アジア太平洋経済協力（APEC）担当の主任企画官（日本の国内関係省庁間コーディネーター兼対外的コンタクトポイント）を務めていた 1990 年代初期にもまだ日本では健在であった。日本国内の通商問題の専門家，実務家を中心として，通商レジームは，GATT を中核とする多角的（グローバルな）貿易体制がすべてであり，これを揺るがすかもしれない自由貿易協定や地域的な貿易体制などは問題外であり，APEC は GATT と重複したり，弱めたりする可能性のあることは一切すべきでないといった見解が圧倒的に支配的であり，筆者をはじめとしてアジア太平洋地域での協力を貿易分野でも進展させていってはと考えた向きはやや異端視された（GATT 体制を弱体化させるかもしれない動きは，日本にとっても，東アジアにとっても，また，世界にとってもマイナスと信じる向きが圧倒的だった）のである。この点に関しては，他の東アジア諸国にも同様な政策的考慮があったようであり，1997 年に通産省（当時）が，世界の上位 30 貿易国について調査したところ，特定の国との優遇的な貿易取り決めをまったく結んでいないのは日本，中国，韓国，台湾及び香港という東アジアの 5 の経済主体だけであったのである。

　小島は，太平洋地域の先進国 5 カ国による FTA とともに，これらの諸国が協力して太平洋地域の発展途上国の経済開発の援助を唱えていたが，これに賛同するオーストラリアや米国，カナダなどの経済学者を中心とした太平洋貿易開発会議（Pacific Trade and Development, PAFTAD）が 1968 年に東京で開

催されるに至った。この会議の事務局はオーストラリア国立大学が引き受けることになったが，1971年に開催された第4回太平洋貿易開発会議では，OECDの太平洋版とでも言うべき太平洋貿易開発機構（Organization for Pacific Trade and Development, OPTAD）の創設を提案するに至ったのである。OPTAD構想については，その後，米，豪の学者が米国議会にその設立の意義を説明するレポートを提出したこともあったが，実現をみることなく今日に至っている。

　PAFTADのスタートに先立つ1967年，自由で開かれた貿易と投資を推進し，太平洋地域全体の経済的，社会的発展に寄与したいとする日，米，加などの経済人の集まりである太平洋経済委員会（Pacific Basin Economic Council, PBEC）が発足していたが，環太平洋地域での地域協力の推進に大きな弾みを与えたのは，何といっても大平首相（当時）の環太平洋連帯構想であったであろう。同首相の私的諮問グループの1つであった「環太平洋連帯研究グループ」は，太平洋地域の多様性を認識したうえで，発展途上国の立場を理解し，自由な貿易や資本移動，先進国側の経済・技術協力と発展途上国側の自助努力があいまって，相互に補完的な地域社会の形成の促進を提案したのである[3]。この構想は，1980年の大平首相及び大来外務大臣（いずれも当時）の訪豪の際にオーストラリアに正式に提案され，これが太平洋経済協力会議（後に委員会と改称。Pacific Economic Cooperation Conference (Council), PECC）として発展していくこととなる。PECCの第1回会合は1980年9月にキャンベラで開催され，日，米，加，豪，NZ，韓，ASEAN及び太平洋諸国から学者，実業家，及び私的な資格で参加する政府関係者（各国3名を共同代表とする代表団）が参加した。会議では，太平洋地域社会という概念の成熟と今後の発展を期待しつつ，太平洋地域社会というアイデアを推進する基本的な考え方や実際に協力をすることができる分野などについての協議を行ったが，今直ちには政府間の協力機構を構築できるような状況にはないとの共通の認識も存在した[4]。PECCの総会はその後1年半ごとに開催されていったが，東南アジア諸国の経済的発展と環太平洋地域での経済的な相互依存関係の急速な進展をも背景にして，当初はやや及び腰のところもあったASEAN諸国もPECCへの参加を本格化させるようになり，また，PECCに参加していない諸国からの関心も高ま

るようになった。そして1985年にソウルで第4回総会が開催された時点では，台湾やチリ，ペルー，メキシコからの加入申請が出されるに至ったのである。さらに，ソ連共産党書記長に就任したゴルバチョフは，それまでの環太平洋地域での協力は日米が中心となってソ連を抑え込もうとするものであるという認識を改め，この地域で進展する経済のダイナミズムにのるためにも環太平洋協力のメカニズムに参加したいとの意向を表明するようになったのである。1986年のヴァンクーバーでの第5回総会には中国と台湾が正式にフルメンバーとして参加し，ソ連もオブザーバーとして出席することになった。1970年代末以来，改革開放を掲げて近代化を推進し，成長を続ける中国とANIEsの一角を占める台湾が同時に同じ資格でPECCに参加することは他のメンバーにとっては歓迎すべきことであり，また，画期的なことでもあった。他方，中国が台湾と同じ資格でのメンバーシップを受け入れることができた背景には，環太平洋地域の経済的相互依存関係の深化に加わりたいという政策目標に加えて，PECCは正式の政府間協力ではなく，産，官，学が一体となった（政府の代表は個人の資格で参加している）ものという要因もあったと思われる[5]。ソ連やラテンアメリカ諸国の正式参加の要望は1980年代末にかけてますます強くなり，メキシコ，チリ，ペルーが順次正式参加することになっていくが，ここではソ連の参加について見ておきたい。ソ連のオブザーバー参加を認めた時点では，多くのメンバーは，ソ連の正式参加は時期尚早，ソ連の国内改革，市場経済への移行を見極めてというのが大まかなコンセンサスであったが，1989年のマルタでの米ソサミットを経て，冷戦の終了が実感されるようになるなか，日本以外のメンバーは，ソ連の改革の動きを支援する意味においてもPECCへの正式参加を認める時期が来たのではないかという認識を示すようになった。他方，日本の外務省は，かねてから，領土問題が解決しないうちはソ連への経済支援，経済協力は限定的であるべきだとのスタンスをとっており，ソ連の正式参加には難色を示していた。この問題が正式の議題として提起された1990年のジャカルタでのPECCの国際常任委員会（Standing Committee）においては，筆者だけが慎重論を述べ，他の参加メンバーはいずれも賛成という局面があり，これを見て日本側の学の代表である某氏から，官の構成要素は3分の1であることも考慮して，現在の会議での実情をも踏まえ，日本側はせめて棄権に回れ

ないかという示唆があり，最終的には日本が棄権したことによって次回の総会からソ連の正式参加が実現することになった．

　上記のように，1980年代後半の東アジア諸国の経済成長を背景として，従前のような先進国から途上国への一方的な経済援助という形ではなく，それぞれの独自性，多様性を尊重しつつ，環太平洋地域での経済協力を進めようというPECCの活動がソ連やラテンアメリカ諸国からも注目されていたなかで，1989年1月，韓国を訪問していたオーストラリアのホーク首相は，ソウルにおいて，アジア太平洋地域における経済問題に関し，閣僚会議の開催を含むより制度的な政府間での協議システムの創設を提案した．これを受けて，同年3月には，東京に日，豪，インドネシアのPECC関係者が集まり，ホーク提案の実現に向けて協議し，米，加の参加が重要であることや貿易問題の優先度が高いがそれ以外の共通の関心事も幅広く協議することなどで一致した．そして，11月にはキャンベラにおいて日，米，加，豪，韓，NZ，ASEAN6カ国の計12カ国の外務大臣，貿易担当大臣などが出席して第1回のアジア太平洋経済協力（Asia-Pacific Economic Cooperation, APEC）閣僚会議が開催され，アジア太平洋地域全域における最初の政府間協力のメカニズムがスタートしたのである．当初の参加国はいずれも環太平洋地域での経済的な相互依存関係の重要なメンバーであるが，この地域の有力なメンバーである中国が欠けていること，及び経済主体としては台湾もこの地域の重要なメンバーであることが明確に認識されていた．第2回の閣僚会議が開催されたシンガポールでは，中国，台湾及び香港がAPECに同時に，同じ資格で参加する（一方は正式メンバー，残りはオブザーバーといった形ではなく）ことが望ましいことについてのコンセンサスが存在した．同時に，PECCとは異なり，正式の政府間協力であるAPECに中国が台湾と同じ資格で参加することには大変な困難が予想されていた．したがって，第3回の閣僚会議の主催国であった韓国の担当大使が，閣僚会議に先立って夏に開催された高級実務者会議（Senior Officials Meeting, SOM）において，「何とか中国と台湾の双方の理解を得ることができた．しかし，そのためには次のような交渉結果を皆さんに承認してもらわなければならない」とスピーチを始めたときには，会場は一瞬の沈黙とそれから先を早く聞きたいという想いが交錯することになった．当時の韓国は，中国との国交樹立

の一歩手前という時期にあり，なお，台湾と正式に国交を結んでいた唯一のメンバー国であったという，中国と台湾の双方と交渉を進めるうえで有利なポジションにあったとはいえ，その外交的手腕に他の参加メンバーは賞賛の念を禁じ得ないところがあった。その妥協案の中身は，(1) 中国や台湾だけでなく，すべての参加国は，経済主体として APEC に参加するものであり（経済主体としてであれば中国経済と台湾経済は同等の資格ということで中国も受け入れることができる），したがって，APEC の公式文書には国という用語は用いず，また，儀式においても国旗や国歌も使用しない，(2) 台湾の呼称はオリンピック方式に倣い，中華台北（Chinese Taipei）とするが，アルファベット順では C ではなく T の下におく（C の下におくと中国の代表団と隣り合わせになるので，中国の一部と見えるような配置を台湾側が懸念したものであろうと推察される），(3) 中国には外務大臣は 1 人しかいないという原則を中国は譲ることができないので，台湾は外務大臣を出席させない，ということであった。このような妥協策が浮上し，中，台がこれを受け入れることができた背景には，どちらもが是非 APEC に参加したいという強い意欲を持っていたことが挙げられるであろう。他の参加国からみて，これにより，中，台及び香港という 3 つの中国経済主体が APEC に参加でき，名実ともにアジア太平洋全域の主要な経済主体が参加することになるのであれば，これ以上を望むことはできないというところであった。しかし，台湾は外務大臣を出さないという制約は，1993 年以降，APEC 首脳会議が定例化するなかで，台湾は誰を首脳として出すのかをめぐって，中国と台湾の間での微妙な折衝が不可避となっていくことになった（中国から見れば，外務大臣同様，大統領や首相は台湾からは出せないのは当然ということになる）。

　この中国と台湾の参加を承認した 1991 年の時点で，ソ連，メキシコ，ペルー，チリ，エクアドル，アルゼンチン，インド，パプアニューギニアの 8 カ国が，さらに翌年にはバングラデシュとパキスタンからの正式参加要請が出されるなど，新規参加問題が大きな関心を集めるようになっていた。APEC 参加国は，一方では APEC が「開かれた地域協力の推進」を標榜する以上，メンバーシップにおいても開かれている必要があることを認識しつつも，他方においてヨーロッパにおける地域協力の進展が EEC を中心とする実績の蓄積の

上にあったことにも留意して，急激なメンバーシップの拡大には慎重でありながら，NAFTA に参加するメキシコとオーストラリア及びインドネシアの推すパプアニューギニアを 1993 年に，翌年にはチリの参加（米国との FTA の締結をも考慮して）を承認して，その後 3 年間の問題凍結を決定した。さらに，1998 年にはロシア，ベトナム及びペルーの新たな参加を承認したうえで，10 年間の問題凍結を改めて決定し，2007 年の首脳会議では，この問題は 2010 年に検討することとした。そして 2010 年に横浜で開催された APEC 閣僚会議では，この問題について「引き続き検討していく」ことで合意しているのである。1998 年の新規参加国のうちで，ロシアの参加をめぐっては，先に述べた PECC の際とは逆に，日本がもっとも強くその参加を推したが，その背景には，当時の日ロ関係のなかで 20 世紀中に領土問題を解決して平和条約をという流れがあり，ロシア側の希望する APEC に協力するという姿勢を示すのが重要と考えたためであろうと推察される。なお，APEC の英語表記では "Asia-Pacific" と "Asia" と "Pacific" の間に " - " が入っているが，これは参加問題がクローズアップされる過程で，"Asia and Pacific" という意味ではなく，アジアと太平洋の双方に有機的で分かちがたい関係を持っている国の集まりであることを示すために途中からこれを入れることが高級実務者会合で提案され，合意されたものである。

　他方，グローバルな多角的貿易体制の維持・強化を目指して，1986 年にスタートした GATT ウルグアイラウンド交渉は，4 年間の交渉期間を予定し，1990 年を交渉終結年と位置づけていたが，12 月にブリュッセルで開かれた閣僚会議においても主だった交渉メンバーの間で有効な妥協策を見出すことができず，結局なんらの見るべき成果を挙げることなく，散会することになった。こうした経緯を踏まえ，ウルグアイラウンド交渉自体は，GATT の事務局長（当時）であったダンケル氏がそれまでの交渉経緯を踏まえた論点整理をしたダンケル・ペーパーを基にして調整が進展し，最終的には 1993 年末から 1994 年にかけて，米国と欧州の間で欧州の農業製品に関する輸出補助金を大幅に削減することで合意が成立した（この時点で欧州側が輸出補助金の大幅削減に同意したのは，APEC 首脳会議が開催され，太平洋全域での貿易の自由化が模索されるようになったことが大きかったという見解が表明されたこともあった）[6]

のを機に，全メンバーの間での最終的な妥協が成立することになるが，1990年の末から翌年にかけて，ウルグアイラウンドが予定どおり進展しなかったことに対する失望感がアジア太平洋地域に広がることとなった。また，これと軌を一にするようなタイミングで，メキシコが参加するNAFTA交渉の開始が日程に上るようになり，すでに提起されていた欧州統一市場と並んで，欧州及び北米がそれぞれ独立した閉鎖的貿易ブロックに転化するのではないかという危惧を持つ向きも東アジア諸国を中心に見られるようになっていた。このような状況のなかで，1990年12月，マレーシアのマハティール首相（当時）は，同国を訪問中であった中国の李鵬首相（当時）に対し，後に東アジア経済グループ（East Asian Economic Group, EAEG）構想として知られることになる，東アジア諸国による協議体の設立を提案するに至ったのである。この構想は，当時のAPEC参加国から米，加，豪，NZを除き，中国（1991年からAPECに参加）とベトナム（同じく1997年から参加）を加えるものであった。しかし，この構想については，太平洋を二分して日米が相対立するグループに属するという構図はすべての当事者にとってマイナスであるという米国の強い反対もあって事実上棚上げされることになるが，提案の背景には，ウルグアイラウンドの行き詰まりと欧米における地域主義的な傾斜が高まるなかで，グローバルな無差別貿易体制に多くを依拠する東アジア諸国は共通の利益，共通の危惧を共有しており，意見交換を進め，対外的には1つの声で臨む（consult together, speak in one voice）ことにより，交渉力，発言力を増したいとの想いがあったものと推察される。マハティール首相の構想にそれなりの意義を見出しつつも，米国の強い反発のなかで，ASEAN諸国や日，韓はその対応に苦慮することとなったが，ASEAN諸国は，一方では日本や米国などASEAN外の主要なパートナーとの良好な関係を維持しつつ，他方で欧米における地域統合の推進に触発されて，域内統合の推進を本格的に模索することにつながっていったのである。EAEG構想の事実上の棚上げを図ったとされる1991年秋のASEAN経済閣僚会議では，関税の大幅引き下げによる自由貿易地域構想を目指すこととなり，翌年の首脳会議で15年以内の実現を目指すことが了解されるに至った。それまで，ASEAN内での善隣友好関係の進展を図りながらも，産業構造の類似性に起因する競合的体質から，また，インドネシアなど自国の

農業を保護したいという国内的要請などから，なかなか進展しなかった域内の大幅な関税引き下げによる自由貿易地域，ASEAN 経済共同体への道標が，EAEG 構想を検討するなかで導かれることになったのである．

　1980 年代から高度経済成長を続け，1993 年には世界銀行が「東アジアの奇跡」と題する報告書を出すに至るなど，対外直接投資の受け入れと輸出の拡大を通じて順調に推移してきた東アジアであったが，1997 年 7 月に生じたタイバーツを対象とする投機的な動きが東アジア全域における通貨・経済危機に拡大するなかで，ASEAN30 周年となった同年，はじめて ASEAN プラススリー（日，中，韓）の首脳会議がクアラルンプールで開催された．この会議では，通貨問題を中心とする地域の課題と将来について忌憚のない意見交換が行われ，そのなかでは IMF の指導に対する危惧や地域協力における日本への期待などが率直に話されていた．その後，毎年開催されることになった ASEAN プラススリーの首脳会議では，1999 年には「東アジアにおける協力に関する共同宣言」が出され，東アジア諸国が政治・安全保障・経済・文化など幅広い分野で協力を推進するという方向性が示された．この共同宣言を受ける形で 2000 年 5 月，チェンマイに集まった ASEAN プラススリーの財務大臣は，国際金融制度を補完するための域内金融上のアレンジメントとして，ASEAN プラススリーの枠組みのなかで 2 国間の通貨スワップを行うことなどを含むチェンマイ・イニシアティブ（CMI）をスタートさせた（その対象金額は徐々に拡大され，また，枠組みも 2 国間から多国間にシフトされていった）．このように ASEAN プラススリーの枠組みで，首脳会議や金融担当大臣会合が開催され，協力の成果が具体的となっていくにつれて，環境担当大臣や経済産業担当大臣など金融以外の分野の閣僚や専門家による会合も適宜開催されるようになっていった．上に述べたように，マレーシアのマハティール首相が EAEG 構想を発表した際には極めて激しく反発した米国は，この ASEAN プラススリーという同じような枠組みによる地域協力の進展には特段の異議をさしはさむことはなかった．そこには，地域の首脳や関係大臣などが集まって地域協力の進展について議論することに異を唱えるのは難しいという一般論だけではなく，EAEG が提起された時点での日米貿易摩擦のような日米間の波乱要因がなくなっており，日米が相対立するグループに属して貿易問題で角を突き合わすと

いった事態は想定されなくなっていたことや，1997年からの数年間の東アジア諸国の最大の課題であった東アジア通貨・経済危機からの脱却に向けては米国としては米国市民の税金を投入する用意がなかった（他方，日本や中国は通貨スワップによって自国が損失をこうむることがあったとしても，自国の経済への影響を考えれば東南アジア諸国の経済を崩壊させられないという認識があった）ことにもよっているのではないかと推察される。

さらに，2000年11月の首脳会議では，ASEAN側から，東アジアサミットを開催してはどうか，東アジアの自由貿易・投資地域の可能性を検討すべきなどとの提案があり，東アジア地域協力のあり方について検討する政府関係者からなる東アジアスタディグループ（EASG）が設けられることになった。EASGは，2002年11月には貿易，投資，金融協力の促進など東アジア・コミュニティの形成に向けた報告書を出し，また，中国はASEAN全体との間でFTAを締結することを目指すことを含む経済協力枠組み協定に調印した。これを受けて日本や韓国もASEAN諸国との間のFTAを本格的に検討することになった。こうしてASEANプラススリーを中心とする地域協力が現実性を持って認識されるようになり，2004年の首脳会議では，翌年には東アジアサミットを開催することを決定した。それまでの経緯から，ASEANプラススリーのサミットがそのまま東アジアサミットに移行するのが自然ではないかという向きも少なくなかったが，それまでの地域協力の系譜（特に日，豪が中心となってアジア太平洋協力のイニシアティブをとってきたことなど）やASEANとの関係からオーストラリアやインドはどうかという声もあった。日本の外務省は，2004年から2005年にかけて，東アジア・コミュニティ，機能的協力及び東アジア首脳会議に関する3つの論点ペーパーを作成して，関係国間での議論の整理に向けて努力をしたが，東アジアにおける機能的協力のなかでは，ASEANがインドとの包括的経済連携（CEP）に署名し，また一部の諸国はオーストラリアとFTAを締結し，あるいはオーストラリアやニュージーランドとCEPを交渉中であることも指摘した[7]。貿易をはじめ経済面や政治，安全保障面でのアジアにおける機能的協力といえば，当然のことながら米国がこの地域で果たしている役割はどうかということも考えるべきではないかという向きもあるかもしれないが，さすがに，米国を東アジアサミットのメンバー

にとまでは提起してはいないものの，豪，印，NZ の参加を期待するところが窺える。他方，中国は ASEAN プラススリーでということが念頭にあったようであるが，結局，2005 年のクアラルンプールにおいては，ASEAN プラススリーのサミットに引き続いて，オーストラリア，インド及び NZ が加わった東アジアサミット（East Asia Summit, ASEAN プラススリープラススリー）が開催されるに至った。東アジアサミットの参加メンバーを，ASEAN プラススリーに限定するのか，オーストラリアやインドなども含めるかについては ASEAN 内にも両様の意見が存在していたが，最終的には，一部の諸国はインドとの関係も深いことやかつての EAEG 構想に対する米国の反発にもかんがみ，豪の参加を認めて透明感が外部にも伝わるようにしたほうがよいのではないかということで合意したようである[8]。こうして，かねてより東アジア全域での FTA/EPA が話題となっているなかで，その検討の枠組みを ASEAN プラススリーに限定して進めるのか，広域東アジアとも言うべき東アジアサミットを念頭に進めるのかというフレームワークをめぐる議論が存在した。このうち，前者については断続的に議論が行われ，さらにはその一環として日，中，韓の間での FTA も協議されるようになっており（ただし，現在は日中関係，日韓関係の微妙な問題もあり，停滞中であるが），また，後者の議論は，包括的経済連携協定（Regional Comprehensive Economic Partnership, RCEP）の可能性として予備的な交渉が継続中である。また，東アジアサミットにはロシアが当初から強い参加意欲を見せており[9]，もしロシアが参加するのなら，この地域に強い関心と影響力を持つ米国はどうかという議論も存在していた。そして，2011 年からは米国及びロシアが東アジアに参加することになったのである。

　翻って考えてみると，東アジア通貨・経済危機以来，ASEAN プラススリーの枠組みでの東アジア協力を進めてきたなかで，2005 年からの東アジアサミットにおいて，ASEAN 諸国がオーストラリアやインドの参加を要望あるいは容認し，また，後には米国の参加を認めるに至った背景には，多年にわたって経済成長を続け，これに伴って軍事力も飛躍的に増強しつつある中国との関係で，この地域で経済的にも軍事的にもバランスの取れた安定的な秩序を維持していくためには，もはや日本一国では足らず（1997 年の時点では，中国の軍

事的影響力を心配する声はほとんどなく，経済的には日本との関係でバランスは十分と認識されていた)，オーストラリアやインド，そして米国も同じフォーラムにいてもらいたいと認識するようになっていたと推察されるのである。

　次に，APECにおける域内の貿易自由化をめぐる議論のなかで派生してきた，環太平洋経済連携協定（Trans Pacific Partnership, TPP）のメンバーシップをめぐる状況について振り返っておきたい。APECがアドホックに設置した賢人会議が1994年に域内の先進国は2010年までに，中進国は2015年までに，途上国は2020年までに域内での貿易及び投資の自由化を図ることを提案したのを受けて，1994年のボゴールで開催されたAPEC首脳会議では，域内の貿易，投資の自由化を2020年（域内先進国は2010年）までに実現するという，ボゴール宣言を採択した。この宣言は，法的拘束力はなく，首脳の政治的決意の表明にとどまるものではあるが，アジア太平洋の全域における貿易及び投資の自由化を目指すという意味でそのインパクトは非常に大きいものがあった。この首脳の政治的決意を受けて，各国は自発的に個別行動計画を立て，各国の自由化の進捗状況をピアレビューし，早期に実現可能なところから実現を図るというアプローチを取ることとしたが，自発的な自由化は思ったほど進展しなかった。そして，1998年のクアラルンプールでのAPEC閣僚会議において，日本が水産物及び林業製品の早期自発的自由化には踏み切れないという態度を示したことでそれまで目指してきた自発的な自由化への取り組みがひとまず頓挫し，また，当時の地域的な最大の課題が通貨・経済危機の克服，再発の回避だったことやグローバルな貿易交渉が程なく開始されると見込まれていたことから関税の引き下げはWTOの場でAPECとしても努力すればと考えられたこともあって，ボゴール目標もとりあえずのアジェンダから遠のいた感があったが，2001年の首脳会議では，先進国におけるボゴール目標の達成期限である2010年との中間年に当たる2005年にボゴール目標に向けた進展について中間段階での現状把握を行うことで合意した。この合意を受けた中間報告が2005年に釜山で開催されたAPEC首脳会議に高級事務レベルからの報告という形で提出された。この報告のなかでは，APEC加盟国が適用している関税率の平均が，1989年の16.9%から2004年には5.5%まで下がっていること，加盟

国の半数近くの関税率は5％以下となっており，多くの商品に対する関税率がゼロないし無視できるレベルまで下がってきていることを指摘したうえで，2005年7月現在で，少なくとも180の自由貿易協定が存在しているが，そのうち53はAPEC諸国が関係しているものであり，こうした自由貿易協定がボゴール目標に向けた広範な自由化に貢献していくためには，質の高い，透明性に富んだ，他と整合性のある自由貿易協定でなければならないことを述べている[10]。こうして2010年という目標が近づく一方，WTOの枠組みで行われているドーハ開発ラウンドにまったく進展が見込めないなかで，APEC内の先進国が，ボゴール目標についてどのように決着を図っていくかはAPEC諸国のみならず他の国々からも注目されていた。このような背景下にあって，2010年のAPECが日本で，2011年は米国でという開催年次及び場所の設定が早々と合意されていたのは，日本，米国というめぐりのなかで，ボゴールでの政治的決意に一応の成果として結実したものを示したい，日米両国が参加する域内主要先進国間でのなんらかのFTA/EPAの枠組みが模索できないか，という関係者の姿勢を示すものであったと考えられる。このような視点を持ってのことではないかと推察されるが，シンガポール，ブルネイ，チリ及びNZがP-4と称して原則的にすべての商品を対象とする自由貿易協定を締結する動きを示し，他の域内国に参加を呼びかけ始めたのである。この4カ国は，2007年に交渉を開始し，環太平洋パートナーシップ協定（TPP）を締結した。そして，米及び豪などが参加の可能性を示唆していたところ，2009年には米国が正式に参加する旨を表明し，TPP交渉は原加盟国4カ国に米，豪，マレーシア，ベトナム及びペルーを加えた9カ国によって折衝が続けられることになった。そして，2010年の横浜でのAPEC首脳会議を前に，菅首相（当時）は，日本も進行中のTPP交渉に参加することに強い関心を有しているという意思表明を首脳会議の場で行いたいという発表を行い，注目を集めた（この発表は，通常の政府部内や党内手続きを踏まずに首相が発表したという意味で，国内的には反発，当惑する声も多く聞かれたが，外国の関係者からは歓迎したいという声が強かった）。首脳会議は「横浜ビジョン－ボゴール，そしてボゴールを超えて－」と題する首脳宣言を採択したが，そのなかで「我々は，APECの地域経済統合の課題を進展させるための主要な手段であるアジア太平洋自由貿易

圏 (FTAAP) の実現に向けた具体的な手段をとる。FTAAP は，なかでも ASEAN プラススリー，ASEAN プラスシックス及び TPP 協定といった，現在進行している地域的な取り組みを基礎としてさらに発展させることにより，包括的な自由貿易協定として追及されるべきである」としたのである。そして，2011 年には野田首相（当時）が TPP 交渉参加にむけて関係国と協議に入りたいという意向を示すこととなった。

　この日本の参加表明により，日米を含む広範な FTA の可能性も出てきたことから，それまでは TPP にまったく関心を示してこなかったカナダとメキシコが急遽，TPP 交渉に参加することを決めるに至った。米国を主要貿易相手国とするカナダ及びメキシコは NAFTA の構成員として米国市場へのアクセスに特段の問題はなく，それまでの米国以外の TPP 交渉メンバーとの貿易はさほどの重要性をおいていなかったのが，日本が加わるのなら，日本への輸出をめぐって米国の製品との競争力に差が出るかもしれない，貿易迂回効果があるかもしれないという危惧を持ったものと考えられる（日本と FTA を結んでいるメキシコの場合は，TPP の下での自由化度が 2 国間の FTA よりも高くなるとメキシコの豚肉などの輸出に影響があることも念頭にあったものと思われる）。日本が正式に交渉参加を認められ，12 カ国による交渉が最終段階に入っていることが報道されるに至ると，今度はそれまで TPP に関心をさほど示してこなかった韓国（米国や EU とは FTA を締結済みであり，中国とも交渉を進展させていた）も，TPP の交渉の動向に関心を示すようになってきているのである。また，TPP の交渉の進展は，他の地域，特にヨーロッパにもインパクトがあったのではないかと推察されるのは，かねてからアイデアとしては存在していた環大西洋自由貿易地域（Transatlantic Free Trade Area, TAFTA）構想が，環大西洋貿易投資協定（Transatlantic Trade and Investment Partnership, TTIP）として，その実現に向け 2013 年 7 月に正式に交渉が開始されることになったことである。

　次に，アジア太平洋地域における政治，安全保障上の対話の枠組みについて振り返ってみたい。多様性を極めるこの地域では政治的に各国の意見を調整し，あるいは各国の安全保障を多数の国が集まって協議し，一致して対応するといったような，政治的な統合化を期待することは長く考えられることはなかった。

ヨーロッパにおけるNATOのような地域的集団安全保障体制をもって冷戦時代に対応したわけではなく，各国が米国との2国間関係のなかで安全保障ないし相互防衛条約を締結し，あるいは一方的に米国が提供する安全保障のコミットメントを受け入れ，米国を核とし，そこから放射線状に他国が並んだ2国関係の集積（ハブ・アンド・スポーク）といった形で，安全保障面での基本構造が出来上がったのである。したがって，これらの諸国は自国の安全の確保を，米国との交渉，協議に多くを委ねることとしてきた。しかしながら，米軍のベトナムからの撤退，1975年のサイゴン陥落を見て，ASEAN諸国は本格的に自国の安全とASEANとしての連帯を真剣に考慮するのやむなきに至ったし，1978年から79年にかけてのベトナムのカンボジア侵攻や中越戦争の勃発は，ASEANとして米国，中国をはじめソ連や日本など関係諸国の考え方も忖度しながら自らの対応を模索することを余儀なくしたのである。そして，そのような場としてASEANが選択したのはASEAN拡大外相会議（Post Ministerial Conference, PMC）であり，後にこの過程から安全保障面での対話を目指して出てきたのがASEAN地域フォーラム（ARF）であった。

　PMCは，1979年に米，日，豪，NZの外相，ECの代表及びASEAN各国の外相が一堂に会してスタートした（カナダは翌年から参加）。直接的な経緯は，それ以前からASEANと主要な貿易相手国とのバイラテラルな経済問題に関する対話が行われていたのをベースとして，1978年に日本の外務大臣がASEAN年次閣僚会議の直後にASEAN各国の外相と会議を持つに至ったことを契機としたものである。PMCは，建前上は経済関係が緊密な先進国との外相レベルでの年次会合との位置づけであったが，その制度化が始まった1979年は，カンボジアの内戦，インドシナ難民問題，国連におけるカンボジアの代表権問題などASEANにとっての重大な政治課題が山積しており，PMCの場は，当初からASEANを中心に政治，安全保障など広範な問題について協議し，可能な事項については意思一致を醸成する機能を果たすことになっていったのである。このような積み重ねの上に立って，1991年のPMCにおいて日本の中山外務大臣（当時）は政治対話の重要性を強調し，そのためにPMCを活用することを提案した。1992年のASEAN首脳会議は地域的安全保障対話に積極的に取り組むことに合意し，また，日米両国もその首脳会議でこ

の地域における政治対話の推進で合意していた．しかし，1991年から韓国はPMCに参加していたものの，政治，安全保障対話を有効に進めるためにはその参加が不可欠と考えられる中国とソ連はPMCの参加メンバーではなかったこともあって，1993年のPMCでは，当時のASEAN加盟国6カ国に，PMCの域外参加国，中，ロシア，ベトナム，ラオス，パプアニューギニアの18カ国で安全保障対話を開始すること，その名称はASEAN地域フォーラム（ARF）とすることで合意した．

ARFの第1回会合は，1994年にバンコクで開催され，アジア太平洋地域の17カ国及びEUの外相が初めて一堂に会し，地域の安全保障環境や信頼醸成について意見交換を開始することになった．また，そこでは，域内紛争の平和的解決を求める東南アジア友好協力条約をARF参加国の行動規範とすることや，核不拡散，軍事情報の公表，海賊の取り締まり，予防外交に関する研究の推進などについて合意した．翌年にはカンボジアが，第3回会合にはミャンマーとインド，1998年にはモンゴルの参加があった．さらに，2000年には北朝鮮，2004年にはパキスタン，その翌年には東ティモール，2006年にはバングラデシュ，2007年にはスリランカが参加し，インドとパキスタンという南アジアの核兵器保有国を含む枠組みでの意見交換が行われるに至っている．これは，核兵器の不拡散をアジェンダの1つとしていくうえでは，この両国が参加したいというのを拒む理由はなく，また，東南アジア諸国にとっても，また，日米などにとっても，その安全保障観においては，インド洋地域における状況もかなり大きなウェートをもって認識されざるを得ないことにもよるものと推察されるのである．

アジア太平洋地域においてさまざまに模索される地域協力のメカニズムのうちで，特殊な地位を占めるものとして1996年から開催されているアジア欧州会合（Asia-Europe Meeting, ASEM）がある．バンコクで開催されたASEMの第1回首脳会議には，EU15カ国，欧州委員会が欧州側から，ASEAN7カ国，日，中，韓がアジア側から出席した．この枠組みでは，2年に1回の首脳会議が開かれ，その合間の年には外相会議が開かれることになっているほか，財務大臣会合や経済担当大臣会合が定期的に開かれ，環境大臣会合や高級事務レベル会合なども開催されている．また，そのアジェンダも政治の柱，経済の柱，

社会・文化その他の柱の3つの分野別に整理した上で広範な事項を扱っている。ASEMに至る過程としては，東アジアの経済成長を背景として，1994年に欧州委員会が「新アジア政策に向けて」と題する政策文書を取りまとめ，アジアにおけるヨーロッパの経済的な存在を強化する必要性を強調していた。また，APECが首脳会議を定例化するなかで，そこへのオブザーバー参加に関心を示しているほど，アジア太平洋の動向に関心が高まっているとも言われていた。そのような中で，1994年10月，シンガポールのゴーチョクトン首相（当時）は，フランスのバラデュール首相（当時）に対し，アジア欧州首脳会議を提案したのを契機として実現したものである。ASEAN側としては，東アジア，北米，ヨーロッパの間のミッシングリンクをうめる（北米と東アジアの間にはAPEC，ARFなど地域間の対話のメカニズムがあるが，ヨーロッパとの間にはなかった）ものであり，また，旧植民地と旧宗主国が対等な立場で対話を行う歴史的意義を有すると考えていた。アジア側の参加国はASEANが，欧州側の参加国はEUが決定するというのが発足に当たっての基本的理解であったが，ASEMの発足当初からここに参加したいという向きはASEAN周辺，EU周辺に存在した。EUの正式メンバーではないものの，スイスやノルウェーについては異論はなかったが，豪，NZに関してはさまざまなパーセプションの違いが存在した。オーストラリア及びニュージーランドに関しては，ASEMの発足直後からこれら2国の参加についてEU側にもASEAN側にも異存はなかったものの，ASEANはこれらの国は欧州側の国であるという認識を見せ，EUは東アジアの側からの参加となるのが当然という認識を示し，これらの認識の間に妥協が図られ，実際に参加が実現したのは2010年のブリュッセルの首脳会議からになってしまったのである。ロシアについては，先に東アジアサミットへの参加で見たように，ロシア側はASEANに対して東アジアの国であるという主張をするものの，ASEANの認識ではロシアはヨーロッパに近いという認識をしており（東アジアサミットへの参加も米国と同時に2011年からとなった），EU側にはロシアがヨーロッパ側からの出席となる可能性を考える向きはなかったこともあり，オーストラリアなどと同時に2010年から正式に参加することが認められることになった。2010年の妥協が成立できたのは，EUとASEANの間で，これらの3国は，ヨーロッパでもアジアでもない「そ

の他の地域」からの参加という第三のカテゴリーと認識することにしたためである。しかし，ASEM がアジアとヨーロッパの対話という以上，その他の地域という概念を持ち込むことにはかなりの無理があり，その3国とも東アジアサミットのメンバー国であることも考慮して，今日ではアジア側からの参加と認識されている。なお，地理的には東アジアに属する国とは必ずしも言えないパキスタンやインド及びモンゴルは 2008 年の北京での首脳会議からアジア側の国としての参加を認められている。

　以上，アジア太平洋地域で多層的に模索される地域協力の主要なメカニズムについて，それぞれの目的とする地域協力とメンバーシップについて概略を振り返ってみたところであるが，これらの地域協力を進めるという政策推進の背景になっている各国の考え方や参加メンバーの拡大に当たっての考え方を以下に簡略に取りまとめてみたい。

(1) 1960 年代から 70 年代にかけては，日，米，加，豪，NZ の政府は，いずれも GATT を中心とする多角的貿易の自由化を図ることが重要であり，これを弱体化させる恐れのある地域的な貿易の自由化にはきわめて慎重であった。しかし，西ヨーロッパにおける EEC の進展に触発される形で，日，豪などの学者や経済人を中心に，環太平洋地域における経済協力を模索する動きが徐々に顕在化するようになってきた。

(2) 1970 年代末に大平内閣（当時）が推進しようとした環太平洋連帯構想については，オーストラリアの全面的な賛同を得て，日，米，豪，加，韓，NZ 及び ASEAN 各国の産，官，学の3者で構成される太平洋経済協力会議（PECC）が 1980 年にキャンベラで開催されるに至ったが，正式の政府間協力を開始するには時期尚早というのが共通の認識であり，官の参加は私的な資格でのものとされたのであった。特に，ASEAN 諸国の中には，日米が参加する政府間の広範な経済協力の場に入ると，ASEAN の団結が乱れたり，存在意義が希薄化するのではないかという強い危惧が存在していた。しかし，1980 年代の経済成長を背景に，ASEAN 諸国も PECC への参加に徐々に自信を持ち始めるようになり，また，PECC に参加していない，中，台，ソ，ラテンアメリカ諸国からの参加意欲も聞かれるようになってきた。そして，中国，台湾は 1986

年からここに参加することになったのである。

(3) アジア太平洋地域における経済の相互依存関係の深化，貿易・経済摩擦の高まり，GATT ウルグアイラウンド交渉の停滞，NAFTA や欧州統一市場への動きなど地域主義的な動向の増加などを背景に，オーストラリアのホーク首相は，1989 年，太平洋地域における閣僚会議を含む正式の政府間協力の提唱を行い，同年 11 月にはキャンベラに日，米，豪，加，韓，NZ 及び ASEAN の外務大臣及び貿易担当大臣などが出席して第 1 回のアジア太平洋経済協力（APEC）がスタートした。しかし，この地域の重要な経済主体である中国と台湾が抜けていることは参加メンバーにとって重要な関心事であり，また，中，台ともに参加を希望していたが，中国は 1 つという基本的な中国の主張，立場もあり，他方，中国と台湾は同じ資格で参加するのが望ましいとするメンバー間のコンセンサスとの間の調整には極めて大きな困難が予想された。最終的には，APEC は，各経済主体の集まりと各国が理解すること，したがって国旗，国歌などは用いず，公式文書では国という表現は用いず，エコノミーとすることなどで妥協が成立した。そこには，この程度の妥協をして台湾と同じ資格であったとしても（他の国も経済主体として同じというのであれば），アジア太平洋の相互依存関係の中で順調に輸出を伸ばしたい，経済成長を継続したいという中国の政治姿勢が窺えるのである。

(4) 中，台の参加問題が一応の解決を見ると，アジア太平洋地域の経済的ダイナミズムに乗りたいと考える周辺諸国からの参加希望はいっそう強くなり，正式に参加したいという国が多くなっていった。APEC はアジア太平洋地域における開かれた地域協力の推進を標榜しており，メンバーシップにおいても開かれている必要があるという認識を共有する一方，西ヨーロッパにおける地域協力の拡大，深化は，EEC の原加盟国 6 カ国の地域統合の積重ねの上にあったことを意識して，急激なメンバーシップの拡大には慎重でありながら，ASEAN に加盟することとなったベトナムや NAFTA に加わるメキシコ，FTA を通じて米国経済との関係を強化するチリなどの参加を認めつつ，3 年間，次いで 10 年間というこの問題の凍結期間を設定したりすることになった

のである．

(5) このような中で，ロシアの参加問題に関する日本の対応を振り返ってみると，PECCへのソ連の参加について他のメンバーがこれを歓迎する姿勢を見せていた1990年になっても，領土問題が解決しない限り，経済協力はないとしてその参加に否定的な対応を示していた外務省が，ロシアのAPEC参加に向けては，1990年代後半のエリツィン大統領（当時）と橋本首相（当時）の親密な関係をも背景に領土問題の解決を促進するためにも，ロシアの意向に協力する形で，他国に先駆けてその参加を慫慂することになっていたのが印象的である．

(6) 1990年末以降，マレーシアのマハティール首相（当時）は，東アジア諸国は貿易・経済問題について一致結束し，協力していく必要があるとして東アジア経済グループ（EAEG）の創設を提案したが，太平洋を二分し，日米が相争う別のグループに属するような構図は認められないとの米国の強い反対にあい，EAEG構想は棚上げになる．しかし，この構想の取り扱いをめぐるASEAN内の協議の中から，ASEAN自由貿易協定（AFTA）についての合意が形成され，ASEAN経済共同体への第一歩を歩みだすことにつながっていくことになった．

(7) 1997年の東アジア通貨・経済危機を克服する過程の中で，ASEANプラススリーの枠組みでの対話が進行し，通貨交換協定（スワップ）が締結されたり，首脳会議をはじめ，各種の大臣会合が定例化されるに至った．この枠組みでの協議，協力の進展に関しては，EAEG構想の際とは異なり，米国からの異議がさしはさまれることはなかった．その背景には，東アジア通貨・経済危機は克服されなければならないが，米国としてはそのための財政負担までを覚悟することはできず，結局当時としては日本をはじめとする東アジアの外貨保有国の協力に任せるしかなかったということではなかったかと推察されるのである．そして，このASEANプラススリーの枠組みでのFTA/EPAが提案されるようになったのである．このようなASEANプラススリーの協力が進展する中で，ASEAN諸国から東アジアサミットを開催することができるような状況になっているとの声が聞かれるようになり，2005年にはASEANプラ

ススリーのサミットに引き続き東アジアサミットが開催されることになったが，そこにはASEANプラススリーの参加国に加えて，印，豪，NZが参加することになった。ASEANプラススリーがそのまま東アジアサミットにという考え方も存在したが，インドやオーストラリアを加えてという背景には，日本やシンガポールなどがこれを望んだことに加え，中国の政治的，軍事的，経済的な影響がますます強くなっていく中では，日本だけでは足らず，インドやオーストラリアもという声に賛同する国がASEAN諸国にも多くなってきたということであろう。そして，広域東アジアとでも言うべきASEANプラスシックスの枠組みでも包括的経済連携協定が提案され，模索されているのである。さらに，2011年からは東アジアサミットには米国とロシアも参加することになったのである。

(8) APECは，1994年のサミットで，2020年（先進国は2010年）までに域内の投資・貿易の自由化を図るという政治的決意をボゴール目標として採択しているが，このアジア太平洋地域の貿易の自由化（FTAAP）を実現する一歩として，シンガポール，チリ，ブルネイ及びNZは基本的に全品目の自由化をする質の高いFTAを目指して2007年に交渉を開始し，TPPとして発足させた。2009年には，これに米が正式に参加を表明し，原加盟国4カ国に加えて米，豪，マレーシア，ベトナム及びペルーを加えた9カ国による折衝が行われることになった。この交渉に日本も参加することを表明するや，それまではTPPに特段の関心を示していなかったカナダとメキシコが正式に交渉に参加したい旨を表明し，実際には日本よりも先に交渉に加わったのである。ここには，日米を含む広範なFTAが成立することになると，日本への輸出をめぐって米国産の品目との間で競争力に差が出るかもしれない，貿易迂回効果が生じかねないという危惧があったためと想像される。

(9) 1990年代初めには，米国抜きでEAEG構想を推進しようとしたマレーシアが，21世紀には米国とともにTPP交渉に参加し，また，東アジアサミットへの米国の参加を受け入れるようになったのは，上記（7）でも触れたように東アジアにおける中国の影響力の著しい増大という国際

政治経済における変遷を反映してのものであろう。

4 まとめに代えて

　冒頭にも述べたとおり，国際政治の位相は多様であり，国際政治，経済の諸局面においてどのような要素が政策決定に当たって参考とされるのかという問題について，一元的にこうだという整理をすることはおよそ不可能に思える。そこで，本章では，まず，BSE に感染した牛が発見されて以降の主要国の対応と日米間での米国産牛肉の日本への輸出をめぐる交渉を振り返ってみることとした。ついで，アジア太平洋地域で多層的に模索されている地域協力のメカニズムにおけるメンバーシップの問題を関係諸国がどのように考えて進めてきたのかを中心に考察してみたところである。もとより，この 2 つの課題は国際政治の中の典型例というわけにはいかないが，前者の課題は，科学的知見とそれぞれの国内での世論が絡まり，国内政治の中での理解を得つつ，外交交渉の中で落としどころを探らざるを得ないという複雑な要素があり，日本が国内的に現実にとり得る政策的対応としては全頭検査という対応しかなかったかもしれないが，米国との関係では妥協点を見出すのが容易ではなかったのである。他方，後者の問題には，国内の有権者の反応が政策考慮の中に入ることは少なく（日本が TPP に参加するかどうかは国内世論の動向を踏まえざるを得ないが，さまざまなグルーピングに中国や台湾が入るかどうかやソ連，ロシアはどうかなどといったメンバーシップをめぐっては国内的にさまざまなグループの意見，利害を調整する必要がほとんどない），いわば外交政策に関与する政策エリートがどう認識，理解するかで決まってくる側面が強いと思われるのである。その意味で，やや対極に属する 2 つのイッシューについて振り返ってみたところであるが，本章を読まれた方々が国際政治，経済の関連する局面において，どのような要素が政策決定に当たって参考にされていたかを考える機会となれば幸いである。

■注

1) 以上のBSE感染数に関する統計は，いずれも農林水産省のBSEに関するホームページ（そこにはOIE（国際獣疫事務局）のウェブサイトで2014年12月25日に確認との説明あり）からとったもの。
2) 小島提案の内容については，小島，1990，p.3-p.25に詳述。この提案に対して何のステップもとられることはなかったが，多くの反響が寄せられたことについては，同書，p.30。
3) 1979年に中間報告，1980年には最終報告書が発表された。最終報告書は，「大平総理の政策研究会報告書-4 環太平洋連帯の構想-」とされていた。
4) ASEAN諸国の中には，日米が参加する広域的な枠組みにおける政府間機構に組み込まれると，一方で日米による実質的支配が行われ，ASEANの独自性が損なわれ日米の谷間に埋没してしまうのではないかという危惧と，他方で，貿易摩擦に見られるように日米が対立すると，ASEAN諸国が日米のいずれを支持するのかを迫られ，股裂きになる，団結が乱れるのではないかという危惧が並存していた。このような危惧は，筆者がかかわっていたAPECの黎明期にも継続しており，複数のASEAN諸国の外交官から「ASEANはAPECに埋没するのではないか，APECはASEANの統一を乱す（dilute unity of ASEAN）のではないか」という懸念を伝えられたことがあり，その際にASEAN諸国に伝承されている古いことわざとして，2頭の巨象がけんかすると一番迷惑をするのはその下草の中に住む小さな虫たちであると語ってくれたことが強い印象として今日まで残っている。
5) PECC参加国は，それぞれ各国における産，官，学のメンバーで構成される太平洋協力国内委員会を設立し，各国の国内委員会（たとえば，日本の国内委員会は，Japanese National Committee for Pacific Economic Cooperation, JANCPECと呼ばれていた）がPECCに参加するという形式をとっていた。
6) 1993年の時点でEUが，輸出補助金の大幅削減で米国と妥協することとなった背景について，EU側の担当者が後にAPECの賢人会議の議長を務めた米国のバーグステン博士に語ったところによると，「ウルグアイラウンドに関するドイツの主席交渉官は，ウルグアイラウンドを成功裏の決着に導いたのは1993年11月のシアトルでのAPECサミットであったという。彼は，（ウルグアイラウンドが失敗した場合の）選択肢が米国にはあるのに対し，欧州にはなかったと語った」というのである（1994年8月16日に録音されたDutta E. に対する陳述。Dutta E., Economic Regionalism in the Asia-Pacific: Challenges to Economic Cooperation, Edward Elgar, 1999, p.111）。
7) 日本政府作成の論点ペーパーは，仮訳版で12ページにわたるもので，2004年

から 2005 年にかけては外務省のホームページにアップされていた。その後ホームページから削除され，一時再びアップされたものの，現在は見当たらない。機能的協力に関するペーパーにおける豪，印，NZ などへの言及は para8, p.12 においてなされていた。

8) 2005 年の東アジアサミットの数週間前に立命館アジア太平洋大学で 11 月 26 ～ 7 日に開催された "An East Asian Community? Global and Regional Dynamics" をテーマとした立命館アジア太平洋コンファレンスの基調講演を行った ASEAN 事務局長（当時）の ONG Keng Young は，講演の中の質疑応答の中で，筆者の質問に率直に答える形で，オーストラリアやインドの参加については ASEAN の中にもさまざまな意見があったが，EAEG に対するときのような米国の反応を避けるためにも豪の参加は大事だとして "Australia is a deputy sheriff of the United States" と述べた。また，米国の反応を小さくするために，東アジア地域社会の構築について言及するときは "East Asian Community" と "Community" を大文字にするのではなく，"community" と小文字にして，東アジアにはさまざまな "communities" があり得るところであり，今回の試みはそのような中の 1 つであり，別の "community" には米国の入るものもあり得るというところを示すことにしたと付け加えるところがあった。その後のクアラルンプールでの 2005 年 12 月 12 日の ASEAN プラススリーの首脳会議の宣言では "common resolve to realize an East Asian community" や "political momentum to East Asian community" という表現が用いられている。その 2 日後の東アジアサミットの宣言の中には，"East Asia Summit could play a significant role in community building in this region" と謳われている。

9) 2004 年から 2005 年にかけてロシアは ASEAN 事務局と最初の東アジアサミットのホスト国になるマレーシアの外務省に対して，ロシアの国土の大半はアジアにあり，シベリアの石油や天然ガスは東アジアの経済の一環を占めているとして，猛烈な外交攻勢をかけ，マレーシアは自国の特別ゲストとしてロシアの同席を認めるという特別措置をとった。2005 年の東アジアサミットの議長サマリーの中に，翌年度はロシアを正式のメンバーとして迎えることを入れることをマレーシアは他の ASEAN 諸国に打診したが，同意を得られず，そのままとなった経緯がある。

10) APEC の高級事務レベルから首脳会議にあてた「ボゴール目標に向けての進展状況の中間取りまとめ－ボゴール目標に向けての釜山ロードマップ－（A Mid-term Stocktake of Progress towards the Bogor Goals-Busan Roadmap to the Bogor Goals）」と題する報告，p.4, p.6。

■引用・参考文献

[1] 小島清 『続・太平洋経済圏の生成』 文眞堂 1990

2章　経営情報学と政策情報学

國領　二郎

1　協働の設計学

　学園祭で模擬店を出すような話から，外国に巨大ダムを建設するような話まで，人が何かをなそうと思うときには，多くの人を巻き込んで協働しなければならない。やってみた方はわかると思うが，多くの人を1つの方向にまとめ上げていくのは容易な作業ではない。すぐに利害対立が起こったり，資金的に行き詰ったり，さまざまな障害が発生して頓挫してしまう。

　このことがビジネスの分野で大問題になり始めたのが19世紀後半くらいである。第二次産業革命のおかげで大規模な仕組みを正確に動かすことが重要になってきたのである。そしてそれを解決するために生まれてきたのが経営学である。ニーズの大きさから，当初は私企業の経営に焦点が当てられた。最近では行政や非営利法人においても経営的視点が重視されるようになってきた。今では公共経営という言葉がよく聞かれるようになっている。

　政策と経営の関係については，経営は政策の一部だと考えることができる。井関（2007）は政策を「外部環境との相互作用あるいは外部環境への関与（介入）行動であると同時に，自己変革，自己再組織化の行動」と定義している。経営はまさに組織が目的を持って外部に介入し，実現するための協働を実現させる方法についての学問である。カバーする範囲の広い政策の中で特に組織運営に焦点をあてているのが経営と言っていいだろう。

　情報は政策全般にとって重要な要素である。中でも意思決定や協働の調整を中心的な課題と捉える経営にとっては，特に重要と言える。外部環境から情報を獲得し，処理し，組織内外とコミュニケーションをとりながら協働を成立さ

せて目的を達成する経営行動は情報の塊と言っていい。

　政策一般の議論の中で経営学に特徴があるとすると，政策が対外的な働きかけを重視することに対して経営は組織内部の調整に大きな関心をはらうことにあると言っていいだろう。

　実はこれは，そもそも，会社などの経営組織がどうして存在するのか，という根本問題に遡る話である。経済活動における協働調整のメカニズムとして会社組織以外に，市場がある。需要と供給に基づいて，モノや労働力を交換することを通じて，協働の調整が行われる。実際，組織運営をしていると，必要な仕事を自ら内部スタッフでやるか，外部に発注するかを決めなければいけない局面がたくさんある。必ずしも会社の中ですべてをやらなくても市場取引的に外部の力を借りることもできるのである。

　現代の大きな会社が生まれてきた過程を詳細に研究したのがチャンドラーである（Chandler, 1977）。鉄道と電信が発達した19世紀後半のアメリカにおいて，大量生産・大量販売を行うために，多岐にわたる部門の緊密な相互調整が必要となった。それに市場的手段が応えられなくなる過程で，大企業が発達してきたという。このあたり歴史的記述を取引費用理論という形でまとめたのがコース（R. Coase, 1937）である。市場取引には内部組織でやる場合には不要となる調整コスト（取引費用）が必要となるので，取引費用が大きい場合にはそれを節減するために内部化が起こるとした。

　組織が必要となる論理は取引費用で説明できるとして，組織の内部における調整もそれほど簡単とは言えない。特に組織が大きくなってくると大変である。事業部Aと事業部Bがそれぞれに新規プロジェクトのためにお金が必要だと言い出すことがある。両方を承認するほどのお金がない状況などが典型的である。そのどちらを承認すべきか，といった課題に対応していかなければならない。また，組織全体としての目的と，そこに働く個々の従業員との利害関係を合致させて，従業員に能力を発揮してもらわなければならない。ところが，給与体系の設計を間違えて，従業員間に不公平感をもたらし，優秀な社員がどんどん辞めていってしまう，などといった現象もよく見られる。

2　内部統制と情報

　前節に述べたような成り立ちから，経営学は歴史的には（近年の展開については後に示す）大きな仕事に取り組む大組織の内部を調整するメカニズムの研究に焦点をあててきた。組織が大規模化する中で，単なる経営者の個人的資質だけでなく，組織としての情報能力が問われる。

　企業の所有者の代理人として運営を任されるようになった経営者の重要な道具となってきた情報システムに会計がある。企業において何か金銭にまつわる出来事があった場合に，すべてについて資金源は何で，それを何に使ったかということを記録していくことで，企業の状況を把握できる仕組みである。

　その象徴とも言うべきものが，貸借対照表と損益計算書である。貸借対照表はある組織がある時点（たとえばxx年3月31日現在）で，どんな出し手から資金を得，その資金を何に投下しているかを記したものである。これに対して損益計算書はその組織が一定期間（典型的には1年間，たとえばx0年4月

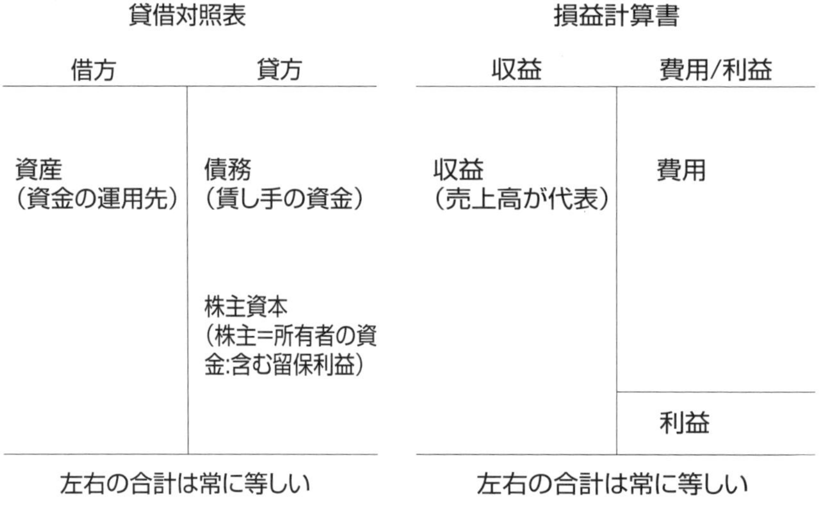

貸借対照表		損益計算書	
借方	貸方	収益	費用/利益
資産 （資金の運用先）	債務 （貸し手の資金）	収益 （売上高が代表）	費用
	株主資本 （株主＝所有者の資金:含む留保利益）		利益
左右の合計は常に等しい		左右の合計は常に等しい	

[出典：筆者作成]

図2-1　貸借対照表と損益計算書

1日からx1年3月31日まで)の間にどのような収益をあげ,そのためにどれくらい費用を使ったのかを示すものである。この2表が対となって,企業活動の状況を相当程度知ることができる。

特に意識したいのは,貸借対照表の右側にある債務と株主資本の違いである。一般に資金には銀行など,返済が必須の資金を出すかわりに一定の利子しか要求しない主体から出てくる債務と,所有者として投資し,リスクを背負うかわりに,企業の所有権(つまり利益に対する応分の取り分を要求する)資本がある。債務は外部者からの借金である。一方,株主資本は事業を実施するために内部者が持ち寄った資金である。そして内部者としての株主を代表して経営の大きな意思決定を行うのが取締役会である。経営者は取締役会の代理として日常的決定を行う。

さて,このような区分で日々の経済活動を記録して,貸借対照表と損益計算書にまとめるだけで,たとえば,

利益/株主資本=株主投資利益率

といった指標を導き出すことができる。投資に対してより大きな果実を得ることが企業の最終目的だとすると,これを大きくするのが,経営者の役割と言うことができる。

しかし,単純に投資利益率だけ見ていると間違えてしまうことがある。大きな借金をしてギャンブルに近い経営をしている状況を想定しよう。当たっている間は大きな利益が出る。ところが,不調になると一気に大幅な赤字転落してしまう。そのようなリスクを管理するために同じく貸借対照表から,

資産/株主資本=レバレッジ

といった指標を作ることができる。これは企業が内部者の株主資本に比べてどれくらい大きな借金をしながら事業を行っているかを見るものである。これが高いときは,小さな貯金しか持っていない人が,大きな借金をして事業をやっている危ない状況であるということがわかる。

似たような経営の状態を見るものに,たとえば,

利益/売上高=売上高利益率

売上高/資産=資産回転率

といった指標がある。これらを見ることで,企業の成績が悪い場合に,それ

が，売上に対して利幅が小さいのが問題なのか，資産の利用効率が悪いからなのかなどがわかる．ちなみに，

　売上高利益率×資産回転率×レバレッジ＝株主投資利益率

という数式が成立することが知られている．株主投資利益率を，要素に分解したのが，レバレッジ，売上高利益率，資産回転率の項目別分析ということになる．

　このような会計の重要な役割を反映して，情報技術を活用した会計システムは，経営情報システムのなかでももっとも基幹的なものとして早期に始まった．日々の伝票を仕分けてコンピュータに記録する作業をされた方は，読者諸氏のなかでも多くいらっしゃるのではないかと思う．大企業が使う本格的なシステムから，パソコンで手軽にできるもの，そして最近ではインターネット上のクラウドサービスを活用して無料で使えるものまで，さまざまなものが使われている．

3　情報システムとしての組織

　前節では代表的な経営情報システムとして会計システムを取り上げた．この他にも組織のなかには多くの情報の流れがある．根幹をなす会計システムを補完するものもあれば，別途に構築されたものもある．

　会計システムと補完的な関係にあるものとして，原価計算システムがある．複数の製品を作っている企業などでは，商品の価格をいくらにすべきかが大きな課題となる．たとえば，工場で3種類のお菓子を作っており，同じ職人さんがすべてに関わっている場合を想定してみよう．その職人さんの人件費をどのお菓子の「原価」と考えればいいだろうか？という問題が発生する．原価を間違えて，本来は高く売らないとコストが回収できない商品を安く売ってしまうと，赤字になって経営が破たんしてしまう．逆に，本来は安くてもよいものを高く売ってしまうと，競合他社が現れて安く売られてしまう．すると，今度は売上が落ちて破綻してしまう．

　この問題への解答には実は複数ある．簡便に考えると，それぞれのお菓子の生産数で均等に割ればいい．たとえば職人さんに月に20万円支払っていて，

お菓子が3種類合わせて2000個作っているとすると，お菓子1つあたり100円を原価と考えればよい。

この簡便法が危険なものとなるのは，Aというお菓子1個あたりにかかる時間より，Bにかかる時間が著しく大きい場合である。その場合には本当は，Bの方に1個あたり大きな人件費を見込まないと，簡便法でやると，Aを高く売りすぎ，Bを安く売りすぎることになる。

そのような問題を防ぐためには，それぞれのお菓子作りに職人さんがどれくらい時間を使っているかを計測して，原価の配分（これを配賦という）をかかる時間に応じて行う必要がある。その情報を集めるために伝統的にはストップウォッチを片手に実験するようなことをしてきた。今ならカメラなどで実働時間を記録する方法もあろう。

同じような問題が，機材の使い方にもあてはまる。Aというお菓子はトータルでは短い時間でできるが，値段の高い調理器をより長く使う，といった状況が考えられる。このような場合には，使う機材別に情報を集めなくてならない。

このような原価情報は，費用計算に使われるというルートを経て損益計算書に反映されることとなるという意味で，会計の一部である。しかし，それだけでない。商品の品ぞろえの決定や，価格政策など多岐にわたる企業としての重要な意思決定の基本情報となるという意味で，作業現場における情報を的確に把握して，経営トップに伝える情報システムは極めて重要である。

人事や給与の情報も，企業にとっては極めて重要な情報である。それぞれの人がどんな業績をあげているかを把握し，その業績に応じて適切に報酬が得られるようにしないと，組織のなかで不満が蓄積する。より貢献の大きい人材ほど，処遇に不満をもって先に辞めていってしまい，残るのは実際の貢献は小さかったのに，処遇が良かった人，というようなことになりかねない。

ここまでは，管理する側の視点で経営情報システムを考えてきたが，組織を運営していくためには，従業員など組織を構成するメンバーが，状況や向かっている方向について理解をし，それぞれの持ち場で対応を調整していくような行動をとってもらう必要がある。そのために重要となるのが，組織内の情報伝達を促進するさまざまな仕組みである。社内報のような公式のものもあれば，

社内宴会のような非公式のものもある。最近では社内 SNS を立ち上げて，さまざまなテーマで社員が相互に情報を交換できる仕組みを動かしている企業も多い。

このように考えていくと，組織は情報処理の塊であることに気がつく。絶えず情報を交換し，記録し，分析をすることで，より的確な判断と行動を，個々人のレベルでも，組織全体のレベルでも行う。よってより有効な協働を成立させることができる。その情報交換，記録，分析の仕組みの設計の巧拙によって組織の能力の差が生まれると言っていいだろう。

4　外部環境への働きかけ—マーケティングと戦略情報システム—

ここまでは主として組織の内部に焦点をあてて，経営情報のありようを述べてきた。しかし，冒頭で述べたとおり，本来組織は外部との関与によって目的を達成することを旨とするものである。その関与のなかには当然のように情報のやりとりがある。

その代表的なものは，コマーシャルだと言っていいだろう。企業が自社の製品の特長などを訴えるために，大きな予算を使いながら広告宣伝活動を行っている。人々の認識を変える外部環境への介入活動を行っていると考えることができる。

広告は単に情報を発信しているだけではないことも認識しておく必要がある。広告を行うときには，それをどれくらいの数の人が見たか，そして見た人が実際に購買行動を起こしたかなどを検証しなければならない。

どれくらいの数の人が見たかを測る指標として有名なのが「視聴率」というデータである。テレビ業界はあらかじめ決められたモニター宅に視聴を記録する機器を設置して，どの番組がいつどれくらい視聴されるかを計測している。その計測データによって，広告主がテレビ局などに払う広告費が左右されるので，テレビ業界にとっては死活的に重要な情報となっている。視聴率を向上させるために大変な競争が起こっていることは周知のとおりである。

インターネット上でも同じようなことが起こっている。有名なサイトのページが「X万ビュー」獲得した，といった表現で紹介されていることを目にされ

た方も多いだろう。ネット広告の場合にはさらに，その広告から購買サイトに移動して，その広告を見たユーザーがどの程度実購買に至ったか，という情報まで取得することが可能となっている。広告主の立場からすると，単に広告を見たというだけでは，小さな金額の報酬しか払えない。しかし，実際に購買に至ったとなるとより大きな報酬を提供することが可能となる。現在は，その成功報酬型とも言うべき広告のモデルがインターネット上で急速に発達しつつある段階，と言っていいだろう。

単に出来上がった製品をめぐる情報を外界とやりとりするだけでなく，そもそもどんな製品を作るといいか，といったことを考えるために情報を集めることがある。一般的にマーケティングと呼ばれる活動である。これにもさまざまな形態のものがあり，伝統的にはアンケート調査などがある。ユーザーの生活習慣や購買行動を知ることを通じて，満たされていない消費者ニーズを特定して，それを満たすべく新製品開発を行う，といったところが典型的なマーケティング調査ということになる。

最近では，わざわざアンケートをとるのではなく，センサーを通じて直接的に消費者の行動情報を収集して分析するような手法が発達しつつある。たとえば，電車の改札にICカードを読ませた情報も集めると，人がどこからどこに移動しているか，そのパターンがわかる。それを元にサービスの広告キャンペーンを効率的に打つことも可能だろう。また，インターネットの検索で，ダイエットのページを沢山見ている人が，どんなスポーツクラブのページも合わせて見ているかがわかれば，人々の健康に対する考え方が詳細にわかるようになる。

このようなネット上に集積するデータを活用する「ビッグデータマーケティング」が発達してきている大きな要因に，クラウドコンピューティングと無線端末の発達がある。パソコンなどの，端末側にデータを集積させる従来方式に対して，ネットワーク上にあるクラウドコンピュータと呼ばれるコンピュータ群のなかにデータを集積させる方式のことである。これによってそれまでは，末端に分散してつながらなかった情報が，クラウドコンピュータ上で結合するようになり，さまざまな分析が可能となってきた。たとえば，Aという本を買った人1000人を調べて，Aという本を買う人はBという別の本を買う傾向

が強いことを確かめて，Aを購入した人にBを推奨する「ターゲットマーケティング」と言われるようなことが可能となっている。

　近年では，情報システムを使って単に顧客と情報をやりとりするだけでなく，商品の販売を直接的に行うことも増えてきている。航空券の切符なども，昔ならば旅行代理店のお店でお金と交換にもらうのが一般的だった。ところが，いまでは，スマートフォンにQRコードが航空会社から直接送られ，支払も航空会社に直接クレジットカードで行うような方法が普通にとられるようになってきている。

　このような，販売を直接行うようなシステムには，顧客がいったん使い始めると，他に変更するのが面倒で，変えなくなる傾向があることが知られている。そのことに気づいている企業は，顧客を安定顧客として「囲い込む」ことに非常に熱心である。顧客の購買行動から得られた情報をもとに特徴を分析し，より顧客ニーズに合致したサービスを提供しようとする。このような，顧客の固定化に役立つようなシステムのことを戦略情報システムと呼ぶ。

5　インターネット時代の組織と経営

　社会のあらゆる場面に大きな変革をもたらしているインターネット革命は，経営のあり方にも大きな影響を与えている。そのインパクトを無視しては，今日の経営情報学を語ることはできない。ここでは（1）薄れる組織の内と外の境界線と生態系経営，（2）つながりと相互作用の高まりによる複雑系の経営，（3）プラットフォーム経営の3つの側面から考えてみることにしよう。

a　薄れる組織の内と外の境界線と生態系経営

　市場における取引に対する内部組織の調整の優位が組織の存在基盤であることは，冒頭に述べたとおりである。ところが，ネット社会は組織の壁を越えたコミュニケーションを行うことを簡単にすることで，組織の存在の前提条件を突き崩しつつある。

　ほぼすべての人が携帯電話を持つ時代を生きる若い方々には想像もつかないかもしれないが，かつて通信のコストが高かったころ，会社においても電話回

線が数人に1つしかなく，通信料金も時間制で長い通話をするとどんどん値段が高くなることがあった．そのような時代には，勤務時間中の私用の電話などはよほどのことがないと許されなかった．したがって働く人はいったん出勤すると，職場の人以外とは一切話さないようなこともしばしばであった．このような時代には，会社以外の人と時間外の約束をすることも難しく，遊びにいくときも職場の仲間と一緒といった展開になるのが普通だった．このような状態を，組織の内部と外部の境界線がはっきりした状況だったと説明することができるだろう．

インターネットや携帯電話の普及はそのような状況を一変させた．今やいつでもどこにいても，世界のどこにいる人ともコミュニケーションがとれる時代になっている．SNSなどの普及によって，友人がいまどんな状況にあるかもわかる．必要とあればテレビ会議などを行うことも可能だ．

そのような時代を背景に，すべてを企業内部で行うことの必然性は薄れてきていると言っていいだろう．結果として現れてくるのが，企業は自分の得意領域に特化しながら，他社と連携しながら事業を推進する傾向である．ラッパポートとハレヴィ（Rappaport and Halevi, 1991）は内部組織の能力の高さで世界を席巻する日本企業への礼賛が席巻していた1991年の段階で，設計だけを行い，製造を外部に委託してしまう「コンピュータを作らないコンピュータ会社」の勃興をいち早く指摘し，トレンドの変化を告げた．その後はこの傾向がさらに強くなり，Apple社が得意のデザインに特化し，製造を台湾企業に委託し，中国の安い人件費の恩恵もあって世界を席巻するに至っている．

このような傾向を認識しつつ，すべてが市場取引になって組織がなくなっているわけではないことにも，留意する必要がある．むしろ，Apple社やGoogle社などを見るにつけ，企業は世界的に展開し，大きな売り上げを上げるようになってきている．実際に起こっているのは，企業がそれぞれの得意領域に資源を集中投入しながら，その分野では世界的に高いマーケットシェアを獲得することを目指す経営スタイルと言える．その高いマーケットシェアで得た交渉力を背景としながら，パートナー企業との連携を進める．連携するにあたって，さまざまな情報技術を駆使することは言をまたない．有力パートナー同士が，ITを駆使して，仮想的な大企業を形成し，世界市場を開拓する姿が

見える。

　そのような合従連衡の世界で登場するのが，生態系経営とも言うべき経営手法である。すなわち，ある商品（たとえばスマートフォン）によって消費者に届ける機能をすべて自社で提供するのではなく，自社は基盤的な領域に特化しつつ，他社のイノベーションによって新機能を追加していく手法である。たとえばスマートフォンのハードウェアや基本ソフト（OS）を提供している会社は，その製品をベースとしたアプリを開発する企業に新機能提供の多くを依存している。逆にアプリを提供している企業は，ハードウェアメーカーやOS提供企業が，自分のビジネスの基盤となるサービスを提供してくれるから，大きな設備投資をしないでも，ソフトウェア開発だけに特化しながらビジネスを展開することができる。このように，多くの会社が共存共栄しながらビジネスを発展させる方式を生態系になぞらえて，新しい時代の到来を指摘したのが，ムーア（Moore, 1996）だった。

b　つながりと相互作用の高まりによる複雑系経営

　生態系経営が勃興するインターネット時代における今1つの大きな変化が，統制と命令（Command and Control）型の経営から複雑系型経営への転換だと言っていいだろう。

　旧来の経営が統制志向だったのは，大企業が生まれた当初の，大規模組織の混乱を収束させる必要があったからだというのは，冒頭で説明したとおりである。実際，大企業として初期に登場した鉄道会社は，統制不足によって衝突事故を頻繁に起こしていたという（Chandler, 1977）。その混乱状況から脱しようとするなかで，元々は別々の会社だった鉄道会社が次第に統合されていって大きな会社が形成されていったのである。以後も大きな設備を持ち，広域でビジネスを行う企業が，安定的にビジネスを展開する（大きな固定設備を持つ企業には安定した売り上げが必須）ために，生産設備から販売組織までを内部化しつつ，統制の度合いを強めていった。その道具として会計などが発達してきたのは上述のとおりである。

　統制することの重要性が必ずしも減じているわけではないことを指摘する一方で，今日のネット社会においては，必ずしも計画経済的な統制に拠らない経

営の重要性が高まってきている．前項に述べた，内と外の境界があいまいで，多様な組織がネットを介しながら合従連衡をする生態系経営の時代においては，企業があらかじめ思い描いていた計画どおりに事が進行するとは限らない．有力なパートナー企業が出してきた新しいアプリによって，自社の製品の位置づけまでが一変して，売り上げが伸びたり，自社製品に新たな改良を加えたりする必要が生まれたりし得る．

　そのような新しい状況を複雑系の考え方を援用しながら論じることができる．複雑系とは，多様な個体が相互に作用し合うなかで，全体としてのふるまいが，個々のふるまいの和としては説明できない現象を分析する考え方である．有名なのが，気象学者のローレンツ（E. Lorenz, 1972）による，ブラジルで羽ばたいた蝶がテキサスで竜巻を起こし得る，という提起である．経済学の分野において複雑系の考え方を提起したのはアーサー（B. Arthur, 1994）で，それまで，経済を市場メカニズムに基づいて調整が行われ，均衡が実現するものとして描いてきたことに対して，要素が相互作用するなかで加速度的に事象が進展することがむしろ常態であるとした．

　複雑系の理論のなかに創発（emergence）という考え方がある．これは複雑系の考え方の延長で，多様な個体の相互作用のなかから，予期せぬ帰結としてそれまでに存在していなかった秩序が生まれる現象を指している．たとえばルイジ（P. Luisi, 2006）は創発を「あるシステムにおいて，その部分の総和とは異なる性質，特徴が，システムの全体において現れる現象」としている．

　創発の考え方が重要なのはネットワーク化が進み，生態系経営が進展する経済の中においては，さまざまな主体がお互いに影響を与え合う度合がどんどん高まっていくことが予想されるからである．

　創発は組織にとって良い方向にも悪い方向にも作用しうる．良い方向に作用する例としては，イノベーションの活性化が挙げられよう．たとえば，スマートフォンの提供企業はそのうえで自由にアプリを作って動かすことができる環境を提供することによって，多くのベンチャーがアプリを作ることを可能としている．そのなかには，スマートフォンメーカーが全く想定していなかったような斬新なものが生まれたりすることがある．悪い方に働く場合としては，アプリ事業者が公序良俗に反するようなサービスを開始してしまい，それが流行

ってしまうことで，自社までマイナスイメージを持たれてしまうような状況が考えられる。その影響を企業が受けて経営危機に陥ることもあり得るので要注意である。

c　プラットフォーム経営

創発のマイナス面を抑制しながら，プラスの面を引き出すことは可能だろうか？　複雑系が予期できない帰結をもたらすものである以上，それは簡単なことではない。

1つの有力な考え方としてプラットフォームをめぐる一連の議論がある。ここで，プラットフォームとは，多様な主体（システム）が連携するための基盤的システムやサービス，としておこう。

情報システムの分野でプラットフォームという考え方が広がってきたのは，1980年代にそれまではハードウェアメーカー別に作られていたソフトウェアが，基本ソフト（OS）と呼ばれるプラットフォームを介してメーカーの壁を越えて開発されるようになってきた頃からである。プラットフォームが広がることによって，(1) ソフトウェア提供企業が，より大きな市場に向けて製品を

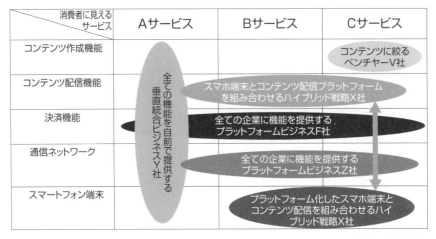

[出典：筆者作成]

図2-2　コンテンツ配信産業におけるプラットフォーム化のイメージ

開発することが可能となったこと，(2) ハードウェアメーカーの統制から外れて自由に開発ができるようになったことなどの理由で，多様なソフトウェアメーカーが勃興する基盤となった。現在では，プラットフォームとして業界のリーダーシップをとることが，情報システム業界の競争戦略の中核とも言えるようになっている（Gawer and Cusumano, 2002）。

プラットフォームには多様なプレーヤーの参加を促すための自由度の高さが必要である一方で，単に開放的な空間を作ればよいわけではない。多様なプレーヤーがつながりを作るうえでのルール，あるいは制約が必要となる。すなわち「設計」の良し悪しがプラットフォームの価値を決めると言っていい。

業界のなかで「プラットフォーム提供者」の地位を獲得することは，多くの関連企業の生態系の盟主として君臨できることを意味している。これはプラットフォームに「ネットワーク外部性」，すなわち利用するユーザーが増えれば増えるほど，価値が高まるという性格があるためである。たとえば，SNSなどをとってみても，より多くの友人が使っているもののほうが，利用者が少な

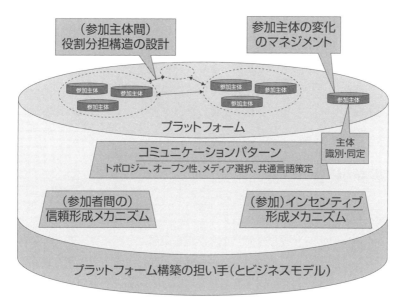

［出典：筆者作成］

図2-3　プラットフォームデザインの主要変数

いものよりも，友人たちとのコミュニケーションがとりやすく，使いやすいと言っていいだろう。

　國領＆プラットフォームデザインラボ（2011）はプラットフォームを「多様な主体が協働する際に，協働を促進するコミュニケーションの基盤となる道具や仕組み」と定義して，その設計論を展開した。単に情報システムに限定せず，社会的な現象もプラットフォームとしている一方で，コミュニケーションの基盤に特化して考えているところが特徴と言っていいだろう。

　プラットフォームはそれを活用して相互作用をする主体間の（1）コミュニケーションのしかた，（2）主体間の信頼形成メカニズム，（3）参加インセンティブ形成メカニズム，などを作りこむことによって，主体間の相互作用を活性化させる一方で，ネガティブな創発を防止する。たとえば，株式市場などはプラットフォームと呼んでいいが，心理的な要因によって株価が暴騰したり暴落したりすることを防ぐために，取引を停止する「ストップ高」「ストップ安」などのコミュニケーションメカニズムを内包している。また，SNSなども，プライバシー侵害の書き込みがないかを監視しながら，問題のある書き込みを削除したりする信頼形成メカニズムを持っている。

　地域社会などにおいては，大学が地域に存在する行政，企業，NPOなどのさまざまな主体が協働をする基盤となることが期待されている。大学という中立的で，議論の作法だけが定められている空間で，所属組織のしばりを超えた自由な議論をすることで，多様な主体の強みが合体して，新しい価値が生まれることが期待できる。

6　政策の経営

　最後に統制型の運営が限界を迎えているのは，実は営利企業側だけの現象ではなく，政府による行政にも同じような現象が起こり始めていることに留意したい。ネット化が進み，多様な主体の行動が相互に大きく影響する世界のなかでは，政府が計画を作り，粛々と実行していく，といった計画経済型の政策運営はうまくいかない。公共的な政策目標も，行政組織だけではなく，企業や自治体など多様な主体が参加しながら協働をくみ上げていく中で実現するのでな

ければ成功しない時代が到来していると言ってよいだろう。

その意味で，政策も経営する視点で行わなければならない時代が来ていると言える。行政が社会問題を解決しようとしているさまざまな主体にとってのプラットフォームとなり，創発的に問題解決をしていくような社会を作っていくというのが，ネット時代の政策の経営の姿となるのではないだろうか。

■引用・参考文献

[1] 井関利明 「「政策情報学」への途－新学会の設立によせて－」『政策情報学会誌』 1-1: 3-9　2007
[2] 國領二郎＋プラットフォームデザイン・ラボ 『創発経営のプラットフォーム』 日本経済新聞出版社　2011
[3] Arthur, W. Brian, *Increasing Returns and Path Dependence in the Economy*, The University of Michigan Press, 1994.
[4] Chandler, Alfred D. Jr., *The Visible Hand: The Managerial Revolution in American Business*, The Belknap Press of Harvard University Press, 1977.
[5] Coase, R. H., "The Nature of the Firm". *Economica*, 4, 386–405, 1937.
[6] Gawer, Annabelle, and Cusumano, Michael A. *Platform leadership: How Intel, Microsoft, and Cisco Drive Industry Innovation*, Harvard Business School Press, 2002.
[7] Lorenz, Edward Norton, "Predictability: Does the Flap of a Butterfly's Wings in Brazil Set Off a Tornado in Texas?" Talk presented Dec. 29, AAAS Section on Environmental Sciences, New Approaches to Global Weather: GARP. Sheraton Park Plaza Hotel, Boston, Mass, 1972.
http://eaps4.mit.edu/research/Lorenz/Butterfly_1972.pdf（Viewed as of April 5, 2015）
[8] Luisi, P. L., *The Emergence of Life from Chemical Origins to Synthetic Biology*, Cambridge University Press, 2006.
[9] Moore, James F., *The Death of Competition: Leadership & Strategy in the Age of Business Ecosystems*, New York: Harper Business. 1996.
[10] Rappaport, Andrew S., and Shmuel Halevi, *The Computerless Computer Company*, Harvard Business Review, July 1, 1991.

3章　環境政策と政策情報学

仲上　健一

1　はじめに

　昭和40年代，日本の四大公害事件（水俣病，新潟水俣病，イタイイタイ病，四日市ぜんそく）の深刻さが甚大な社会的問題として認識され，それぞれの地域のみならず日本及び世界的にも注目を浴びた。日本の高度経済成長のもとで犠牲にされた国民の健康を軽視する政治姿勢が厳しく問われた。公害対策のあり方を巡っての真剣な議論が戦わされる時期，一方では「環境と経済との調和」や，「公害問題から環境問題への転換」が新しい論点として展開される中で，環境問題さらには環境政策についての認識が醸成されつつあった。公害問題から環境問題へ論点が転換した時期における環境政策への批判的な見解や多くの指摘は，「環境問題の定義の曖昧性のために，現実に突きつけられている公害問題に対する深刻性にたいする認識についての不見識」についてのものであった。

　公害対策の政策対応の総体である公害対策基本法（1967年）の制定を契機として，日本独自の公害対策が展開された。公害対策基本法はその後国連環境開発会議（1992年）の後に制定された環境基本法（1993年）に包摂されるなかで公害問題は個別的課題として類型化された。それ以降，地球環境問題，環境と経済の調和などの包括的政策課題が環境政策の主流となった。公害対策は，被害原因とその実態解明を軸に，医学・工学的対処とともに法制度の整備による直接的な社会的問題解決様式であった。一方，環境対策は，オゾン層破壊や地球温暖化に代表されるように，来るべき将来に対する備えとしての「後悔しない政策」の思考であり，人類のあらゆる叡智を結集することを要する総合科

学的政策提案様式と言えよう．この総合科学的特色にこそ環境政策の政策情報学的思考の必要性を見出すことができるのである．すなわち，科学的思考を基礎とした環境認識を，政策科学として展開するためには，膨大な環境政策にかかる情報の活用とともに，戦略的な政策形成が希求されるのである．ここに「環境政策と政策情報学」の接合が求められるのである．

2 環境政策の目標と評価

a 環境政策の誕生

日本においては，災害・公害・疫病などの社会的問題に対して，長い歴史を通じて，その都度対処してきた歴史と知恵がある．日本書紀によると，天武天皇が，飛鳥川上流の畿内の草木採取と畿内山野の伐木を禁止する勅を発令（676年）し，これが今日の山林保護の原型となったと言えよう（私の森jp）．この政策的意図は，国内のみならず国際的にも極めて脆弱な政治情勢であった大和朝廷にとって，新たな国家建設においては国土の保全の重要性に対する認識を知らしめた証左とも言えよう．この流れは，江戸幕府による発布である「諸国山川掟」（1666年）にも連綿として続く（高橋，2012）．「諸国山川掟」の特徴は，「覚　諸国山川掟　一，近年は草木之根迄掘取候故，風雨之時分，川筋え土砂流出，水行滞候之間，自今以後，草木之根掘取候儀，可為停止事」と単なる自然を慈しむという日本的精神論ではなく，国土保全のために具体的な禁止事項の徹底を謳う実践的なものであった．問題が発生し，それに対応する具体策が提示され，その実行が監視されるという流れが遂行されたのである．ここに，災害を防ぐための方策として自然を保全するという環境政策の源流を見出すことができる．

日本の政策の伝統として，自然との調和とともに，実効性を重んじるという「深い自然認識とリアリティ」に依拠した思想である．

水俣病（1955年）をはじめとする公害問題の深刻さが社会的に認識され，その対策が実効化に至るまでには，多くの時間を有した．なお，今日に至っても補償問題・治療対策等々まだ終わっていないのが現実である．足尾鉱毒事件（1888年）解決のために奔走した田中正造（佐野市郷土博物館，1988），神社

合祀反対運動（1888年）すなわち自然保護運動の先駆者南方熊楠（鶴見，1998）らの，公害問題・環境問題・自然保護問題に対する超人的な警鐘が100年以上前の「問題の発見」であり，その先見性と見識は驚嘆に値する。これらの人をそして国を動かそうとする行動は，公害対策・自然保護政策・環境政策が体系化される前の時代の人間として強烈な意志の発露であった。環境政策の体系化・科学化の領域を超えた真の「問題発見」であろう。

環境問題を発見することにより，環境問題を解決できるという保証は存在しない。しかしながら問題を発見しない限り，解決できないのは必然であるが，今日の社会においては多様なステークホルダーが存在し，そのもとでの複雑な調整は困難を極める。さらに市民と直接的に関わる環境政策を実現するための意思決定の合意形成は容易ではない。そこには，多くの論争があり，意思決定過程をめぐる利害対立は鮮明である。環境政策の発展方向を見定めるとき，地球・社会・人間システムに係る問題は，今や独立に存在するのではなく，相互に複雑に絡み合って，巨大社会問題複合体となりつつある（仲上，2008）。そして，解決のためには，問題解決のための戦略的意思決定を支える強固な思想のみならず寛容な相互理解を基礎とした協力が求められる。この強固な思想の基盤としての政策科学の役割が，今求められるのである。挑戦すべきは，問題の発見・解決だけでなく，現状の課題の分析と未来創造の思考の醸成であろう（仲上，2013）。

環境政策は，環境問題に対する政策立案の総体であるが，その手法としては，法制度的・経済的・情報的手法に類型化される。それぞれの手法において，目標，評価の設定が必要とされ，それらの課題は社会的合意の形成という今日的条件を満たさなければならず，「環境立国」日本においても，その形成の方策はまだ見出してはないのではないだろうか。

b　環境政策体系の目標と評価

2001年，中央省庁再編により環境庁（1971年設置）が改組され環境省が設置された。環境省設置法による環境省がつかさどる事務において環境保全政策（第1号）は基幹的な政策課題である。環境省施策体系は，施策（評価対象単位）により構成され，それぞれの施策ごとに目標が設定されている（環境省

HP ①)。環境省施策体系は，環境省の使命のもとに，10の施策（評価対象単位：1. 地球温暖化対策の推進　2. 地球環境の保全　3. 大気・水・土壌環境の保全　4. 廃棄物・リサイクル対策の推進　5. 生物多様性の保全と自然との共生の推進　6. 化学物質対策の推進　7. 環境保健対策の推進　8. 環境・経済・社会の統合的向上　9. 環境政策の基盤整備　10. 放射性物質による環境の汚染への対処）と45の各施策に含まれる目標が示されている。

「環境省政策体系及び目標」においては，個別政策の「下位目標」及び「事務事業」が体系化されている（環境省HP ②）。

目標のなかには，東日本大震災への対応も列記され，今日的課題に対する機敏な行動目標が設定されている。本施策体系は，あくまでも環境省所掌の環境政策の体系であるが，この体系を基本としながらも将来的には，日本政府・地方公共団体・企業・NGO/NPO・民間・個人に至る包括的環境戦略施策体系が必要となるであろう。

たとえば，「Ⅰ環境への負荷が少ない循環と共生を基調とする経済社会システムの実現」に対する「基本施策Ⅰ-1　地球規模の環境の保全」の目標として，「2008年から2012年の温室効果ガスを基準年（1990年，代替フロンなど3ガスについては1995年）比6%目標削減（京都議定書の削減約束）する」が設定され，下位目標として，

1. 2008年から2012年のエネルギー起源二酸化炭素の排出量を1990年比で総排出量の2%相当分削減する。
2. 2008年から2012年の非エネルギー起源二酸化炭素，メタン及び一酸化二窒素の排出量を1990年比で総排出量の0.5%相当分削減する。

等々の数値目標が明記されている。

さらに，それらの下位目標を実現するための，「事務事業」として，

ア．エネルギー需給両面の対策を中心とした二酸化炭素排出削減対策の推進
イ．非エネルギー起源の二酸化炭素，メタン及び一酸化二窒素の排出抑制対策の推進
ウ．代替フロンなど3ガスの排出抑制対策の推進
エ．革新的な環境・エネルギー技術の研究開発の強化
オ．国民各界各層によるさらなる地球温暖化防止活動の推進

カ．温室効果ガス吸収源対策の推進
キ．京都メカニズムの利用
ク．国際的連携の確保
等々が設定されている。

　これらの下位目標として，「2008年から2012年」の期間が設定された短期目標であるとともに，国内の政治的状況及び国際情勢をも反映したものである。しかしながら，「経済社会システムの実現」という基本施策という観点の実現のためには，この期間にどのような目標が必要であるかを第三者的・科学的に設定することが必要である。総合科学的政策提案様式を志向する場合において，政治的状況下の目標設定は必要であるものの，他方冷静な科学的な目標設定の議論が求められる。その場合においては，まさに，目標設定にかかる政策情報が必要となる。
　環境政策を遂行するためには，たとえば地方行政においては，総合計画と環境計画の関係が議論され，下位計画として位置づけられてきた。しかしながら，環境立国を標榜するためには，環境政策，環境計画の理念・計画が総合計画に代替される内容を持つと同時に，国家レベルの環境政策・環境計画においても基本計画の理念の遂行が国家の保全・発展のためにも求められる。

3　OECDレポートに見る日本の環境政策の特色

a　OECDレポートの衝撃

　日本の環境政策の特色は，OECD環境委員会による「日本の環境政策レビュー（1976~1977年）」によると，①公害対策が非経済的であったこと，②規制の重点が特定物質に限られていたこと，③政策手段としては行政主導が特に重用されたこと，④地方自治体の役割が大きかった，と整理された（環境庁国際課，1978）。このような外部評価に対する，日本の環境政策担当者の見解及び識者の見解は必ずしも首肯するものではなかったが，OECDによる国別レビューとして，環境政策先進国のスウェーデン（1973年）に続く第2番目のレビューとしての意味は大きいと思われる。

OECD 理事会（1977 年）による，「日本の環境政策レビューに基づく結論」においては，日本の環境政策を次のように結論づけた．
1. 一般的アプローチ
    (1) 日本の環境政策は総じてその目的を達成し，政策担当努力の支持が基本にある．
    (2) 日本の環境政策は，大気汚染を重視し，広範な生活の質よりも健康目標を重点とした．
    (3) 健康重視のため，科学的根拠の不十分性，経済コスト影響の考慮なく強力な手段が取られた．
    (4) 設定された厳しい基準が受け入れられ，基準達成のための企業の新技術開発に成果を上げた．
    (5) 今後は，公害防止のみならず，福祉の向上，土地利用，自然的・文化的遺産の保護も対象とすべきである．
2. 基準
    (1) 全国レベルでの環境基準の設定は効果的である．
    (2) 国の最低基準に対する地方自治体の上乗せ排出基準の役割は大きい．
    (3) 排出基準及び要件の履行は自発的な受け入れや説得による．
    (4) 高度の監視網がすべての主要地域に発達した．
3. 補償
    (1) 日本特有のこの制度は，科学的データが許す限りの実効性をもって進展させられた．
    (2) 司法上及び行政上の補償が公害防除に寄与することには，ほとんど疑問はない．
    (3) 補償の支払いは，明らかに被害者の状況を改善する．
    (4) 補償制度は，非常に切迫した問題に対し，過渡的ながらも正しい回答を提供した．
4. 開発事業計画の立地
    1974 年の国土利用計画法による国土利用計画は，望ましい土地利用のガイドラインを提示している．本計画は環境保全にも重点をおいており，この考え方はさらに下位の計画や特定の事業計画のなかで生かされてい

る。
5. 経済的側面

日本の経済実績及び種々の計量経済モデルのいずれもが，強力な環境政策のマクロ経済に与える影響は深刻ではないことを示唆している。また，広義の汚染者負担の原則は，日本において適用されている。

国際機関による初めての環境政策レビューは「日本は，数多くの公害防除の戦闘を勝ち取ったが，環境の質を高めるための戦争ではまだ勝利をおさめていない」という有名な言葉を残した。

国連人間環境会議（1972年）が開催されたスウェーデンに続くレビューの意味は大きく，国連会議においても，世界の人々の関心を持たれた水俣病の日本，奇跡的な高度経済成長国の公害防除の日本の環境政策は対照的であろう。本レビューに対し，日本の識者からのコメントや反論は存在するものの，日本の環境政策の原型が客観的にレビューされた意味は今日的視点でも大きいと言えよう。

b OECDレポートから見る日本の環境政策

OECD環境委員会による「日本の環境政策レビュー（1976~1977年）」以降，OECDは，新たなる環境保全成果審査プログラムを開始し，1994年3月，"OECD ENVIRONMENTAL PERFORMANCE REVIEWS: JAPAN" を公表した（OECD, 1994）。OECD環境保全成果審査はOECD環境政策委員会の新たな主要プロジェクトとして1992年から開始され，加盟国の環境保全の成果を個別的，集団的に向上することを目的とするものであり，日本は試行として行われたものである。

本報告書は，第1部「汚染管理と自然資源の管理」，第2部「各種政策の統合」，第3部「国際社会間協力」で構成されている。特に，第2部「各種政策の統合」における，「環境と経済」，「運輸政策への環境配慮」，「都市アメニティ」，「気候変動」など，「日本の環境政策レビュー（1976~1977年）」以降の多面的・全面的な環境政策の展開に対して実態・対応・成果が整理されているのが特徴である。

日本の環境政策の進展を次のように整理している。
(1) 1970年代：汚染防止及び自然環境保全のための基本的な枠組みの設定；「公害国会（1970年）」において14環境関連法律の制定・改正され，公害健康被害の補償などに関する法律（1973年）は独自性を有し，大気汚染物質に関する改善ならびに自然環境保全法（1972年）とうによる自然環境保全のための基本的な枠組みが定められた
(2) 1980年代：環境政策の強化；新規の法制定は限定的としながらも，大気汚染・水質汚濁への総量規制の導入，ならびに湖沼貸す質保全特別措置法（1984年）を特筆すべきとしている。さらに，アメニティ問題への関心が高まったとしている。
(3) 1990年代前半：環境政策の新たな発展；1990年に地球温暖化防止行動計画の策定を皮切りに，地球環境問題への関心が高まり，19993年11月に環境基本法が制定された。

日本の環境政策の進展は，公害防除を原点としながらも，日本独自の手法を生み出したことを評価しながら，環境政策の範疇が拡大しそれに対する日本独自の技法が開発されたと報告書は好意的に紹介している。さらに，国連環境開発会議（1992年）を契機とした環境基本法を地球環境問題への環境政策展開の基盤とし位置づけている。

OECD環境保全成果ワーキングパーティにおいて，「日本の環境保全成果レビュー（2002年）」に実施された。このレビューの性格は，1994年のOECD環境保全成果レビュー以降の，日本における進展と，国内的な目標及び国際的な公約の達成に関する評価である（OECD，2002）。報告書の「結論及び勧告」は次のとおりである。
(1) 環境管理：日本の環境法制は大いに進展し，環境政策の実施に当たり複数の手法を組み合わせることは，極めて効果的である。大気管理，水質管理は多くの成果を上げげたが，廃棄物管理は厳しい状況にあると指摘している。自然環境と生物多様性については，「緑の国勢調査」の実績を評価し，生物多様性国家戦略（1995年）の重要性を指摘している。
(2) 持続可能な開発に向けて：日本は各分野の計画に環境配慮を統合するた

めに必要な基盤を確立したと評価している。特に，質の高い環境情報を有していること，環境関連情報への住民のアクセスは改善していると指摘している。
(3) 国際的な環境協力：1990 年代初めに野心的な地球温暖化対策の目標を設定し気候変動枠組条約に基づく国際的な地球温暖化防止に向けた取り組みを支持している。

　日本の環境政策に対して，概ね環境政策の醸成を評価しつつ，具体的な展開のための勧告が示されている。それぞれの内容について，勧告・結論（成果審査・主要トピックス）が整理されており，日本の環境政策の体系的・戦略的展開のための指針となる報告書である。
　OECD 環境保全成果ワーキングパーティにおいて，「日本の環境保全成果レビュー（2011 年）」に実施され，「第 3 次 OECD レポート　日本の環境政策」として公刊されている。このレビューの性格は，2002 年の OECD 環境保全成果レビュー以降の，日本における環境保全対策の成果に関する審査についてのものである（OECD, 2011）。2002 年のレビュー以降の評価は次のとおりである。
　「厳密に環境的な持続可能な発展の考え方から，環境保護，経済成長及び社会変化の関連性を考慮した，より統合的なアプローチへの移行が見られる」，「2007 年の『環境立国戦略』は，日本の持続可能な社会のモデルの柱として，低炭素経済，健全な物質循環及び自然との共生を示している」と指摘しながらも，「持続可能な発展に関する政府の施策をとりまとめる具体的な組織は，存在していない」と環境政策の統合的な政策決定の現状を評価している。特に，環境政策の評価に関しては，「環境情報戦略（2009 年）が採択されたが，環境の情報及びデータに関するシステムは依然として断片的なものにとどまっており，また，政策と意思決定を統合的に支援するために必要な経済的及び財政的な情報を欠いている」と環境情報戦略の不十分性を指摘している。

　以上，OECD レポートを通じて，日本の環境政策の特徴をみた。そこには，日本の特質に規定される課題が存在するなかで，環境政策が公害防除という原点から地球環境問題への課題の広がり，法的規制から経済的手段の精緻化のプ

ロセスが見られた．さらには，環境情報戦略の重要性とともに不十分性を補うための指摘も読み取ることができた．環境政策の対象は，さらに拡大するとともにさらに複雑になるなかで，環境計画の策定・実施に対する説明責任はますます強くなるであろう．

4　環境情報戦略と環境経済情報ポータルサイトの意義

　日本の環境保全成果レビューにおいては，環境政策の対象領域のみならず政策技法さらには戦略が大きく発展してきた．従来地方公共団体の将来計画策定において，環境政策は総合基本計画の下位にあるものとされてきた経緯があるが，環境政策の発展段階から見るならば，やがて国土計画・産業計画・教育計画などを包摂していくであろう．

a　地球環境問題と環境情報戦略

　地球環境問題の定義は，環境省は，「平成2年版環境白書」において，地球環境問題として，(1) オゾン層の破壊，(2) 地球の温暖化，(3) 酸性雨，(4) 熱帯林の減少，(5) 砂漠化，(6) 開発途上国の公害問題，(7) 野生生物種の減少，(8) 海洋汚染，及び (9) 有害廃棄物の越境移動，の9分野とした（環境庁，1990）．25年経過した今日において，地球環境問題は人類に課せられた最重要かつ至難の課題としての認識は深まったと言えよう．地球環境問題の対象領域の拡大と問題の深化は，情報量の蓄積と膨張を意味するが，解決のためには必ずしも直結していない．1992年，大気中の温室効果ガスの濃度を安定化させることを究極の目標とする「国連気候変動枠組条約」が採択され，国連気候変動枠組条約締約国会議（COP）が1995年から毎年開催20年が経過した．20年間の総括において，意思決定の困難さ，環境情報戦略の重要性が見出される．深刻な転機を迎えるCOPにおいても，環境情報戦略の意義と展開についての議論が必要であろう．環境情報戦略のキーコンセプトである環境政策情報について検討してみよう．

b 環境政策情報のフレームワーク

　環境政策情報とは,環境に関わる政策情報を指す。すなわち,環境保全・環境創造に関する政策形成・政策決定に関わる必要な情報の体系である。環境政策情報は,種々の観点でその体系化が試みられ,環境省の「我が国における環境政策情報に関するポータルサイトの作成状況」によれば,次のように体系化されている（中央環境審議会, 2010）。すなわち,環境問題として,A-1 地球温暖化（低炭素）,A-2 廃棄物 3R,A-3 自然・生物多様性,A-4 化学物質,A-5 水質汚濁・水循環,A-6 大気汚染,A-7 環境教育が抽出されている。サステイナブル社会と関連の深い,A-1 地球温暖化（低炭素）では,その中分類として,地球温暖化の科学的知見,気候変動枠組条約,国内における温暖化対策,排出量取引,途上国支援,地球温暖化関連サイト,が類型化されている。この環境政策情報は,従来の環境政策過程の議論を踏まえながらも,今後の政策展開にとっての必要な情報の類型化が行われたという政策情報という点で意義がある。これらの環境政策情報にかかる情報が,分野別,省庁別,持続可能性社会,利用主体,情報主体,審議会・研究会,白書などにより体系的に活用することにより,政策形成が構造化される。サステイナブル社会に関連する環境政策情報として関連する持続可能性社会には,「低炭素社会」,「循環型社会」,「自然共生社会」,「環境と経済」がリンクされている。それぞれの社会に関する情報が充実整備されることにより,サステイナブル社会の環境政策情報が体系化されるであろう。サステイナブル社会において,「低炭素社会」,「循環型社会」,「自然共生社会」,「環境と経済」を目標実現する場合において,それに関連する環境政策情報としての視点を重視して整備する必要がある。

　環境政策情報に関するポータルサイトは,いわば,サステイナブル社会づくりにむけての「プラットフォームづくり」として位置づけることができる。政策決定が環境政策担当者だけでなく,環境問題や環境政策に関心を有する多くの市民によるサステイナブル社会を目指す場合,この環境政策情報に関するポータルサイトが充実し,的確にアプローチできる「プラットフォーム」になることが必要である。

　サステイナブル社会と環境政策情報に関しては,サステイナビリティと政策情報に関する,目標設定,さらには目標実現の要素の体系化,サステイナブル

社会の維持管理の政策情報が必要である．
　①目標設定の要素：目標設定についての前提条件の検討，目標の明確化，数値化
　②目標実現の要素：目標についての合意形成プロセス，目標達成の手段の提示，関連制度の整備，資金の保障，人材の育成
　③維持管理の要素：継続的改善，行動評価，目標再設定，維持管理費用の算定

　OECD が指摘する環境計画の策定・実施に対する説明責任のためにも，「プラットフォーム」の充実化が重要である．充実化のためには，データのみならず，アクセス，環境政策への反映ルールが必要であろう（仲上, 2011）．

5　環境政策の新地平と政策情報学の新展開

a　持続可能な社会における環境政策の課題

　環境政策の源流は，古来より国土の保全とともに，国民の健康保持にある．公害・災害などのさまざまの危機を認識し，管理していくだけでも膨大な課題がある．福島第一原発事故というかつてない危機を経験した日本の環境政策は，これまでの環境創造による快適環境を享受する目標とは次元の異なった困難な状況に直面している．持続可能な社会の根本的な意味も問い直されなければならない．参加型環境政策が標榜されるなかで，最終的な意思決定においては依然として情報公開の不徹底や意思決定ルールの不明瞭さが指摘される．OECDレポートで概観したように，今日の環境政策の新地平は，従来の公害防除に立ち向かい，豊かな環境創造への条件を整備してきた，平常時の環境政策ではなくなった．ここに，環境政策の新目標の設定が必要である．

b　環境政策の新地平

　環境政策における環境情報戦略の重要性はますます高まるとともに，その構造化のあり方が課題となろう．そのためには，環境政策情報においても，情報の階層化が必要であろう．データベースを有効に活用するためには，データ

ベース構築のための費用との関連で，類型化が必要である。たとえば，知識情報型の場合は，階層的に初歩水準から専門的水準までの対応が必要であり，一方環境政策の行動化に関するデータベースの場合は，環境政策情報のみでなく行動を起こすための条件や目標設定さらにはインタレストグループの意見調整システムなどのデータベースが必要となる。データベースを固定的なものから行動的に活用できるための意識改革が必要となる。議論の展開のためには，既存の知識の集合体ではなく，環境政策の先見性を立証するような，科学・技術とのコラボレーションができる環境政策情報のデータベース化が求められるであろう。

c 環境政策における政策情報学的思考機関で

データベースの管理と利用については，基本的な環境政策情報は，完全公開でかつアクセスにおいても無料であり，たとえば教育機関における利用などに関しては，行政からの積極的支援なども必要となる。しかしながら，環境政策の行動化については，より有益で高度な情報を得るためには，環境省と独立した機関で管理し，その利用に対しては，目的に応じて有料とすべきであろう。環境政策に情報によりアプローチする場合は，利用者の行動規範の設定とともに，利用のインセンティブを明確にする必要がある。

今日における環境政策情報の新地平とは，「伝統的な発想であるが情報交流による問題発見」と「問題解決のための政策科学的プロセスの提示」との融合であり，その情報を利用するための手続きの明確化であろう。

■引用・参考文献

[1] 環境省HP① 大臣官房政策評価広報課 環境省政策評価 政策評価INDEX http://www.env.go.jp/guide/seisaku/
[2] 環境省HP② 大臣官房政策評価広報課 環境省政策評価 環境省政策体系及び目標 http://www.env.go.jp/guide/seisaku/h16/taikei.html
[3] 環境庁国際課監修 国際科学研究費問題研究会訳 『OECDレポート 日本の経験-環境政策は成功したか-』 財団法人日本環境協会 1978
[4] 環境庁 「平成2年版環境白書」 大蔵省印刷局 1990

［5］佐野市郷土博物館　『田中正造と足尾鉱毒』　佐野市郷土博物館　1988
［6］高崎哲郎　『連載湖面の光　湖水の命　〈物語〉世紀の水の大事業　～琵琶湖総合開発　第3話「琵琶湖・淀川水系の治山治水①　～「諸国山川掟」から江戸末期までの砂防事業～」』独立行政法人水資源機構広報誌「水とともに」7月号　2012
［7］中央環境審議会　総合政策部会　環境情報専門委員会　「我が国における環境政策情報に関するポータルサイトの作成状況」　第8回環境情報専門委員会・配付資料4　2010. 2. 9
　　http://www.env.go.jp/council/02policy/y028-08/mat04.pdf
［8］鶴見和子　『コレクション鶴見和子曼荼羅Ⅴ　水の巻』　藤原書店　1998
［9］仲上健一　「「災害大国」日本のサステイナブル社会構築の挑戦」　環境技術　2013. 5
［10］仲上健一　「サステイナビリティ学構築と政策科学研究」　中道寿一編　『政策科学への挑戦』　日本経済評論社　2008
［11］仲上健一　「サステイナブル社会の構築と環境政策情報の意味」　中道・仲上編『サステイナブル社会の構築と政策情報学』　福村出版　2011
［12］仲上健一　「政策科学からサステイナビリティ学への展開」『サステイナビリティ学入門』　周瑋生編　法律文化社　2013
［13］私の森 jp　http://watashinomori.jp/study/basic_02.html
［14］OECD編集　環境庁地球環境部企画課・外務省経済局国際機関第二課『OECDレポート：日本の環境政策－成果と課題－』　中央法規株式会社　1994
［15］OECD編集　環境省総合環境政策局環境計画課　『［新版］OECDレポート：日本の環境政策』　中央法規株式会社　2002
［16］OECD編集　環境省総合環境政策局環境計画課企画調査室　『第3次OECDレポート：日本の環境政策』　中央法規株式会社　2011

4章　環境計画と政策情報学

若井　郁次郎

1　はじめに

　政策情報学は，整然と体系化された諸科学の領域に収まらず，既成の学問では解決し得なかった現代の多元性を含む複合・複雑問題に対して，既成の諸科学を横断する知の冒険に挑み，新しい実践の知の可能性を探る，知的創造・生産であると言える。このように政策情報学の目指すところを理解すれば，多数の原因や要因が相互につながり，影響しあっている，今日の環境問題は，まさに諸科学を横断し，知の融合により解決の困難さを超越しなければならない問題そのものであり，こうした挑戦から得られる大胆で根幹的な解決が求められている。つまり，地球環境問題や地域環境問題は，かつての公害問題に比べ，巨大で複雑な問題構造を持っていることから，これまでの科学の一分野の研究成果に基づく解決アプローチでは，真の解決や実践の持続につながらず，さらに別の解決を探す，という出口のない道を歩んでいるように思われる。この状況から離脱し変えていくには，環境問題に対する考え方や見方を再考し，経済，社会，環境の3つの視点に立つ統合的な解決アプローチに基づく，実践可能な方策を探る必要がある，と考えられる。これについては，環境計画から見ることにする。

　一般に，用語の政策は，政治を行うときの考え方と，それに基づく方法を含めて一体的な意味で使われている。このため，文脈における政策の意味の混乱やあいまいさを避ける必要がある。本章では，政策は，政治を行う方針と，その方針を具体的に実施する手段とに分け，政策は政治上の望ましい理念や目指すべき方向に関わる概念や方針，計画は政策に基づく未来像を実現するために

実施する計画的方策としての手段の意味で用いることにする。また，環境は，人間活動が関わる共有空間としての自然環境から社会環境や都市環境までを含むものとする。

2 環境と経済の調和への道

環境と経済の調和という考え方が人類に共有されるまでには，次の歴史的経緯と，その中での考え方の変化を知る必要がある。

環境資源の存在量や浄化力が無限と思われていた地球環境は，1960年代より世界各地で悪化し問題になり始めたことから，1972年，スウェーデンのストックホルムで「国際連合人間環境会議」が開催され，「かけがえのない地球（Only One Earth）」の共通認識の下で国際協力による地球環境保全の取り組みが始まった。また，同年，地球環境の限界性が明らかにされ，100年後に破局的危機を迎え，人間活動が著しい制約を受けることを警告する『成長の限界』がローマ・クラブより報告され，地球環境危機の認識が強まった。1987年には，ブルントラント委員会が報告書『我ら共有の未来（Our Future Common）』において環境保護・保全と開発を両立させる「持続可能な開発（Sustainable Development）」を提唱した。この概念は，「将来の世代の欲求を満たしつつ，現在の世代の欲求も満足させるような開発」と説明されている。持続可能な開発が現実化するのは，1992年開催のリオデジャネイロでの「環境と開発に関する国際連合会議」（地球サミット）であった。この会議においてアジェンダ21として知られている「持続可能な開発のための人類の行動計画」の採択と同時に，気候変動枠組条約と生物多様性条約が締結された。現在，これらを受け，国内外で環境法の整備と，これに基づく環境政策や環境計画が策定され，実施されている。

以上の環境問題を巡る国際的な動きにおいて，現在に至るまでの環境と開発の関連性の考え方の概観は，次のようであった。環境問題が共通に認識された当初は，環境と開発は対立する概念として捉えられ，両立できない問題，つまりトレードオフ問題とみなされていた。そこには，環境問題が開発よりも優先されるならば，経済活動が大きく制限されて衰退し，貧困や社会不安を招くと

の懸念があった。このため，環境問題への取り組みに対して消極的な考え方が主流であった。しかしながら，持続可能な開発の概念が広まり浸透するにつれ，環境保全に配慮すれば，環境と開発は両立できる，という考え方が受け入れられるように変わってきた。具体的には，経済活動の源泉は環境資源であり，経済基盤の持続性には環境資源の保護・保全が重要である，と認識されるようになり，環境に配慮した開発により，環境と開発が両立できるとの実利的な考え方に転向するようになった。この方向転換した考え方は，地球環境問題だけにとどまらず，エネルギー問題，都市・地域問題，交通問題などからライフスタイルにまで波及した。そして，国や地方自治体は，環境法に基づく環境政策や環境計画に沿って，持続可能な社会づくりを進めている。また，多数のNGOやNPOが，地域資源としての環境の保護や保全と，コミュニティの自立を目指して，地元内外の住民や企業の参加・協力の下で多岐にわたり活動している。

3 環境問題の特質

　環境法や環境政策に基づいて環境計画を立案するにあたり，環境問題の特質を理解したうえで，対象とする環境が直面し解決しなければならない核心的な問題を提起するとともに，その問題の所在を明らかにすることが重要になる。そこで，環境問題の主な特質を以下に述べる。

　まず，環境問題は，対象により空間が異なる。環境問題は，地球環境から地域環境までであり，空間の範囲が変わる。地球全体の環境問題は，地球温暖化問題に代表されるように各国の国際協力のもとに解決しなければならない。一方，都市や地域に関わる環境問題は，一定の空間を占める生活圏や社会圏の利害関係者が協力し解決に取り組む問題である。このように取り扱う対象により，環境問題は，空間範囲が異なる問題である。

　第二は，環境問題は，長期影響がある。環境問題の多くは，長年にわたる小さな負の影響が累積し突然，破局的に起こる。このため，対処療法では効果がなく，環境問題の真の解決につながらない。そこで，環境問題の発生源や環境影響の連鎖を科学的に解明し，有効な対策を立てることが必要になる。たとえば，環境汚染物質の削減には，発生源での技術的対策が有効であり，短期間で

解決できるが，生態系の保全・再生には，自然環境の構造，食物連鎖など人間が制御できない条件や，未知のものが多数あり，決め手となる対策は皆無に近い．実際には，環境モニタリングにより常時監視を行い検証しながら，解決する方法が取られている．上述のように，環境問題は，長期にわたり影響を持つ問題である．

　第三に，環境問題は，不確実性を持っている．上述したように，環境問題の解決には，長期で取り組む必要があるが，グローバル化や都市化が進展する今日，周辺条件は急速に変化・変質することが予想され，これまで以上に不確実性が大きくなる．たとえば，環境計画は，10年，50年，100年単位で目標時期が設定されるため，長い計画期間の中で経済・社会や科学・技術の諸条件が大きく変わり，不確実性が大きくなる．このため，想定外も含め，不確実性を少なくできるよう，環境問題を広く捉え，柔軟に考え，遠く見通す必要がある．環境問題は，不確実性を持つ問題である．

　第四に，環境問題は，連鎖構造体である．今日の環境問題は，自然環境と人間社会との間で複雑で相互につながり合い，影響が次から次へ伝わる，連鎖関係になっている．このため，単一の環境問題の解決では，その問題は完結し得ない．これを地球環境問題で見ると，図4-1に示す連鎖構造になっている．環境問題間の連鎖関係の強弱を見極め，長期的な視野の中で戦略的に解決していくための有効な考え方や方策を見出すことが重要になる．ここで例示したように，環境問題は，連鎖構造になっている．

　最後に，環境問題は，多様な価値観を内在している．環境問題は，物理的，化学的，生物的な解決アプローチの問題であると思われているが，今日では，社会や文化の問題でもある．このため，現代の環境問題の理解には，国や地域の伝統的な社会や文化に関わる多様な価値観を正しく見つめる必要があり，表面的に捉えてはならない．これは，環境問題の解決には，異なる立場の人々や利害関係者の価値観を理解したうえで，これらの人たちの参加と協力を必要とする．この意味で，環境問題は，社会・文化問題の側面を持っている．こうしたことから，環境問題は，多様な価値観で形成されている社会・文化問題を含む問題でもある．

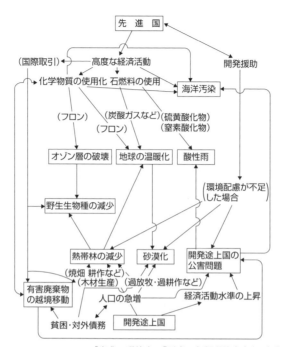

[出典：環境庁 「平成2年版環境白書」 大蔵省印刷局 1990]

図4-1 地球環境問題の連鎖構造

4 環境計画の形成

　解決が困難な環境問題であっても，人間は，過去や現在を踏まえて未来への解決アプローチを考え，挑戦することができる。そこでは，現在の立場や境遇での障害や不利益を強く意識すれば，それらの原因や要因を究明・解明し，新しい考え方や手法を積極的に取り入れ，改善や改良を試み，障害や不利益を取り除こうとする。また，将来の姿や願望，ある目的を実現するための最短で最良の道筋を設計し，最少の資源量を投入して，到達する努力を重ねようとする。こうした動機づけに基づく人間の志向や行動は，計画と呼ばれている。

　一般に，計画は，プランとプランニングに大別されている。プランは，目的

を一定の期間に達成するために，計画の達成に必要な投入資源（資金，人材，資材など）の最適な配分・配置と有効な手段の組み合わせを思考し，全体像を明確に示し意思統一を図るものである。プランニングは，一定の結果や効果を達成するための目的の吟味，最適手段の選定，意思決定までの思考過程である。両者の違いは，図4-2に示すように，プランは思考過程であり，プランニングは形成過程にある。

　思考過程によるプランは，動機づけ，問題の発見，計画の分析，計画の決定という流れになる。これに対してプランニングは，計画の熟度であり，発想から運営へ至る段階に応じて，構想，基本計画，整備計画，実施計画，管理計画へと，計画内容の具体化に対応して名称が変わる。いずれも，合理性のある価値基準に基づいて意思決定が行われ，次の段階へ進む。

　いずれの計画段階においても，計画主体は，計画の動機，目的，目標，対象，計画期間，効果，評価基準，必要な資源の種類と量，実行可能性，外部条件といった計画のフレームワークと要素を明確にし，計画の立案にあたることが重要である。そして，意思決定者の目的を正確に定義し，目的を達成するための計画代替案を作成し，体系的に評価を行い，意思決定を支援する必要がある。このため，計画主体は，図4-3に示す流れにしたがって，提起された環境問題の本質や構造を洞察し，問題を明確にした後，環境計画の作成のための調査，

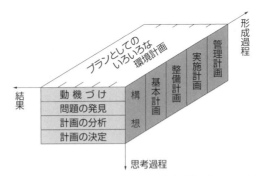

[出典：長尾義三『土木計画序論－公共土木計画論－』1973　より引用者が一部変更]

図4-2　環境計画の思考と形成のプロセス

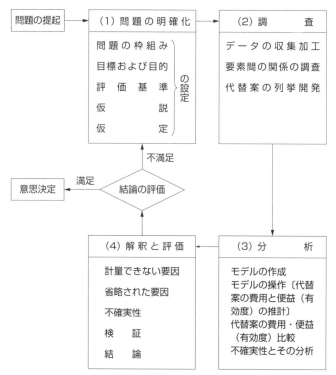

[出典：宮川公男編著『PPBSの原理と分析－計画と管理の予算システム－』1969]

図4-3　システムズ・アナリシスの手順

分析，結果の解釈と評価という手順を，満足な結果が得られるまで繰り返し続ける。この循環的手法は，システムズ・アナリシスと呼ばれ，多くの分野での計画形成に用いられている。環境計画も同じ考え方に基づいて形成され，実施されている。

5　環境計画の分化

　環境計画は，環境問題に焦点をあてた計画的方策による解決アプローチであり，環境法や環境政策の理念に基づいて立案・実施される。その計画内容は，

次の2つに大別できる.

　環境計画は，経済性や利便性などのプラス効果の創出による波及効果を意図する社会資本整備計画と異なり，環境ストレスや環境負荷を軽減・減少させ，マイナス効果の緩和を期待する内容が多い．たとえば，工場や自動車から排出される汚染物質の削減・規制，資源やエネルギーの消費抑制・節約，劣化した自然環境の修復といった消極的な環境計画がこれまで中心的であった.

　一方，人の心身の健康が重視される潮流もあって，都市内のヒートアイランド緩和をも兼ねた緑化整備や水辺再生，里山保全，自然海岸の復活など，環境が人にあたえる良好な影響に着目して，環境創造や快適性向上を図る積極的な環境計画が立案されるようになってきている．この分野の環境計画は，自然の摂理を活かして，広い空間と長い時間のなかで所期の目的とする効果を発現させていく，未来への行動計画と言える．今後は，この分野の創造的な環境計画が増えていくと考えられる.

6　環境指標の役割

　環境計画は，環境政策の一環として実施される行動の1つであるが，計画期間が長いことから，中間段階で計画目標の到達度や効果を検証する必要がある．特に効果発現に長期を要する生態系の再生や温室効果ガスの削減に関わる環境計画は，中間年において効果を検証する必要がある．また，経済・社会条件や科学・技術条件が絶えず変化していることから，当初の環境計画の修正，計画実施後に起こっている新たな問題の発見などを行うことも必要なる．この場合，環境の現状の詳細な記述や，環境を構成するすべての要素の網羅的な記述は，必要ではあるが，記述しつくすことはできない．しかしながら，環境現象の一面は，測定することが可能であることから，環境計画の検証にあたっては，計画目標や計画要素に関連する具体的な尺度が必要になる．このために開発されているのが，環境指標であり，これは，環境計画の実効度や進行度を検証するための有用な情報を提供している.

　環境指標は，環境の状態量や環境質を測定した結果を表現するものであり，利用目的を反映した尺度であることが望ましい．こうした指標には，定量的指

標と定性的指標の2種類がある。空気や水の汚れのように，定量的指標は，客観的に測定され数値化されるが，景観や快適性など主観的に表現される指標は，価値観に依存するため定性的指標で表示される。経済分野で利用されている国内総生産（GDP）は定量的指標の例であり，環境や生活の満足度は定性的指標として知られている。

　環境指標のおもな要件は，環境事象の変化を的確に捉えていることと，計画目標の到達水準を正しく確認でき，環境計画の評価が客観的，整合的に行え，比較できるよう，体系化されていることである。このような要件を考慮した環境指標としては，内藤正明らによる体系的に開発された環境指標や，OECD（経済開発協力機構）の持続可能な環境指標などがあり，目的に応じて多数開発されている。

　コンパクト化された環境指標は，たとえば，環境モニタリングによって瞬時に伝達される環境情報，政策関係者や計画主体が変化する環境影響や効果の現状を理解することができ，速やかな意思決定に役立てることができる。

　また，環境指標は，環境計画の実施後，環境状態の変化を時系列で追跡でき，環境の傾向や予測の情報になるだけでなく，異なる国や地域の環境状態を比較することもできる。たとえば，地球温暖化防止・抑制に直接関連し，世界で共有されている環境指標は，温室効果ガス排出量（二酸化炭素など）や地球大気の気温である。

　さらに，環境指標は，政策関係者が住民や関係団体とのコミュニケーションを行うときの共有できる基礎情報になり，住民への環境サービスの向上の一環と捉えることもできる。

7　環境計画の事例

a　環境基本計画

　環境計画の理解を助けるために，代表的な事例として国の環境基本計画を概観する。これは，1993年11月制定の環境基本法に基づき策定されるものである。第一次環境基本計画が1994年12月に策定されて以後，見直しが行われ，2000年12月，2006年4月と第二次，第三次のものが策定され，最新は2012年に

策定された第四次環境基本計画である。

　第四次環境基本計画において，長期的目標の下で，持続可能な社会形成の計画理念を掲げ，その目指すべき姿として，地球温暖化防止，有用資源の循環的利用，生物多様性保全ならびに東日本大震災復旧・復興を背景に，低炭素・循環・自然共生の各分野を統合的に達成することと，その基盤として，「安全」を確保することとが描かれている。そして，持続可能な社会を実現するうえで重視すべき4つの方向として，政策領域の統合による持続可能な社会の構築（環境・経済・社会。環境政策分野間の連携），国際情勢に的確に対応した戦略を持った取り組みの強化（国益と地球益の双方の視点），持続可能な社会の基盤となる国土・自然の維持・形成，地域をはじめさまざまな場における多様な主体による行動と参画・協働の推進が示されている。

　さらに，持続可能な社会の実現への4つの方向をふまえ，次の9つの優先的に取り組む重点分野と，2つの震災関連の環境汚染対策が示されているが，ここでは前者に留める。

① 経済・社会のグリーン化とグリーン・イノベーションの推進
② 国際情勢に的確に対応した戦略的取り組みの推進
③ 持続可能な社会を実現するための地域づくり・人づくり，基盤整備の推進
④ 地球温暖化に関する取り組み
⑤ 生物多様性の保全及び持続可能な利用に関する取り組み
⑥ 物質循環の保全と循環型社会の構築
⑦ 水質保全に関する取り組み
⑧ 大気環境保全に関する取り組み
⑨ 包括的な化学物質対策の確立と推進のための取り組み

　環境基本計画は，実施後において進捗状況の点検が行われるが，この点検に環境指標の利用が考えられている。環境問題は，人間の個別活動の結果による問題と，諸活動の総体としての結果による問題とに大別できる。こうした点から，ここでの環境指標は，総合的環境指標として，表4-1に示す分類が行われ

表 4-1　第四次環境基本計画の総合的環境指標

指標タイプ	説　明	分野例	指標例
各重点分野における個別指標群	事象面で分けた各重点分野に掲げた個別指標を全体として用いた指標群。詳細な情報を基にした個別施策の点検への活用に資する。	地球温暖化に関する取り組み	・温室効果ガスの排出量及び吸収量 ・国の機関の排出削減状況 など
各重点分野を代表的に表す指標の組み合わせによる指標群	事象面で分けた各重点分野に掲げた個別指標を全体として用いた指標群のなかから，各分野を代表的に表す指標を選び，組み合わせた指標群。各分野の状況に対する理解の容易さを重視し，各分野の簡潔な状況把握に資する。	地球温暖化に関する取り組み	温室効果ガスの排出量及び吸収量
環境の各分野を横断的に捉えた指標群	環境の各分野だけでなく社会経済との関係も含めた分野横断的な事象を測るための指標群。環境問題の幅広い視点からの理解に資する。	（指標） 環境負荷と経済成長の分離度に係る指標	（説明） ・環境効率性 ・資源生産性
環境と社会経済の関係を端的に表す指標	計画総体としての傾向把握について，メッセージ性の強さを重視した指標。計画全体の進捗状況についての容易な把握に資する。	（指標） 環境効率性を示す指標	（内容） 二酸化炭素の排出量が他の分野の状況も，何らかの形で反映されていると見ることができることから，当面は，「二酸化炭素排出量÷GDP」を使用する

[出典：環境省「第四次環境基本計画」関連資料に基づき引用者が作成]

ている。

　これらの環境指標は，現在，試行されている段階であり，より実用化には，いくつかの課題や環境データ整備が必要とされている。たとえば，持続可能な社会に係る指標開発の課題として，統合指標（複数分野を横断した環境状況の把握），GDP などの経済的指標で測ることができない発展的な指標，快適性や安全性を測る指標などが挙げられている。そして，環境指標の意味や限界を明確にすることも課題としている。このように環境指標は，環境政策情報の拡充や環境計画の実効性を検証する実用的尺度の確立のために開発が行われている。

　地方自治体においても，持続可能性，環境共生，低炭素，生物多様性など環境保全に関わる理念の下に，地方固有の自然・社会・経済などの地域特性を引き出す独自の施策を体系的に組み入れた，環境基本計画が策定されている。

　国や地方自治体の環境基本計画では，持続可能な社会づくりにあたり，計画主体である国や地方自治体はもとより，国民（住民），企業，NPO などの参加と協働に期待が寄せられている。これは，さまざまな立場や利害関係にある人や組織の考え方を結集する，参加型社会づくりであり，政策情報学における実践の知に通じるものと言える。

b　国連ミレニアム・エコシステム評価

　国連ミレニアム・エコシステム評価（以下，エコシステム評価という）は，シナリオの下での生態系の変化が人間にあたえる福利の影響を予測・評価し，将来に向けての行動計画を科学的に明確にすることを目的として，国連の後援により，国連環境計画（UNEP）が事務局となり，国際的な機関や政府，企業，NGO，先住民の協力の下で実施された。

　エコシステム評価は，生態系と人間の相互作用に着目し，生態系がもたらす人間にとって有用な有形・無形の財を生態系サービスと定義し，供給サービス，調整サービス，文化的サービス，基盤サービスの4種類に分類している。一方，人間の福利は，快適な生活のための基本的物質，健康，良好な社会関係，安全，選択と行動の自由の5つに区分されている。これらの生態系サービスと人間の福利との対応関係は，図 4-4 のように示されている。この図 4-4 に示されている，生態系サービスと人間の福利との対応関係は，指標開発の視点から見れば，

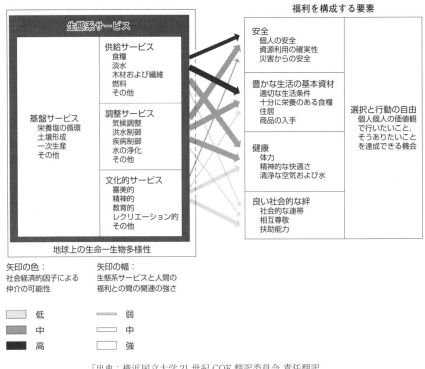

[出典：横浜国立大学21世紀COE翻訳委員会 責任翻訳
『国連ミレニアム エコシステム評価 生態系サービスと人類の将来』2011]

図4-4 生態系サービスと人間の福利との関係

生態系サービス指標を具体化する明確な図解情報を提供しているとともに，科学単一型指標と科学横断型指標を開発する必要性を示しているとも言える。こうした指標が開発されれば，エコシステム評価は，生態系の機能や産出物が人間にもたらす有用さを予測・評価する，より客観性と総合性の高いアセスメントになると考えられる。

　以上の2つの事例より，人の価値観の多様化や，科学・技術の進歩などの世界的な潮流を背景に，政治，経済，社会，生活，環境，健康など多くの分野において，だれにもわかりやすい指標が開発される動きが活発になっている。こうした動きに関連する指標としては，たとえば，人間開発指数，幸福度，国民

総生産，生活水準，エコロジカル・フットプリント，健康指標などがあり，よく知られている。環境計画においても，物理・化学関連の指標に加えて，生物指標，経済や社会，文化に関連する環境指標と，各分野を横断する統合的な環境指標の導入により，より総合的な評価が可能になると考えられ，環境指標の開発が進められている。また同時に，環境計画の評価についても，多岐にわたる環境指標と整合性のある総合評価の方法の開発が行われている。今後，環境計画は，新しい環境指標を用いて総合評価が行われるようになれば，人間の生活や社会の実態や実感に近づき，これまで以上に意思決定や合意形成を支援できるものと考えられる。

8　環境計画と政策情報学の類似

　ここでは，上述してきた環境計画と政策情報学の間に見られる，おもな類似性について以下にまとめる。

　第一に，環境計画や政策情報は，ともに主体と環境の相互作用の下での組織化された，将来に向けての行動を示すものである。これは，所期の目的や目標を目指す計画主体や政策主体が，与件の環境条件にしたがって固定的に行動するのではなく，環境の変化を知らせる情報に基づいて弾力的に対応する，行動デザインと言える。具体的には，主体が環境に働きかけると，環境になんらかの変化が起こり，主体は変化した環境から影響を受ける。そして，また主体は変化した環境に働きかける。この相互作用を繰り返すなかで，主体は順応的な行動を機敏にとる。こうした行動形態に両者の類似性がある。

　第二に，環境計画は，政策情報と同じように，所期の目的を達成するために必要な多くの量的，質的な情報を収集して，情報分析で得られた有意な結果を判定し，有効な計画案を選定する，行動の流れである。そこでは，計画期間の中間時点において，環境指標や評価項目に関連する環境情報を得て，環境計画の進捗度や達成度の点検が行われ，必要があれば，行動に修正が加えられる。この点において，環境計画は，政策情報が外部環境から新しい情報を得て，自己組織化を目指す行動に類似していると言える。

　第三に，環境計画と政策情報は，現場の実情の臨場感ある情報を大切にして，

より良い未来社会を作るために貢献する，真に有効な実践本位の行動である。言い換えれば，両者ともに概念や仮定に立った行動ではなく，現場を重要視した行動である。このため，環境計画と政策情報は，現場が直面している課題に対して現場の実情をふまえた有効な解決方策を創出するところに類似性が見られる。

第四に，環境計画と政策情報は，利害関係にある多様な主体の参加や協働の下で，伝統知や地域資源など現場の知的資源を基層にして，実践的に課題を解決していこうとする点に類似性がある。この解決アプローチは，従来の科学的方法とは異なり，社会学的視点に立ったものであることに留意する必要がある。

以上において，環境計画と政策情報の間に見られる，おもな類似性を述べてきた。今も，政策情報学が多彩に展開され，知恵ある社会が形成されると思われる。

■引用・参考文献

[1] 井関利明 「「政策情報学」への途－新学会の設立によせて－」 『政策情報学会誌』 1-1: 3-9 2007
[2] 環境省 「第四次環境基本計画」関連資料
[3] 環境省編 『環境基本計画』 ぎょうせい 2003
[4] 環境庁編集 『環境白書（総説）（平成2年版）』 大蔵省印刷局 1990
[5] 環境庁編 『平成3年版 環境白書』 大蔵省印刷局 1991
[6] 千葉商科大学政策情報学部10周年記念論集刊行会 『政策情報学の視座－新たなる「知と方法」を求めて－』 日経事業出版センター 2011
[7] ドネラ・H・メドウズほか著／大来佐武郎監訳 『成長の限界』（ローマ・クラブ「人類の危機」レポート』 ダイヤモンド社 1972
[8] 長尾義三 『土木計画序論－公共土木計画論－』 共立出版 1973
[9] 日本計画行政学会編 著者代表内藤正明・西岡秀三・原科幸彦 『環境指標』 （計画行政叢書2） 学陽書房 1986
[10] 日本計画行政学会編 著者代表内藤正明・森田恒幸 『「環境指標」の展開』 （計画行政叢書8） 学陽書房 1995
[11] 宮川公男編著 『PPBSの原理と分析－計画と管理の予算システム－』 有斐閣 1969

［12］横田洋三・秋月弘子・二宮正人監修 『人間開発報告書 2010 国家の真の豊かさ－人間開発への道筋－』 阪急コミュニケーションズ 2011
［13］OECD, *OECD Environmental Indicators Towards Sustainable Development*, 2001
［14］Millennium Ecosystem Assessment, *Ecosystems and Human Well-Being: Synthesis*, World Resources Institute, 2005（横浜国立大学 21 世紀 COE 翻訳委員会 責任翻訳 『国連ミレニアム エコシステム評価 生態系サービスと人類の将来』 オーム社 2011）
［15］William A. Thomas ed., 日本化学会訳編 『環境質の指標』［環境・防災ライブラリー］ 丸善 1974
［16］World Commission on Environment and Development, *Our Common Future*, Oxford University Press, 1987

5章　環境経済と政策情報学

小泉　國茂

1　環境経済学の系譜

英語の economy は日本語で経済と訳され，環境は人・生物を取り巻く自然，人工物などの総体（environment）のことである。環境に配慮する活動を ecology と言うが，共に eco を共通の語源としている。資源（材料，時間，労力など）の消費をいかに最小化し，最大のアウトプット（価値）を得るかを研究する学問が経済学である。ちなみに eco の語源はギリシア語のオイコス（家）である。

環境経済学は厚生経済学から派生した学問である。厚生経済学は富の生産と分配について個人と全体の効果がバランスするように考える学問である。言い換えれば福祉や幸せと富（豊かさ）の分配について検討する学問であり，公共政策を決定するうえで重要な学問である。イギリスのアーサー・セシル・ピグーは測定可能な厚生（幸せ感）指標として国民所得を取り上げた（1920年）[1]。ライオネル・ロビンスは国民所得を最大化することが経済学の目的ではない，経済学は希少資源をどのように配分するかを考える学問であるとした（1932年）[2]。

市場経済は，企業の利潤最大化と個人の効用最大化を両立させようとする経済である。厚生経済学は厚生や福祉を主要課題として研究されてきたが，環境問題が浮上してきた。暮らしを豊かにするためには，少々環境が悪化してもしかたがないと当初は理解されてきた。しかし，第二次世界大戦後の重工業化に伴う石炭消費の増大，石油によるエネルギー革命，石炭・石油を原料とする化学産業の発展に伴う工場周辺の大気汚染や水質汚染などの大規模な公害が発生

し，いくら経済が発展し経済的に豊かになっても人々の健康や生命を脅かすのであれば，人々は豊かになったとは言えないのではないかとの反省の機運が高まった。アメリカのカール・ウィリアムカップは環境問題により社会的費用が増大していると警告した（1950年）[3]。社会的費用とは市場経済内で発生する費用ではなく，市場経済外で発生する費用のことで，言い換えれば環境問題対策費用が税金で賄われていることを意味する。

イギリスでは1952年にロンドンで石炭の燃焼によるスモッグ事件が発生し，1万人以上の人が亡くなった。日本では1950年代に被害の発生が確認された水俣病，1960年代に発生源が確認された新潟水俣病，イタイイタイ病，四日市ぜんそくの四大公害の他，幾多の環境問題が顕在化し，多数の死者と後遺症に悩む多くの人的被害を発生させたことから，経済発展は環境を犠牲にしてはならず，経済発展と環境を両立させるための方策が活発に論じられ，環境経済学が独立した学問となる機運が高まった。

1970年以降，生物多様性の消失，海洋汚染，酸性雨による森林破壊，オゾン層破壊，有害廃棄物の先進国から途上国への投棄，温暖化による気候変動，砂漠化に関する国際条約の変遷（表5-1）のように環境問題は公害から地球規模に広がっていった。環境経済学は環境を良化するための経済的手法を理論的に構築し政策に反映し，環境と経済を両立させようとする学問である。環境を

表5-1 環境に関連する条約

年代	条約名	内容
1971	ラムサール条約	水鳥の生息地として重要な湿地の保全
1972	ロンドンダンピング条約	廃棄物の投棄による海洋汚染防止
1973	ワシントン条約	絶滅の恐れのある野生生物の貿易の禁止
1979	長距離越境大気汚染条約	酸性雨などの越境大気汚染防止
1985	ウィーン条約	オゾン層保護による皮膚がん発生防止
1989	バーゼル条約	有害廃棄物の越境移動防止
1992	気候変動枠組条約	地球温暖化防止
	生物多様性条約	生物多様性保全，利用，遺伝資源の利益配分
1994	砂漠化対処条約	深刻な干ばつまたは砂漠化に対処する

[出典：筆者作成]

維持し，良化するためには費用がかかる。したがって環境経済学では，誰にいくらの費用を負担させればよいのかが大きな命題となった。先に紹介したアーサー・セシル・ピグーは，環境を良くするには課税すればよいと提案している。この提案に基づき経済的手法として，税金（重課，税の減免），課徴金，有料制，補助金などが提案され実際の政策に活かされるようになった。

環境経済学の他に環境を扱う学問として理工学分野以外では社会学から環境問題を解決するための研究を行う環境社会学，法学からアプローチする環境法学などが生まれている。

2 環境経済基礎情報

環境経済という言葉は聞きなれない言葉であるが，環境に配慮した経済活動のことである。工業化により資源を多消費した結果発生する廃棄物問題は，対策を怠れば資源が枯渇し経済発展に支障を及ぼすとして，OECDは加盟国に対して何らかの施策をとるよう，汚染者負担の原則（PPP: Poluter- Pays Principle）（1972年）や拡大生産者責任（EPR: Extended Producer Responsibility）（2001年）などの原則が提唱された。日本ではこれを契機に多くのリサイクル法が施行された。資源問題と廃棄物問題とを同時に解決するための循環型社会を形成することが重要課題と認識されるようになった。同様に温暖化問題を克服した経済社会を積極的に形成する低炭素社会形成のためのさまざまな施策が提唱された。

図5-1は日本の循環型社会形成のための枠組みを，図5-2は低炭素社会形成のための枠組みを示したものである。図中の法律名の多くは通称を用いている。インセンティブとは誘因策のことで，情報インセンティブとは，法律による規制や経済的手法以外の手法を1つにまとめた総称である。言い換えれば，企業や自治体が進めている自組織の環境保全活動を社会に対して積極的に情報発信することにより社会的評価が高まるので，その力を借りて循環型社会，低炭素社会に導こうとする誘因策のことである。環境に配慮した製品の開発と購買を促すために，エコラベルなどが考案された。自画自賛による自己評価では信頼度が低いので，多くは利害関係のない第三者評価により高い信頼度を担保する

図 5-1　循環型社会形成のための枠組み

法規制手法
- 環境基本法
- 再生資源利用促進法
- 循環型社会形成推進基本法
- グリーン購入法
- 容器包装リサイクル法
- 家電リサイクル法
- 建設リサイクル法
- 食品リサイクル法
- 自動車リサイクル法
- PRTR法
- RoHS指令
- REACH規制

情報インセンティブ
- エコラベル
- LCA
- 環境監査
- 環境格付け
- エコファンド
- グリーン購入
- 環境報告書

経済的手法
- 廃棄物税
- デポジット制
- 補助金
- 有料制
- 環境税

［出典：筆者作成］

図 5-2　低炭素社会形成のための枠組み

法規制手法
- 環境基本法
- 循環型社会形成推進基本法
- グリーン購入法
- 大気汚染防止法
- 自動車NOx,PM法
- 都環境保護条例
- 省エネルギー法
- 廃棄物処理法
- フロン排出抑制法
- モントリオール議定書
- 京都議定書

情報インセンティブ
- 環境監査（ISO 14001）
- エコラベル
- 環境報告書
- 環境会計
- エコファンド
- LCA
- 環境格付け
- トップランナー方式

経済的手法
- 補助金
- 税の減免
- 有料制
- 排出課徴金（Sox,Nox）
- 環境税（炭素税）
- 京都メカニズム
  ・共同実施
  ・CDM
  ・排出量取引
- エコポイント

［出典：筆者作成］

仕組みを採用している．環境省では図 5-1 や図 5-2 で示した法規制手法，経済的手法，情報インセンティブなどの諸政策を環境経済基礎情報としている．

3　環境経済と政策情報学

筆者は環境分野では主として廃棄物問題を研究対象としてきた．資源の採取から運搬，生産，販売及び使用段階までの物の流れを動脈流という．一方，廃棄段階から再生利用や最終処分されるまでの物の流れを静脈流という．経済がグローバル化するなかで，資源廃棄物の国際間移動の利点，欠点を調査し，欠点があればそれを克服し，限りある資源採取を極小化し地球環境を良化する資源廃棄物のグローバルリサイクルシステムの構築をテーマとして研究している．本章ではグローバルリサイクルシステムを政策情報学の視点から論じてみたい．政策情報学は，経済学，厚生経済学，環境経済学のように短い言葉で定義づけられる学問にはまだなっていないが，筆者は政策情報学を政策決定のための情報収集と得られた情報を分析し，最善の政策に結びつける学問と理解している．以下に古紙輸出問題を事例として紹介する[1]．

a　日本の古紙需給の変遷

筆者が古紙輸出問題の調査に着手したのは 2002 年である．その後，問題解決のために国と自治体による政策も実施された．現在でも古紙輸出問題は存在しており，経済産業省による研究会や調査[2][3]が継続実施されている．

古紙余剰時代

古紙は廃棄物として扱えば，家庭及び家内労働による店舗などから排出される一般廃棄物は地方自治体の税金によって，また事業所から排出される事業系廃棄物は事業所の負担で産業廃棄物として収集運搬，焼却処理される．図 5-3 は日本の古紙余剰と古紙不足の変遷をグラフで示したものである．

古紙は江戸時代には紙くず屋が商売になったように，古くから再利用（リサイクル）されてきた．古紙リサイクルにより原料である木材資源の消費を抑制し，収集運搬による雇用の創出にも貢献し，循環型社会の理想的なモデルであ

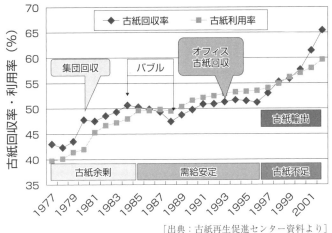

[出典：古紙再生促進センター資料より]

図 5-3　古紙回収率・利用率推移

った。バブル経済が始まる 1986 年以前は，日本の古紙は町内会や PTA などによる集団回収という日本独自の制度により，世界的に見ても高い回収率を維持向上させてきた。製紙会社に資源として買い取られた古紙は製紙会社でインキが取り除かれ（脱墨：DIP），バージン原料に加えられ再生紙となる。新聞や週刊誌の紙が少し黒ずんでいるのは，インキや不純物が十分に取り除かれていないからで再生紙の証でもある。古紙含有率を高くすると再生紙の色が黒っぽくなり，商品価値が低下するので古紙利用が進まず，古紙余りすなわち古紙余剰状態が長らく続いた。バブル経済に入った 1986 年以降からバブル経済がはじける直前の 1989 年ころまで古紙回収率が低下しているのは，ぜいたくや旺盛な消費は好景気の原動力になると信じた人々の環境配慮意識が低下し，古紙回収に力が入らなかったためである。上昇を続けていた古紙利用率は，バブル経済時代は古紙含有率の低い白い紙の方がよく売れたため伸び悩んだ。古紙回収業者が古紙を回収しても再生紙が売れないので，製紙メーカーに古紙を買い上げてもらえず，バブル経済がはじける 1990 年ころには古紙回収業者の廃業が報じられるようになった。回収した古紙の引き取り先がなく保管場所に困り，他のゴミと一緒に焼却処理する自治体も現れた[4]。

古紙需要と供給安定時代

バブル経済がはじけると，うたかたの夢から覚めた人々の意識は元に戻り，古紙利用率を高めるために古紙含有率の高い再生紙を積極的に購入するようになった。おかげで古紙余剰時代を抜け切り，需要と供給が不安定ながらもバランスし，古紙循環システムが機能するようになった。東京のビル街で発生する大量の古紙を共同で回収し，リサイクルされた古紙の利用推進活動をする非営利法人のオフィス町内会が1991年に発足している。この活動がマスコミでも大々的に取り上げられ，同調する企業が続出した。1996年に環境マネジメントシステム ISO14001 が発効し，企業は古紙を廃棄物ではなく資源として分別する一方，古紙含有率の高いリサイクル紙を積極的に購入するようになった。古紙回収というインプット側と，古紙利用というアウトプット側が活性化し需給バランスがとれる時代となった。

古紙不足時代

1998年ごろから家庭から古紙回収置き場に出された古紙が，一部の古紙回収業者により自治体の回収車が来る前に，持ち去られる事件が新聞やテレビなどで報じられるようになった。古紙は廃棄物として廃棄されるとゴミ収集車で運搬されるため，運搬費用と廃棄物処理費用が発生する。古紙は分別廃棄すると資源となるので，自治体は町内会の子供会や PTA に集団回収を促進するため1 Kg 当たり10～15円の補助金を支給していた（現在は1～12円，平均5円／Kg）。その額は当時の全自治体総額で150億円にもなった。古紙が持ち去られると子供会に支給されるお金が減るなどの支障が出て，社会的な話題となった。無断で持ち去る回収業者が現れたのは，古紙を古紙輸出業者に売れば高値で販売できる時代になったからである。中国は1997年ごろから経済発展が著しく，中国国内で紙の需要が高まり，世界から古紙を輸入するようになり，日本の古紙も高値で買い取るようになった。古紙回収業者は，高値で買ってくれる古紙輸出業者に販売するようになった。そのために日本の製紙会社が古紙不足状態になった。この変化を契機に，無断持ち去りはさておき，さまざまな意見が新聞やテレビで情報発信された。以下にそれらの情報をまとめた。

b　古紙輸出に対する賛成情報と反対情報
　古紙輸出賛成情報
　a. せっかく根づいた集団回収により回収された古紙が焼却処理されるようでは，日本のリサイクルの象徴である古紙回収システムが破たんする。中国が古紙を日本国内より高い価格で買い取ってくれるのであれば，古紙輸出は積極的に進めるべきである。[市民]
　b. 回収した古紙が日本国内で買い取ってもらえず，廃業に追い込まれる古紙回収業者がでるようになったことを契機に，古紙輸出の道を検討してきた。やっと輸出の道が拓けたことになり，経済的原理からも高く買い取ってくれるところに販売するのは商社の責務である。[古紙流通業者団体]

　古紙輸出反対情報
　a. リサイクル原料とはいえ廃棄物である。本来廃棄物は発生したところで処理するのが正しい。古紙輸出は控えるべきである。
　b. 日本から古紙を輸出すると輸送にエネルギーを沢山使い，温暖化防止に反するので古紙輸出は避けるべきである。
　c. ティッシュペーパーを作っている日本の小規模な製紙会社は原料となる古紙価格が高くなり利益がでず，廃業に追い込まれたところもある。
　d. 市民は中国に古紙を輸出するために古紙を分別し，集団回収に協力しているのではない。市民感情も考慮すべきではないか。
　e. 日本の製紙会社は製紙原料の木材を植林で賄っている。製紙用の古紙が不足すると植林木を計画以上に伐採せざるを得ず，植林と伐採計画が狂うのではないか。

　反対・賛成の明確な表明のない情報
　新聞業界では新聞用紙が不足し，新聞が発行できなくなるかもしれないと危惧し始めている。（朝日新聞社）

c　古紙輸出に伴う諸情報の妥当性の検証
　経済のグローバル化により資源や製品の貿易という動脈流で発生する諸問題

は見えやすいため，情報も集まりやすく考え方の整理もなされ，適切な対応策がとられてきた。資源廃棄物の貿易という静脈流で発生する諸問題は見えにくいため情報不足になりがちで，考え方の整理や対応策については注意深く検討する必要がある。飛び交うさまざまな情報は思い付きだけで事実と反しているかもしれない。以下に古紙貿易に関する諸情報の妥当性を検証する。

古紙輸出賛成情報の検証

〔検証〕古紙回収業者の廃業問題は，自治体が回収した古紙の引き取り先がなくゴミと混ぜて焼却処理する自治体も出てくるなど社会問題となった。大学の研究者，自治体，製紙会社，古紙回収業者，古紙流通業者などによる「古紙余剰問題研究会」の最終調査報告書（1997年）[4]では古紙輸出を提言し，輸出用古紙保管基地の確保が課題であるとしている。したがってa, b2つの情報は事実に基づいた正しい情報である。

古紙輸出反対情報の検証

a. リサイクル原料とはいえ廃棄物である。本来廃棄物は発生したところで処理するのが正しい。古紙輸出は控えるべきである。

〔検証〕この情報は，1999年に発生したバーゼル条約違反事件が背景となっている。古紙と偽ってフィリピンに輸出された医療廃棄物を含む廃プラスチックがフィリピンの税関で輸入拒否となったことを受けての意見と思われる。この事件はバーゼル条約が発効し，有害廃棄物の越境移動（途上国への有害廃棄物輸出の禁止）が摘発された第1号であったため，日本の恥として日本のメディアで大々的に報道され，廃棄物の引き取りを輸出業者ではなく日本政府が代行して引き取った。反対意見の出所はバーゼル条約の「有害廃棄物と他の廃棄物の自国内処理原則」の考え方に由来している。すなわち，国内で違法輸出を防止する体制が整うまでは輸出を控えるべきであるとのリスク回避の姿勢を貫いた正論と思われる。すなわち，古紙輸出をするからには偽装輸出などの違法行為が発生しないよう行政が何らかの政策を取らねばならないとのメッセージと理解してもよいのではないか。

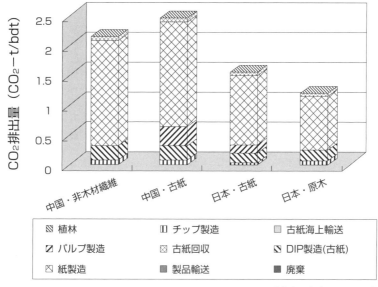

[出典:小泉ほか 2004]

図 5-4　古紙論出に伴う日中ライフサイクル CO_2 比較

b. 日本から古紙を輸出すると輸送にエネルギーを沢山使い，温暖化防止に反するので古紙輸出は避けるべきである。

〔検証〕この情報が正しいかを検証するため，筆者はライフサイクルアセスメント（LCA: Life Cycle Assessment）により日本国内だけで古紙が再生紙として利用される場合と，日本の古紙が中国へ輸出され中国の製紙工場で再生紙として利用されるのとどちらが温暖化物質の CO_2 の排出量が多いかを計算した。LCA は原料の採取から運搬，生産，消費，廃棄までの全プロセスで発生する CO_2 などの環境負荷物質の排出量を計算し，環境影響を数値化するシミュレーション技法である。輸送エネルギーだけに焦点を当てると CO_2 排出量は増加するが，製紙工程まで含めると中国で日本の古紙を利用する方が CO_2 排出量は減少することがわかった。結果を図 5-4 に示す[1]。

1990 年代の中国の製紙原料のほとんどは，わら，ケナフ，バガス（トウモロコシの茎，葉）などの非木材繊維であった。図 5-4 の「中国・非木材繊維」の棒グラフは中国の非木材繊維 100% を原料とした紙のライフサイクルの CO_2

排出量を示す。「日本・原木」の棒グラフは日本で原木チップ100%を原料とした紙のライフサイクルのCO_2排出量を示す。CO_2排出量が「中国・非木材繊維」＞「日本・原木」となる理由は，製紙原料の違いによるエネルギー消費量差と日本の製紙工場の方がエネルギー効率が高く，かつ中国の製紙工場の燃料がCO_2排出量の多い石炭を多く使用しているからである。「中国・古紙」は中国製非木材繊維の古紙を利用したライフサイクルCO_2排出量を示す。インキを除去する脱墨工程（DIP）でエネルギーを沢山消費するためCO_2排出量が高くなっている。「日本・古紙」は日本から輸出された古紙を利用したライフサイクルCO_2排出量を示す。両者を比較するとCO_2排出量は「中国・古紙」＞「日本・古紙」となり「中国・古紙」のCO_2排出量は多い。したがって地球全体では日本の古紙を中国へ輸出する方がCO_2排出量は少なくなる。酸性雨の原因となるNO_2, SO_2の排出量も，中国で中国製古紙を使用するより日本の古紙を使用する方が少ないことがわかった。したがってbの温暖化防止に反するとの情報は，LCAで評価すると間違った情報ということになる。

c.ティッシュペーパーを作っている日本の小規模な製紙会社は原料となる古紙価格が高くなり利益がでず，廃業に追い込まれたところもある。
〔検証〕廃業した製紙会社の地元市民からの情報で，日本の製紙関係業界に影響が出ていることを教えてくれた貴重な情報である。

d.市民は中国に古紙を輸出するために古紙を分別し，集団回収に協力しているのではない。市民感情も考慮すべきではないか。
〔検証〕市民は何のために新聞紙とちらし，段ボール，雑誌，牛乳パック，その他の紙など古紙を5種類にも分別し，集団回収に協力しているのであろうか。紙をゴミとして排出するとゴミ回収と処分費用がかかり，税金が高くなるからとは考えていないであろう。むしろ，木を切ることは森林破壊になるので環境に悪い，できるだけ木を切らずに済む古紙を製紙原料として供給することは市民の義務であると考えているのではないかと思われる。

日本の製紙原料に占める輸入チップ比率はおよそ4分の1である。輸入古紙を含めると73%を輸入原料に頼っている（日本製紙連合会HP，2002）。日本

は国土の67%が森林でありながら，国内の森林を温存し東南アジアで熱帯雨林を伐採しユーカリやアカシアなど単一種による植林を広めた結果，生物多様性は失われ環境破壊，森林破壊の元凶になっていると環境NGOから非難されたことがある。この批判に応えるためにも，官民挙げて木材チップ輸入比率低下を目指し集団回収に力を入れてきた。

世の中が環境を重視するようになり，製紙業界は植林する場合はオーストラリアなどの砂漠に植林をすることにより，砂漠化防止と木の成長過程でCO_2を吸収するので地球温暖化にも貢献する植林を展開しており，日本の古紙輸出が森林破壊に結びつくとは言えない。

このネガティブ情報は市民の意見として広がることはなかった。一方，自治体自身で古紙回収し，直接古紙流通業者に売却している自治体のなかには，高値で売れる古紙輸出業者に販売する自治体も現れている。

e. 日本の製紙会社は製紙原料の木材を植林で賄っている。製紙用の古紙が不足すると植林木を伐採計画以上に伐採せざるを得ず，植林の伐採計画が狂うのではないか。

〔検証〕古紙輸出分を補うために植林面積を増やさなければならず，結果，熱帯雨林を開発することになり森林破壊に繋がるのではないかとの考えに基づく情報と思われる。dで説明したように植林面積を増やすことは砂漠緑化に役立つかもしれず，製紙会社の意見ではないので，説得性が少ないように思われる。ちなみに環境NGOに批判された熱帯産植林木チップは3%に低下している（2002年）。

反対・賛成の明確な表明のない情報

新聞社はこのままでは新聞用紙が不足し，新聞が発行できなくなるかもしれないと危惧している。〔朝日新聞〕

〔検証〕新聞社の本音は新聞用紙の価格が高くなる可能性があるので反対であるが，静脈流産業という付加価値の低い社会の縁の下の存在である古紙リサイクル業界が低迷状態から再生することに反対するわけにもいかず，単なる危惧情報として紹介したにとどめたものと思われる。

d 情報分析に基づく整理

　以上，中国への古紙輸出問題が脚光を浴び始めた当時，新聞やインターネットに紹介された識者や市民の意見を情報源として情報を検証した。古紙輸出反対情報は，環境に影響する恐れのある経済行為を経済原理だけで安易に古紙輸出することに対して，マイナス側面も検討する必要があるのではないか，ちょっと立ち止まって考えようとの思いから発せられた意見と思われる。筆者としての見解をまとめると次のようになる。

　日本の古紙不足を補うため，熱帯雨林の伐採による植林面積の拡大により森林破壊に繋がるのではないかとの危惧は，2000年当時でも製紙会社の植林は砂漠化防止と温暖化防止の一環として行われており環境破壊に繋がる可能性は低い。輸送に伴う温暖化物質であるCO_2の増加は，LCAによる計算結果では，中国の非木材繊維原料による古紙利用はエネルギー消費が多く，石炭燃料中心のエネルギー事情を勘案するとむしろ日本から古紙を輸出する方が地球規模でCO_2は低下し，地球温暖化防止に貢献することになる。

　中国の古紙需要の高まりの原因は，中国の経済発展による段ボール需要の増加である。すなわち世界の工場として衣料や家電製品などの梱包用段ボールと，食品用段ボールの需要増加に対して，段ボール生産用原料が不足していることが主な原因である。2002年の日本から中国への古紙輸出量は96万トンであった。2002年の貿易統計を基に試算すると，中国から年間77万トンの梱包用段ボールが製品とともに日本に輸出されていることがわかった。日本は中国から製品とともに段ボールを輸入し，使用済み段ボールが輸出古紙として中国に戻され，日中間で資源が循環しているとも考えられる。

　古紙輸出を経済問題として捉えると次のようになる。日本の古紙余剰時代に古紙回収業者，古紙流通業者は利幅の少ない事業展開を余儀なくされ，廃業に追い込まれる危機的状態にあったこと，打開策として輸出に活路を求めていたことから，一部の小規模製紙会社の廃業事例はあったものの，古紙輸出は日本の古紙リサイクルシステムを温存し雇用の継続に貢献したものと捉えられる。しかし，古紙輸出は古紙循環の持続可能なビジネスモデルとして将来も継続しうるのか，危うい状況も発生している。次節でさらに考察を深めたい。

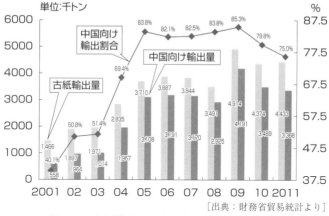

[出典：財務省貿易統計より]

図 5-5 古紙輸出量と中国向け輸出割合の推移

[出典：関東製紙原料直納商工組合資料より]

図 5-6 古紙問屋店頭引渡し価格（国内／輸出価格）

e 古紙市場価格激変による日本の古紙リサイクルシステム問題

　図 5-3 は 2001 年までの古紙回収率と古紙利用率の推移を示したが，図 5-5 は 2001 年以降の推移を示したものである[2]。2005 年まで輸出量は大幅に増加したが，その後 2009 年までは横ばいとなり，2010 年以降の古紙輸出は減少基調にある。図 5-6 は 2009 年のリーマンショックにより，世界の景気が低迷し中

国の輸出用段ボール需要が激減し,古紙価格が暴落したことを示している[2]。

経済産業省は2011年に製紙会社,古紙回収業者,古紙流通業者,消費者団体などを交えた委員会を設けて古紙輸出問題を検討した。検討理由は,このまま古紙輸出量が減少すると古紙価格が低迷し古紙回収業者の経営問題が再浮上し,日本国内で古紙余剰となり日本の古紙リサイクルシステムが機能しなくなることを危惧したからである。委員会によりまとめられた「紙リサイクルシステムの強化に関する調査報告書」[2]では,2005年以降に古紙輸出量が横ばいとなった理由は中国国内の古紙回収システムが機能して回収率が高まったためと分析している。委員会の結論は,中国の古紙需要と供給状況を常時監視し,中国以外の輸出先の開拓や,古紙の燃料利用(RPF: Refuse Paper & Plastic Fuel)など古紙利用率を高める道も探るべきであるとしている。

f 行政による政策

前節で情報の検証結果を紹介した。中国への古紙輸出は国も自治体も環境経済に悪影響を与えるものではなく,メリットの方が大きいと判断し,輸出抑制策は取らず次の2つの政策を取った。

国の政策

国の政策ではバーゼル条約に抵触する偽装輸出防止を目的として,古紙輸出事業者は日本の税関で船積み前検査申請を行い,船積み前検査証明書を受け取らなければならないとする制度を設けた。この証明書は中国側の輸入貨物受取人が,中国陸揚げ港での本検査(揚地検査)を申請する際に必要な証明書となる。この制度は中国側の不正輸入防止策として,中国が輸出国側に協力要請をして生まれた制度である。

自治体の政策

東京都区のある自治体では回収古紙の4分の1が持ち去られ,古紙回収業者は収入減となり大きな打撃を受けていることがわかった[5]。古紙循環体制を維持することを目的とし,自治体は古紙持ち去り防止のため,持ち去り業者に注意をするなどの対策を取ったが,資源とはいえ廃棄物として捨てられたもの

であり，法律で違法とは言えず取り締まりはできなかった。これを契機に回収置き場の古紙，廃アルミ缶などは自治体が資源として利用する目的で収集したものであり，持ち去りを禁ずる条例を施行する自治体が現れ，追随する自治体が相次いだ。2015 年現在でも持ち去りが後を絶たず，古紙に GPS 発信器をつけ，持ち去り業者を突き止め指導する自治体（西東京市，清瀬市，東久留米市：2013 年，和光市：2015 年など）も現れ，持ち去り業者との攻防が今なお続いている。

4　環境経済への政策情報学の貢献

　前節で古紙の輸出問題をケーススタディとして，政策情報学では情報収集の大切さと，情報の妥当性を検証することの大切さを紹介した。資源廃棄物輸出に関連する類似問題は廃プラスチックと廃ペットボトルの中国への輸出問題がある。また，不正輸出により輸出先で環境汚染問題が発生している廃家電・廃電子機器の循環回収車による回収と，東アジア諸国への輸出問題がある。その他拡大生産者責任が問われている中古自動車の島嶼国への輸出問題，バングラデシュの船舶解体リサイクル問題などがある。

　資源廃棄物輸入は，途上国にとっては自国の経済成長のための資源を低コストで入手する重要な産業であり，貧しい人々に雇用の場を提供する大きな静脈産業となっている。輸出元の日本で発生している諸問題，輸出先の環境問題，廃棄物処理に携わる作業者の健康問題，法規制などの現地情報を把握し資源廃棄物の輸出の是非について検討し，限りある地球の資源を有効に活用する方策を模索していかねばならない。

　写真 5-1 は筆者が中国・台州市の民間リサイクル工場を現地調査した時の写真である（2005 年）。輸入した電線やコードの被覆線を手作業で取り除き，銅線だけを取り出す作業場である。アメリカ，ヨーロッパ，日本から大量の銅やアルミ廃棄物を輸入し，この工場だけで 700 名の農村からの出稼ぎ労働者（農民工と呼ばれている）の雇用を生み出している。中国は銅鉱石を原料とする製錬銅の生産量より，リサイクルで得られる銅の産出量の方が多い。台州市は人口 50 万人のうち 3 万人がリサイクルに従事しているリサイクルの町である。

写真 5-1 銅線のリサイクル工場（台州市）

手作業で作業環境はよいとは言えないが，吹きさらしの屋外作業が中心の中国では模範工場である。日本では埋め立て処分されていた銅の廃棄物を貴重な資源としてよみがえらせている中国の方が地球環境に貢献しているのではないかと思う。日本の古紙が世界のどこかで製紙原料として活用されるのであれば，その効用を最大化するための政策による後押しが必要と思われる。

■注
1) アーサー・セシル・ピグー 『厚生経済学』 気賀健三など訳 東洋経済新報社 1966
2) ライオネル・ロビンス 『経済学の本質と意義』 辻六兵衛訳 東洋経済新報社 1957
3) カール・ウィリアム・カップ 『私的企業と社会的費用－現代資本主義におけ

る公害の問題-』 篠原泰三訳　岩波書店　1959

■引用・参考文献

［1］小泉國茂他　「古紙輸出の経済的評価と環境影響評価」　立命館大学・政策科学　11巻2号　2004
［2］「紙リサイクルシステムの強化に関する調査報告書」　矢野経済研究所　2012年2月（経済産業省委託調査）
［3］平成23年度 中小企業支援調査　「アジア諸国の古紙リサイクル実態調査」神鋼リサーチ　平成24年2月（経済産業省委託調査）
［4］「古紙余剰問題研究会報告書」　古紙再生促進センター　1997
［5］山本耕平　「資源ごみ持ち去り問題と自治体の対応」　（株）ダイナックス都市環境研究所
　　http://www.dynax-eco.com/repo/report-42.html（2015年2月24日確認）

6章　社会科学と政策情報学

松田　憲忠

1　政策情報学の背景

　今日，あらゆる国や地域において，大きな社会的変化が起きている。一方では，環境問題や人口問題などの新たな社会問題が顕在化するなかで，先進国と発展途上国とのあいだや異なる年齢層のあいだなどで新たな利害対立が生じている。他方では，科学技術の進歩やグローバル化の進展に伴い，民族間や宗教間の対立がますますナショナリズムの色彩を帯びて深刻化し，多文化共生の困難性が顕著になっている。

　今日の利害対立の多元化と複雑化は，従来の社会統治のあり方を根本から変えようとしている。国家という絶対的な枠組みが存在し，その国家の政府が社会問題の解決を主導するという従来の仕組みに代わるものとして，社会統治の問題を政府（government: ガバメント）という狭い領域に限定せずに，政府以外のアクターや狭義の政治過程以外のプロセスも含む「ガバナンス」（governance）のあり方が探究されるようになっている（Kjaer, 2004; 新川，2004; 山本，2014）。ガバナンスを強調するこうした動きのなかでは，国家の位置づけも問い直され，国家を含めた多層的な統治のあり方（マルティレベル・ガバナンス［multi-level governance］）の重要性が認識されるようになっている（Bache and Flinders, 2004）。

　こうした社会状況の変化は，学術的な研究や分析のあり方に対しても変革を要求している。すなわち，今日の複雑な社会問題を解決するための政策案を設計し，そしてそうした政策案を決定・実施する仕組みを設計するためには，どのような研究や分析が有用となるのかが，学術上重大な理論的課題の1つとな

っている。この課題に対する取り組みは多岐にわたるが、その1つの動きとして、伝統的な研究領域における研究の限界を踏まえたうえで、新しい研究のフィールドを形成しようとする試みがある（松田, 2008a）[1]。

本書が取り上げている政策情報学は、こうした試みのなかで提唱された新しいフィールドの1つである。政策情報学では、従来の科学的な研究活動を超越し、今日の社会状況や社会問題に対応し得るような新しい「知と方法」が開発・創造されるフィールドを提供することが目指されている（井関, 2007; 井関, 2011）。

本章は、「知と方法」をめぐる政策情報学の立場ないしパースペクティブを、伝統的な社会科学との対比を通じて明らかにするとともに、伝統的な社会科学の研究が政策情報学に対して含意する示唆を導出し、政策情報学の立場ないしパースペクティブに基づく研究の展開の方向性を提唱する。本章は以下のように構成される。まず、第2節で、政策情報学の視点を取り上げる。政策情報学の創始者の1人である井関利明の論考に基づいて（井関, 2007; 井関, 2011）、従来の研究のあり方に対する政策情報学の問題認識を整理し、政策情報学が重視する「知と方法が生まれるフィールド」の特性を描出する[2]。次に、第3節において、社会科学に目を向ける。社会科学における研究の射程を検討することを通じて、社会科学には、より良き社会の実現という目的の達成に貢献する研究領域ないしアプローチが多様に存在することを明らかにする。最後に、第4節は、広範な射程を持つ社会科学のこれまでの研究活動から、政策情報学の発展に寄与し得る示唆を引き出す。具体的には、政策情報学におけるメタ・レベルの研究の重要性に論及する。

2　政策情報学というフィールド

社会の仕組みの理解や、社会における問題の発見とその問題に対する解決策の考案をめぐっては、今日にいたるまで、さまざまな研究が進められてきている。それらの研究では、社会を対象とする分析を通じて、社会が直面する問題が抽出され、その問題に対処するための方策が提言される（図6-1）。

しかしながら、政策情報学によれば、こうした伝統的な研究領域——「個別

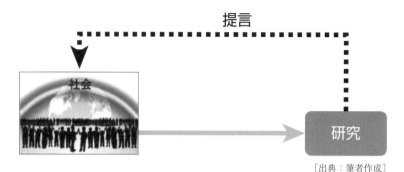

図6-1　社会と研究との関わり

科学」（井関，2007）——は，今日限界を迎えている。具体的には，政策情報学の問題認識とは，今日の社会状況の変化は，先述したように，多数の要因が複雑に絡み合う問題を引き起こしている一方で，従来の個別科学はこうした社会の変化に対応できず，今日の複雑な社会問題に対して有効かつ的確な解決策を提案できずにいるという認識である（井関，2007: 3）。

　従来の研究が今日限界に直面している背景として，政策情報学は，近代以降の研究活動が科学に傾倒してきたことと，今日では専門分化が進んでいることの２つの特徴に着目する。今日にいたるまで研究活動に関して追究されてきたものは，「理性中心主義，客観主義，実証主義，数量化，法則定立，予測可能性」などに代表される「科学方法論」である（井関，2007: 5）。この科学への傾倒は研究活動の専門分化をもたらし，各研究領域において「専門閉塞型」の「同質的な"ジャーナル"共同体」（井関，2007: 3, 8）の形成を促している。

　多数の要因が複雑に絡み合う今日のさまざまな社会問題をめぐっては，いわゆる科学的な研究は著しく困難なものとなる。なぜなら，今日の社会問題はそれぞれが固有の特徴を有する特異な問題であり，それらの問題のあいだに因果関係のメカニズムのような共通性を見いだすことはほぼ不可能であるうえに，問題解決に向けては効率的とは言えないからである。この社会問題の解決と一般法則の探究との乖離に加えて，社会における現象や問題を扱う研究が専門分化し，研究領域間の相互の交流が進んでいないことも，今日の社会問題の解決へのハードルとなっている。なぜなら，こうした状況では，個々の研究の成果

は複雑な社会問題のそれぞれ異なる一局面を捉えたものとなり，これらの多様な研究成果が結びつけられない限り，その社会問題についての全体的な把握は極めて難しくなるからである（図6-2）。こうした問題認識に基づいて，政策情報学は，この状況を打破し，社会問題の解決に積極的に寄与することを目指して，提唱されているのである。

政策情報学においては，専門分化された各研究領域のなかで一般法則を探究するという従来の科学的研究とは異なる方向性，目的，方法論が強調される。すなわち，異分野の人々が集まって対話を行い，そこから新しい「知」が創造される「異分野コラボレーション」である。このとき，政策情報学が果たす役割は，新しい知に向けた対話と創造ないし異分野コラボレーションが進められるフィールドを提供することである（井関，2011: 11）。政策情報学というフ

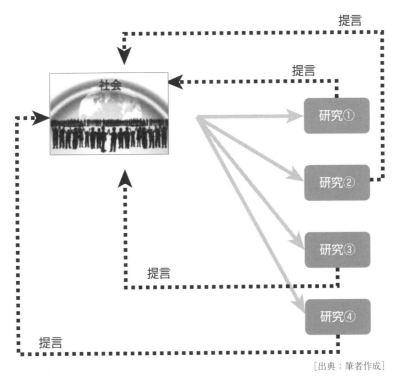

［出典：筆者作成］

図6-2　今日の研究活動に対する政策情報学の問題認識

ィールドから生まれる知は,「実践的超領域型」の知として捉えられる（井関,2007: 7)。こうした政策情報学における「対話と創造の場」は，図6-3のようにイメージすることができる。

政策情報学では，一般法則の探究ではなく，社会問題の解決に焦点が向けられる。社会問題の解決を目指して,「従来の個別諸科学の成果をコンテンツとして取り入れ，組み合せ，新しい意味関連の構図を創り出す」ことが，政策情報学のフィールドで展開される（井関，2007: 4)。換言すれば，社会問題に関わる研究をこれまで別個に進めてきたさまざまな研究者たちや専門家たちが，社会問題の解決を目指して対話と創造の場に参加・参画することによって，多様な研究成果が結びつけられ，その問題についての理解が深められる。

政策情報学のフィールドへの参加・参画が期待されるアクターは，いわゆる研究者や専門家に限定されることはない。一般の市民もまた，問題解決に向けて積極的な貢献を果たし得る存在として注目される。社会問題から直接的な影響を受けるのは一般の市民であり，また政策を通じて向上させようとする利益

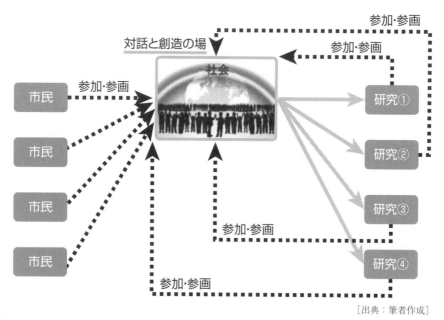

[出典：筆者作成]

図6-3　政策情報学のフィールド

は一般の市民の利益である。それゆえに，一般の市民から提供される知識は，研究者や専門家からの専門的な知識と同様に（もしくはそれ以上に），社会問題の発見やその解決策の考案において不可欠な情報となる。

　政策過程における伝統的なアクターに加えて，さまざまな分野の研究者や専門家，そして一般の市民も含めた多様なアクターによる対話ないしコラボレーションは，個々の社会問題ごとに展開されることが期待される（井関，2007: 8）。政策情報学の根底にある問題認識は，先述したように，従来の科学的な研究において一般法則の探究が目指されることによって，個々の社会問題の解決が難しくなっているというものである。その意味で，政策情報学において強調されるのは，あらゆる社会問題を包含するような統一的なコラボレーションのフィールドの確立ではない。むしろ，政策情報学は「社会と生活の具体的な文脈における個々の生活経験や問題・出来事から出発」（井関，2007: 7）するものであり，政策情報学において，個々の社会問題の解決に焦点を当てた対話の場が無数に形成されることになる。

　では，個々のフィールドにおいて，各アクターはいかに行動し，それらのアクターのあいだではいかなるインターアクションが繰り広げられるのであろうか。この問いは，多様なアクターによる対話やコラボレーションから個々の社会問題に対する解決策が導出されるという意味で，政策情報学の方法論の根幹に関わるものである。政策情報学では，その方法論として「ソーシャル・マネジメント」が強調され，それは次のように定義される（井関，2011: 22）。

　　異なる立場の人々が，自発的に集まり，公共的な問題の解決及び価値創造を目指して，相互関係をつくり，協働して，望ましい結果を生みだし，その結果を評価し，責任を持つための「知と方法」を"ソーシャル・マネジメント"と言う。

　対話やコラボレーションが新しいコンテンツ――人々の価値観，慣習，行動様式を変革するための「社会的技術」（井関，2011: 26）――の創出に到達するための重要な鍵は，「関係づくり」にある。特定の社会問題の解決に向けた活動のなかで，その問題に関わる多様なアクターが出会い，新しい関係を築きな

がら，対話と創造の場は常に進化し続け，そうしたダイナミックかつ実践的なコラボレーションから，一般法則を探究する科学的な研究からとは異なる，新しいコンテンツが生まれることが，政策情報学の目指すところなのである。

　しかしながら，政策情報学で強調される多様なアクターによるソーシャル・マネジメントや，問題解決を重視する姿勢は，政策情報学が提唱される以前から注目されてきたものである。そもそも，社会問題の解決のプロセスに多様なアクターが参加することの重要性は，先述のガバナンス論のなかで注目されるようになって久しい。ガバナンス論では，社会を統治する主体として市民を捉えて，市民が政府をモニターするという「コミュニティ・ガバナンス」の枠組みが論究されたり（山本，2004），政策研究の成果をガバナンスにおいて積極的に活用されるために研究者自らが政策過程に能動的に関与することの意義が考察されたりしている（松田，2006）。

　さらに，政策情報学に類似した視点は，「総合政策学」においても見受けられる。総合政策学とは，20世紀後半の慶應義塾大学総合政策学部の創設を契機に注目されるようになった研究領域ないしアプローチである。総合政策学は，「現代社会のさまざまな問題を発見，解決するための新しい接近方法」（大江ほか，2006: i）として提唱され，脱科学化と現場主義を方法論的特徴とする。

　総合政策学によれば，今日の社会は，技術革新によるネットワーク化の進展により，多様なファクターのあいだの相互作用が瞬時にかつ複雑に進むようになっている。高度にネットワーク化された状況では，社会問題の急速な進行やその構造の特異性に対処するために，個々の社会問題の解決には迅速で効果的な立案や実施が重要となる。こうした解決のプロセスは，一般法則の探究を目指す科学的な研究からは乖離する。すなわち，「ダイナミックに変化する社会に，より的確な見識を提供するためには，統計的有意性が検証できるほど類似の現象が起こるのを待つわけにはいかない」（國領，2006: 111）のであり，むしろそれぞれが特異な構造を持つ個々の社会問題の解決こそが重視されなければならないのである[3]。

　社会問題の解決という実践的な目標を達成するために，総合政策学は現場主義を強調する。現場主義とは，社会問題が生じている現場を重視する姿勢を意味し，とりわけ多様な研究者自らが現場に関わることが志向される。現場に研

究者が参加することは，社会問題を認知し，解決策の考案の糸口を発見するうえで，大きな貢献を果たし得る。その際に不可欠となるのが，その問題の影響を直接的に受ける市民の声である。市民の声が現場において的確に表明され，その声を研究者が聞き取ることが求められる[4]。

　このように，政策情報学は，個々の社会問題の解決とそのための多様なアクターの積極的な参加を重視して，従来の研究スタイルからの脱却を目指すという点において，今日提唱されている他の立場ないしパースペクティブと大きく異なるところはない。では，政策情報学の特異性はどこにあるのであろうか。それは，政策情報学における「情報」の位置づけにあると言えよう。政策情報学では，政策は「情報と言葉による予見をもって，計画した行動」（井関，2007: 6）と定義される。この定義において情報と言葉が着目されるのは，人間に特徴的な行動として，外部環境に対する認知に基づいて外部環境を変えたり自分自身を変えたりするという行動が挙げられ，外部環境とその行動とを媒介するのが情報と言葉であるからである。この人間特有の行動が計画的であるとき，それは「政策行動」と表される。政策行動は，個人レベルや集団レベル，さらに国家レベル，ローカルなレベル，グローバルなレベルなどにおいて，多層的・多重的に存在するが，いずれのレベルの政策行動も，行動主体と外部環境とのあいだの「情況についての報らせ」としての情報に依拠して計画・実行されることになる。このような政策行動についての認識に基づいて，政策情報学は，政策行動と情報との不可分性を強調する（井関，2007: 6-7）。

　こうした情報の位置づけを踏まえると，政策情報学において強調される対話と創造の場の意義は，一層明らかになるであろう。「対話」の場では，多様なレベルの多様なアクターから「情況についての報らせ」が供給され，それらの情報に基づき社会の現状についての理解が深められる。多様なアクターからの情報提供と意見交換を通じて，社会問題の発見やその問題に対する解決策の設計といった「創造」ないし政策行動の実践に向けたコラボレーションが行われる。提供される情報が多様であるほど政策行動の可能性は拡大することになり，その意味において，情報提供者であるアクターのあいだの関係づくりとソーシャル・マネジメントは有用な方法論となる。個々の社会問題をめぐる情報の供給と，それに基づく政策行動の設計を強調することによって，政策情報学は，

科学に傾倒する従来の研究から脱却して，社会問題の解決に寄与しようとするのである。

3 社会科学の射程

政策情報学は，前節で概観したように，従来の研究のスタイルの限界を克服し得る新しい政策案設計のためのフィールドとして，提唱されている。しかしながら，そもそも，社会問題の発見やその問題に対する解決策の考案は，伝統的には，社会科学と言われる領域を中心に進められてきた。社会科学は，社会そのものに着眼することを出発点とする領域である。社会科学における研究は，どのような視点で何を解明することによって，社会に寄与しようとしているのであろうか。本節は，この問いに焦点を当てて，社会科学と社会との関わり，すなわち社会科学の射程を描出する。次節では，本節で明らかにされる社会科学の射程の広範さを踏まえて，政策情報学の視点がより有意義なものとなるために求められる今後の研究の方向性について論究する。

社会における現象や問題は，伝統的に，「社会科学」（social sciences）の領域において中心的に扱われてきている。社会科学とは人間の行動についての科学的な研究であり，そこでの焦点は，人間の思考や行為の生物学的な側面ではなく社会的な側面に向けられる。換言すれば，ある行動のなかに意思決定的な要素が含まれる限り，その行動は社会科学の対象となる（Gerring, 2001: xv; Morgenthau, 1955）。人間の多様な行動が繰り広げられる社会に着目する社会科学の研究成果を踏まえて，社会問題の解決に向けた政策案が提言されたり，政策案設計に対する示唆が提供されたりしている。こうした社会科学の社会的貢献は，先述の図6-1のイメージと同じように描くことができる。

政策情報学は従来の研究における一般的傾向として科学への傾倒と専門分化を挙げて，それらを問題視するが，同様の傾向は社会科学の研究においても見いだすことができる。社会におけるあらゆる事象を研究対象とする社会科学のなかには，今日，その社会の事象を自然界での事象と同じように捉えて，物理学に代表されるハード・サイエンス（hard sciences）と同様の分析手法を採用するべきとする一種の規範が存在する（Almond and Genco, 1977）。具体

には，社会のある事象を社会科学的に説明することとは「その事象がなぜ起こったのかを明らかにすること」であり（Elster, 1989: 3），この因果関係の解明においては，厳密で体系的な分析，すなわち科学的根拠（エビデンス）に基づく一般化可能な説明が求められる（Gerring, 2001: xv）。

さらに，社会科学には，政治学，経済学，社会学，心理学，人類学など多様な個別領域が含まれる（Ashenfelter and Mooney, 1968; Babchuck et al., 1999）。今日では，それらの領域のあいだには分裂が存在することが指摘され，その分裂をいかにして克服するかが，今後の社会科学の発展に向けての大きな課題として捉えられている（Delanty, 1997）。

このように，図6-2で示されたような従来の研究スタイルに対する政策情報学の問題認識は，社会科学においても当てはまると言えよう。しかしながら，社会科学における科学への傾倒と専門分化という側面にのみ目を奪われている限り，社会科学の全体像を捉えることはできない。社会科学における諸研究は，社会の現象や問題を分析し，解決策を提言することだけを主たる目的としているのではない。社会科学においては，社会科学の知見がより良き社会の構築に寄与するために，社会科学の研究それ自体を対象とする研究——メタ・レベルの研究——も進められている。社会科学の個々の領域においても，社会科学全般においても，いわば省察的実践を行ってきたのである。政策情報学の批判の的の1つである社会科学は，自らの研究活動の改善に向けて，そしてより良き社会の実現に向けて，いかなる省察的実践を進めてきているのであろうか。この問いに取り組むこと，すなわち社会科学の射程を描出することは，政策情報学の今後の展開に対して有益な視座を提供することが期待できよう。

社会科学の射程を簡潔に図示したものが図6-4である。本章では，社会科学における研究を4つのグループ（「研究Ⅰ」～「研究Ⅳ」）に分類する。「研究Ⅰ」は，いわゆる社会科学に対する一般的なイメージに通じる研究であり，「社会」を直接の分析対象とする。政治学を例に挙げると，社会の統治，社会における意思決定，社会における人々のインターアクションといったテーマに焦点が向けられる。

社会そのものを分析対象とする「研究Ⅰ」には，大きく2つの方向性が存在する[5]。1つは「社会を知る」という方向性である。この方向性では，社会の

現状を記述したり，社会の事象の因果関係を説明したりする実証的な研究が行われる．分析手法としては，各研究で着目する事例の現場に赴いて調査する手法や，多数の事例に関わるデータを構築・解析する手法などが採られる．第二の方向性は，「社会を変える」というものである．すなわち，社会が直面する問題を明らかにするために現状を評価したり，その問題を解決するための政策案を提言したりする研究である．この研究では，評価や提言に欠かせない価値判断の前提となる規範的な視点や，政策案のインパクトを予測する演繹的な考察が重要となる．

「研究Ⅰ」におけるこれら2つの方向性は，相互補完の関係にある．実証的な研究だけでは，より良き社会の実現という社会科学の究極的な目標には到達し得ず，現状や将来についての価値判断や将来に向けての予測が不可欠となる．その一方で，規範的な考察や演繹的な分析は，実証的な研究によって得られる社会の事象についての理解を伴わない限り，社会にとって非合理な価値判断や政策案提言につながりかねない．その意味で，社会における一般法則を実証的な研究を通じて探究することは，それに注力しすぎると，政策情報学において指摘されるように，社会問題の解決を難しくするが，その一方で，この探究は

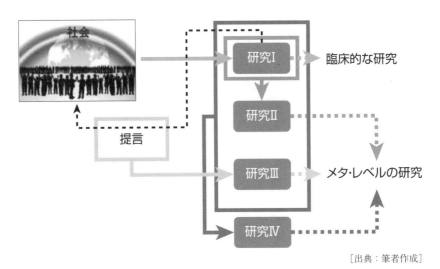

[出典：筆者作成]

図 6-4 社会科学の射程

政策案の設計には欠かせないのである。社会科学は，今日にいたるまで，これら2つの研究の方向性に基づいて進展し，両者の研究をいかにして有機的に結びつけていけばよいのかに取り組んでいるのである[6]。

社会科学における研究は，社会を直接の分析対象とする「研究Ⅰ」にとどまらない。社会科学には，社会科学の研究のあり方を研究する領域も存在する。社会そのものを研究する「研究Ⅰ」を臨床的な研究と呼ぶとすれば，研究を研究する領域はメタ・レベルの研究と表現することができる。メタ・レベルの研究は，臨床的な研究の精緻化と活用性の向上を目指し，その結果として，より良き社会の実現に貢献することが期待される。メタ・レベルの研究は3つの領域に区分することができる。

メタ・レベルの研究として，第一に，臨床的な研究（「研究Ⅰ」）の進め方を研究する領域がある（「研究Ⅱ」）。この研究の根底にある1つの問題認識は，社会を研究することによって何ができるのか，という点である。この問題は社会科学だけでなく，あらゆる研究において存在するものであり，主に科学哲学（philosophy of science）と言われる領域で取り組まれている。具体的には，社会を理解しようとする社会科学は，自然界を分析するハード・サイエンスと比べて，何が類似し，何が異なるのかが1つの論点となり，これまで多様な議論が展開されている（Bohman, 1991; Delanty, 1997; Diesing, 1991; Fay, 1996; Gerring, 2001）。

こうした問題認識は，社会科学，とりわけ「研究Ⅰ」の方法論に密接に関わる。すなわち，先述の実証的な研究，演繹的な分析，規範的な考察のそれぞれについて，既存の方法論の可能性と限界が論究され，新たな方法論が模索されている（清水・河野，2008）。実証的な研究の方法論としては，多数の事例を扱う計量的な分析，少数の事例を調査する事例研究，数値では必ずしも表せないデータの解析などを考慮して，いかにして社会の事象を知ることができるのかが考察されている（Denzin and Lincoln, 1998; Gomm et al., 2000; King et al., 1994; Peters, 1998; Ragin and Becker, 1992）。また，演繹的な分析については，分析の前提となる社会や人間に関わる想定の妥当性などをめぐる議論が展開されている一方で（子安・西村，2007; Friedman, 1996），規範的な考察においても近年その方法論が検討されるようになっている（Leopold and Stears, 2008）。

メタ・レベルの研究の2つめは,「研究Ⅰ」の成果（知識）が提言されて活用されるフェーズに着目する研究領域（「研究Ⅲ」）である。このフェーズは知識活用（knowledge utilization）と呼ばれる。「研究Ⅰ」が知識の生産（production）に焦点を当てるのに対して, 知識活用の研究では知識の活用ないし適用（application）のための諸条件が探究される（Dunn and Holzner, 1988）。「研究Ⅰ」によって生産される知識がより良き社会への変革を目指すものである限り, その知識が政策の選択をめぐる検討のなかで活用されることが望まれる。知識の活用の諸条件を探る知識活用の研究の意義は, 活用され易い知識のあり方を分析することによって, 社会の変革の可能性を高めることにある（Zaltman, 1979）。

知識活用の研究では, たとえば, 政策に関する知識が活用される世界を, 知識の消費者（議員や市民など）と生産者（政策分析者など）とのあいだで取引が行われるマーケットとして捉えて, 知識をめぐるアクターの行動が分析される（Guston et al., 1997; Matsuda, 2008; 松田, 2008b）。政策を決定する議員や政策決定に大きな影響を及ぼす市民は, 政策案を検討するプロセスのなかで,「研究Ⅰ」を通じて供給される知識を活用する。その意味で, 最終的に選択される政策を最終生産物として捉えれば, 知識とは, 最終生産物である政策が生産されるための生産要素として描くことができる。こうした知識という生産要素をめぐって繰り広げられるインターアクションが,「研究Ⅲ」の分析対象となる。

知識活用をめぐっては, 実証的にも規範的にも研究が進められている。実証的な研究に目を向けると, 知識を提供する専門家に焦点を当てた事例研究や（城山, 2003; Bowler, 1989; Heineman et al., 2002), 政策過程において活用されやすい知識と活用されにくい知識を帰納的に析出した研究（Gray and Lowery, 2000; Guston et al., 1997; Hird, 2005）を挙げることができる。

知識活用への規範的な考察は, 活発に行われている（Dunn and Holzner, 1988）。一例を挙げると, 分析という工程を経て生産される製品としての知識を, その製品の購入つまり知識の活用にまでいかにして導くべきかについて,「ソーシャル・マーケティング（social marketing）」の原理の見地から論究する研究がある（Kotler and Zaltman, 1972; Zaltman, 1979）。ソーシャル・マー

ケティングとは,「マーケティングの概念を活用して,社会的に有益なアイディアや目標・理想を売り込むこと」として定義される (Wiener and Doescher, 1991: 38)。知識活用の文脈においては,知識の活用を促すために,政策知識の消費者についての精査(マーケティング調査)を行い,その調査結果を政策知識の生産や供給方法に活かすことを意味する。こうした規範的視点に立って,知識を提供する専門家等が取るべき行動や戦略が導出される(松田, 2006, 2008b; Matsuda, 2007, 2008)。

第三のメタ・レベルの研究では,研究活動(主に「研究Ⅰ」)を行う社会科学者や,その人たちが活動する世界が分析対象となる(「研究Ⅳ」)。この研究領域では,たとえば,以下のような問題に注目が集まる。社会科学者はどのような行動様式を取っているのか,もしくは取るべきなのか。社会科学者はいかなる世界で研究活動を行っているのか,そして,社会科学者が活動する世界はいかなる社会であるべきなのか。これらの問題についての規範的な研究は,主に先述の「研究Ⅱ」と「研究Ⅲ」に密接に関連する。研究において採用するべき方法論や,研究成果を提供する際に取るべき手法などが,模索される。

他方,社会科学者や社会科学の世界についての実証的な理解は,科学哲学における知見の蓄積に伴って,深められている。この研究の出発は,社会科学ではなく自然科学に焦点を当てた分析であった。たとえば,科学者たちの世界で共有されている理論や考え方(「パラダイム」)によって,個々の研究の方向性や主張が拘束されることになるといった,科学者集団における社会的ダイナミクスの解明が進められている (Kuhn, 1962)。また,個々の研究における解釈や分析スタイルなどは,その研究を行う科学者個人の社会的・政治的・経済的・心理的な要因に大きく左右されることが,科学者についての実証研究のなかで確認されている (Mitroff, 1974)。こうした科学哲学的な視点や関心は,今日,社会科学の世界に対しても向けられるようになっている (Diesing, 1991; Dunn, 1994)。

「研究Ⅳ」における実証的な分析から示唆されることは,個々の研究者には研究活動を行う個人的なインセンティブが存在するということである。具体的には,研究者が研究計画を練る際に,真理の追究や問題の解決ではなく,むしろ学界のなかでの高い評価や多くの研究支援の獲得,今後の研究機会の増加と

いった個人的な目標が設定されることは珍しくないのである。こうした研究者の実態を，規範的な研究のなかで考究される理想的な研究活動のスタイルと照らし合わせることによって，研究活動の現実的な改善を進めていき，社会科学がより良き社会の実現に寄与することが目指されるのである。

本節では社会科学の研究を概観してきたが，そこで明らかになったことは，社会科学には少なくともこれらの4つの研究領域が含まれ，その射程は広範であるということである。社会科学の限界を指摘したうえで新たに提唱された政策情報学は，社会科学のこれまでの歴史や経験から何を学ぶべきなのであろうか。次の最終節は，この問いに取り組む。

4　社会科学からの示唆

　より良き社会の構築を目指す社会科学は，社会を直接の分析対象とする研究（「研究Ⅰ」）を，その目標の達成のための唯一の手段としているわけではない。前節で描出されたように，社会科学という営為それ自体を分析するメタ・レベルの研究（「研究Ⅱ」，「研究Ⅲ」，「研究Ⅳ」）も展開されている。したがって，社会科学についての評価は，「研究Ⅰ」にのみ基づいて行われるべきではない。さらに，これらのメタ・レベルの研究は，「研究Ⅰ」をいかに進めていくべきかについて考究するという意味で，より良き社会の構築という社会科学の目標の達成に向けた重要な貢献を果たす。ここに含意されることは，社会科学のこれまでの経験は，社会問題の解決を目指す政策情報学のようなこれからの研究活動に対して有益な示唆に富むにちがいないということである。

　政策情報学は，対話と創造の場の構築を重視する。対話と創造の場という政策情報学のフィールドのなかで，社会が直面する諸問題についての多様な研究成果や市民の声などが結びつけられ，結果としてそれらの問題に対する新たな解決策が考案されるという流れが，政策情報学では想定される。この流れにおいて着目すべきは，そのフィールドに関わるアクターのなかで何らかの合意形成が達成されるという点である。さまざまな情報を基にして，社会的な意思決定はいかにして行われるのか，そして行われるべきであろうか。換言すれば，多様なアクターによる対話とコラボレーションが繰り広げられる「場」とは，

いかなる場であるのか，そしてあるべきなのであろうか。

　これらの問いについて論究することは，完全競争市場における「見えざる手」に相当するような存在が政策情報学のフィールドにおいて機能することを期待することができない限り，対話と創造の実現には不可欠である。すなわち，政策情報学のフィールドそのものについての考究が求められるのである。こうした研究は，メタ・レベルの研究としての特徴を有する。そこで，本章の結びとして，社会科学におけるメタ・レベルの研究を踏まえて，政策情報学のさらなる発展のために求められるメタ・レベルの研究の今後の方向性を析出する。

　政策情報学では，第2節で描出したように，個々の社会問題をめぐる情報の提供と，それに基づく政策行動の設計が重視される。この対話と創造の場における「情報」という存在を強調する政策情報学の特徴に着目すると，社会科学のメタ・レベルの研究からの示唆は，少なくとも2つの点において明確に現れてくる。

　第一に，情報は生産され，供給され，活用される。ここで重要となるのが，いかなる情報がいかなる方法で生産される（べきな）のか，そしてその情報はいかにして活用される（べきな）のか，という点である。前者は「研究Ⅱ」が対象とする方法論に関わる問いであり，後者の問いは知識活用に関わる研究（「研究Ⅲ」）で取り組まれるものである。方法論に関しては，いわゆる学術的な研究の進め方のみに焦点を当てるべきではなく，それに加えて，市民の考えや意見の形成過程も検討されるべきである。知識活用については，学術的な研究成果や市民からの声といった多様な情報が供給される場において，それらの情報の活用のあり方を探究すると同時に，活用され易い情報の提供方法にも着眼する必要がある。とりわけ，さまざまな利害関係やイデオロギーを持つ市民からの情報をいかに活用するべきか，市民にいかなる情報提供のかたちを求めるのか，といった問題を検討することは，対話と創造の場が期待どおりに機能するためには，重要な意味を有するであろう。知識活用の問題は，対話と創造の場における情報交換のあり方や議論の進め方にも関わる。社会問題や政策課題などをめぐる議論の進め方については，たとえば，哲学者でもあり論理学者でもあるスティーヴン・トゥールミン（Stephen E. Toulmin）が提唱したモデル（Toulmin, 2003）を基にして，論理的な議論や建設的な意見交換を行うた

めのフォーマットが探究されている（Dunn, 1994; 足立, 1984）。このフォーマットでは, 社会問題や政策課題などをめぐる議論に特徴的な点が考慮される。具体的には, 論理的必然性を想定することはできず, むしろ蓋然性を基本とした議論が進められることや, 議論に参加する人々はそれぞれに異なる問題認識や価値観を持ち, 異なる方法論を採用することなどである。しかしながら, トゥールミンのモデルに基づく議論のフォーマットでは, 議論に関わるアクターのあいだの相互理解を促すことはできても, 相互理解の後に続く合意形成までの道筋は示されていない（松田, 2012）。多様なアクターによる対話とコラボレーションやそこにおける情報の存在を重視する政策情報学がさらに発展していくためには, 社会的な合意形成ないし意思決定の問題を考慮に入れた, 対話と創造の場それ自体についてのメタ・レベルの研究が欠かせないと言えよう。

メタ・レベルの研究の重要性の2つめとして, 対話やコラボレーションに携わるアクターに焦点を当てた考察（「研究Ⅳ」）が求められる。具体的には, 対話と創造の場に参加するアクターとはいかなる行動様式を持つ傾向にあるのか, そしてそれらのアクターは, 対話やコラボレーションにおいて期待される役割を果たすことができるのか, という問題についての論究である。政策情報学が強調するところによれば, これらのアクターには, 学術的な研究に従事する研究者だけでなく, 一般の市民なども含まれる。この政策情報学のパースペクティブを踏まえると, 今後とりわけ着目すべきは, 市民の存在となる。

政策情報学の方法論とされる先述のソーシャル・マネジメントの定義には, 「協働」, 「評価」, 「責任」が明記されているが, 実際の市民に対して, 協働の担い手となり, 評価を行い, 責任を全うできるだけの資質や姿勢を期待できるのであろうか。この問いに取り組むことは, 政策情報学が描く対話と創造の場の実現には不可欠である。市民についてのこうした分析を通じて, もし市民の現実の姿とソーシャル・マネジメントのなかで期待される姿とのあいだに乖離が存在することが明らかにされれば, ソーシャル・マネジメントのあり方について再考を行うと同時に, 市民の育成にも目を向けることになろう。

市民の育成のあり方を検討するうえで, 近年多くの国で議論され実践されているシティズンシップ教育（citizenship education）は示唆に富む。シティズンシップ教育とは, 市民と社会との関係や市民が持つべき権利と義務などを踏

まえて，市民に求められる資質，すなわちシティズンシップを市民が獲得することを目指して行われる教育である。シティズンシップ教育をめぐっては，イギリスにおけるいわゆる「クリック・レポート（Crick Report）」に基づくシティズンシップ教育のプログラムの実践をはじめとして（QCA, 1998），社会的にも関心が寄せられているとともに，教育学や政治学などを中心に，多くの研究が活発に行われている。

市民が対話やコラボレーションに積極的に関わるべきとする政策情報学のねらいとの関連で特に注目に値する研究としては，政策過程に能動的に参加する市民を育成するためのシティズンシップ教育についての論究である。具体的には，ガバナンスが強調される今日において市民に必要とされるシティズンシップを析出し，そのシティズンシップを市民が獲得するための教育プログラムを探究する（佐野，2009a; 2009b; Matsuda, 2009; 松田，2013a）。また，そうしたシティズンシップ教育のプログラムが実際にいかに機能するのかを分析する研究もある（松田，2013b; Matsuda, 2014）。対話と創造の場に参加する市民をはじめとする個々のアクターの育成に焦点を当てた考察が進められない限り，対話と創造の場は，その実現可能性の点において，深刻な問題に直面することになると言えよう。

政策情報学は，第2節で確認したように，社会問題の解決を目指している。本章で明らかにされたことは，社会問題を解決し，より良き社会を実現しようとするならば，社会それ自体に注目するだけでは不十分であるということである。解決策の考案という活動やその活動に携わるアクターに焦点を当てるメタ・レベルの研究も欠かせない。しかしながら，こうした多様な研究領域（「研究Ⅰ」〜「研究Ⅳ」）の成果を有機的に結びつけることは，決して容易なことではない。実際に，政策情報学が問題視する社会科学における過度な専門分化の状況は，多岐にわたる視点やそれらに基づく研究活動を纏めていくことが極めて困難であることの現れとして捉えることもできよう。また，政策情報学と同様に，社会科学の問題点を踏まえて，より良き社会の構築を目指している「政策科学」（policy sciences）は，その登場以降常に省察的な分析を続けてきた歴史によって特徴づけられる（秋吉，2013）。政策情報学が従来の研究活動の限界を克服し，近年新たに提唱されている他の研究のかたちとは異なる

貢献を果たしていくためには，メタ・レベルの視点に基づく考察を進めていくことが求められる。こうした考察を通じて，「知的インフラ」としての対話と創造の場（仲上，2007）が整備されるのである。

■注
1) 社会問題やその解決策である政策についての論究を従来の社会科学の枠組みではなく，新しいフィールドで進めようとする動きは，本書が焦点を当てる政策情報学以外にも散見される（松田，2008a）。たとえば，「政策科学」や，「総合政策学」などがある。政策科学の提唱から今日までの発展を整理した論考として，秋吉（2013）が挙げられる。総合政策学の理念などについては，大江他（2006）が詳しい。
2) 政策情報学の理念やその展開の歴史などについては，本書第Ⅰ部を参照されたい。
3) 岡部（2006）の表現を用いれば，総合政策学は「問題主導的接近」（issue-driven approach）として捉えられ，「学問主導的ないし手法主導的接近」（discipline-driven or method-driven approach）を特徴とする伝統的な科学のアプローチとは異なる。
4) 総合政策学は，社会問題の現場に研究者自身がその当事者として参加することが求められるという意味で，「当事者としての学問」として表現され得る（國領，2006; 岡部，2006）。政策研究における現場主義の視点に対して，科学的視点・一般法則探究の意義や哲学的・理論的考察の重要性を強調した論考として，たとえば松田（2008a）がある。
5) この2つの方向性は，「実証的な研究」と「実証的でない研究」と表現することもできる。詳細については，たとえばShively（2005）や松田・竹田（2012: 第1章）を参照されたい。
6) 政治学における実証的な研究と規範的な考察との対話を目指した最近の試みとして，日本政治学会（2015）で組まれた特集は注目に値する。

■引用・参考文献
［1］秋吉貴雄　「政策分析の方法論的転回と政策決定－政策科学「第三世代」における合理性リニアモデルの超克－」『行政管理研究』141: 4-16　2013
［2］足立幸男　『議論の論理－民主主義と議論－』　木鐸社　1984
［3］井関利明　「「政策情報学」への途－新学会の設立によせて－」『政策情報学

会誌』　1: 3-9　2007
- [4] 井関利明　「「政策情報学」の構想（Policy Informatics）－異分野コラボレーションの「知と方法」－」　千葉商科大学政策情報学部10周年記念論文集刊行会編　『政策情報学の視座－新たなる「知と方法」を求めて』　日経事業出版センター　2011
- [5] 大江守之・岡部光明・梅垣理郎（編）　『総合政策学－問題発見・解決の方法と実践－』　慶應義塾大学出版会　2006
- [6] 岡部光明　「理論的基礎・研究方法・今後の課題」　大江守之・岡部光明・梅垣理郎編　『総合政策学－問題発見・解決の方法と実践－』　慶應義塾大学出版会　2006
- [7] 國領二郎　「ネットワークと総合政策学」　大江守之・岡部光明・梅垣理郎編　『総合政策学－問題発見・解決の方法と実践－』　慶應義塾大学出版会　2006
- [8] 子安増生・西村和雄（編）　『経済心理学のすすめ』　有斐閣　2007
- [9] 佐野亘　「環境ガバナンスにおける市民の役割－いま，市民に何が期待されているのか－」　足立幸男編　『持続可能な未来のための民主主義』　ミネルヴァ書房　2009a
- [10] 佐野亘　「民主主義を支える市民教育のあり方－よき市民になるための条件とは－」　足立幸男編『持続可能な未来のための民主主義』　ミネルヴァ書房　2009b
- [11] 清水和巳・河野勝（編）　『入門政治経済学方法論』　東洋経済新報社　2008
- [12] 城山英明　「政策過程における経済財政諮問会議の役割と特質－運用分析と国際比較の観点から－」『公共政策研究』　3: 34-45　2003
- [13] 仲上健一（2007）「政策情報学を市民社会の知的インフラに」『政策情報学会誌』1: 1-2　日本政治学会（編）（2015）『年報政治学 2015-I－政治理論と実証研究の対話－』　木鐸社．
- [14] 新川達郎　「パートナーシップの失敗－ガバナンス論の展開可能性－」『年報行政研究』39: 26-47　2004
- [15] 松田憲忠　「政策過程における政策分析者－知識活用とガバナンス－」『年報行政研究』　41: 193-204　2006
- [16] 松田憲忠　「政策の学問をめぐる模索－政策科学，総合政策学，そして…－」　中道寿一編　『政策科学の挑戦－政策科学と総合政策学－』　日本経済評論社　2008a
- [17] 松田憲忠　「市民参加と知識活用－政策分析者に期待される役割とは何か？－」『北九州市立大学法政論集』　36: 91-151　2008b
- [18] 松田憲忠　「トゥールミンの「議論の技法」－トゥールミン・モデル－」岩崎正洋編『政策過程の理論分析』　三和書籍　2012

［19］松田憲忠 「「市民」のための高等教育－シティズンシップ・エデュケーションにおける大学－」『北九州市立大学法政論集』 40: 453-489　2013a
［20］松田憲忠 「選択としてのシティズンシップ・エデュケーション－市民参加のための教育は機能するのか？－」『行政管理研究』 141: 17-30　2013b
［21］松田憲忠・竹田憲史（編）『社会科学のための計量分析入門－データから政策を考える－』 ミネルヴァ書房　2012
［22］山本啓 「公共サービスとコミュニティ・ガバナンス」 武智秀之編『都市政府とガバナンス』 中央大学出版部　2004
［23］山本啓 『パブリック・ガバナンスの政治学』 勁草書房　2014
［24］Almond, G. A. and S. J. Genco "Clouds, Clocks, and the Study of Politics," *World Politics* 29: 489-522, 1977.
［25］Ashenfelter, O. and J. D. Mooney "Graduate Education, Ability, and Earnings," *Review of Economics and Statistics*, 50: 78-86, 1968.
［26］Babchuck, N., Keith and G. Peters "Collaboration in Sociology and Other Scientific Disciplines: A Comparative Trend Analysis of Scholarship in Social, Physical, and Mathematical Sciences," *The American Sociologist* 30: 5-21, 1999.
［27］Bache, I. and M. Flinders, eds. *Multi-Level Governance,* New York: Oxford University Press, 2004.
［28］Bohman, J. *New Philosophy of Social Science: Problems of Indeterminacy*, Cambridge: MIT Press, 1991.
［29］Bowler, M. K. "Preparing Members of Congress to Make Binary Decisions on Complex Policy Issues: The 1986 Tax Reform Bill," *Journal of Policy Analysis and Management* 8: 35-45, 1989.
［30］Delanty, G. *Social Science: Beyond Constructivism and Realism*, Minneapolis: University of Minnesota Press, 1997.
［31］Denzin, N. K. and Y. S. Lincoln, eds. *The Landscape of Qualitative Research: Theories and Issues*, Thousand Oaks: Sage Publications, 1998.
［32］Diesing, P. *How Does Social Science Work? Reflections on Practice*, Pittsburgh: University of Pittsburgh Press, 1991.
［33］Dunn, W. N. *Public Policy Analysis: An Introduction*, 2nd ed., Englewood: Prentice Hall, 1994.
［34］Dunn, W. N. and B. Holzner "Knowledge in Society: Anatomy of an Emergent Field," *Knowledge in Society: The International Journal of Knowledge Transfer* 1: 3-26, 1988.
［35］Elster, J. *Nuts and Bolts for the Social Sciences*, Cambridge: Cambridge

University Press, 1989.
[36] Fay, B. *Contemporary Philosophy of Social Science*, Oxford: Blackwell Publishers, 1996.
[37] Friedman, J., ed. *The Rational Choice Controversy: Economic Models of Politics Reconsidered*, New Haven: Yale University Press, 1996.
[38] Gerring, J. *Social Science Methodology: A Critical Framework*, New York: Cambridge University Press, 2001.
[39] Gomm, R., M. Hammersley and Forester, P. eds. *Case Study Method*, London: Sage Publications, 2000.
[40] Gray, V. and D. Lowery "Where Do Policy Ideas Come from? A Study of Minnesota Legislators and Staffers," *Journal of Public Administration Research and Theory* 10: 573-597, 2000.
[41] Guston, D. H., M. Jones and L. M. Branscomb "The Demand for and Supply of Technical Information and Analysis in State Legislatures," *Policy Studies Journal* 25: 451-469, 1997.
[42] Heineman, R. A., W. T. Bluhm, S. A. Peterson and E. N Kearny *The World of the Policy Analyst: Rationality, Values, and Politics*, 3rd ed., New York: Chatham House, 2002.
[43] Hird, J. A. "Policy Analysis for What? The Effectiveness of Nonpartisan Policy Research Organizations," *Policy Studies Journal* 33: 83-105, 2005.
[44] King, G., R. O. Keohane and S. Verba *Designing Social Inquiry: Scientific Inference in Qualitative Research*, Princeton: Princeton University Press, 1994.
[45] Kjær, A. M. *Governance*, Cambridge: Polity Press, 2004.
[46] Kotler, P. and G. Zaltman "Social Marketing: An Approach to Planned Social Change." In G. Zaltman, P. Kotler and I. Kaufman, eds., *Creating Social Change*, New York: Holt, Rinehart and Winston, 1972.
[47] Kuhn, T. S. *The Structure of Scientific Revolutions*, Chicago: University of Chicago Press, 1962.
[48] Leopold, D. and M. Stears, eds. *Political Theory: Methods and Approaches*, New York: Oxford University Press, 2008.
[49] Matsuda, N. "Citizens' Governability and Policy Analysts' Roles in the Policy Process: A Theoretical Examination," *Interdisciplinary Information Sciences* 13: 117-127, 2007.
[50] Matsuda, N. "Policy Information Market: Policy Analysts' Strategies for Knowledge Utilization," *Interdisciplinary Information Sciences* 14: 155-165,

2008.
[51] Matsuda, N. "Citizens in the Era of Governance: Citizen Participation and Active Citizenship," *Interdisciplinary Information Sciences* 15: 231-242, 2009.
[52] Matsuda, N. "Can University Supply Citizenship Education? A Theoretical Insight," *Japanese Political Science Review* 2: 89-110, 2014.
[53] Mitroff, I. I. *The Subjective Side of Science: A Philosophical Inquiry into the Psychology of the Apollo Moon Scientists*, Amsterdam: Elsevier, 1974.
[54] Morgenthau, H. J. "Reflections on the State of Political Science," *Review of Politics* 17: 431-460, 1955.
[55] Peters, B. G. *Comparative Politics: Theory and Methods*, Washington Square: New York University Press, 1998.
[56] QCA (Qualifications and Curriculum Authority) *Education for Citizenship and the Teaching of Democracy in Schools*, London: Qualifications and Curriculum Authority, 1998.
[57] Ragin, C. E. and H. S. Becker, eds. *What is a Case? Exploring the Foundations of Social Inquiry*, New York: Cambridge University Press, 1992.
[58] Shively, W. P. *The Craft of Political Research*, 6th ed., Upper Saddle River: Pearson Prentice Hall, 2005.
[59] Toulmin, S. E. *The Uses of Argument, Updated Edition*, New York: Cambridge University Press, 2003.
[60] Wiener, J. L., and T. A. Doescher "A Framework for Promoting Cooperation," *Journal of Marketing* 55: 38-47, 1991.
[61] Zaltman, G. "Knowledge Utilization as Planned Social Change," *Knowledge: Creation, Diffusion, Utilization* 1: 82-105, 1979.

7章　社会福祉サービスと政策情報学

狭間　直樹

1　はじめに

　本章は，筆者なりの政策情報学の理解，それに基づいた政策情報学の社会福祉サービス分析への応用を試みたものである。その内容は次のとおりである。まず，政策情報学の視点について整理を試みた。政策情報学会に属して日も浅く，その全体像を十分に把握できてはいないが，井関利明の論文などを参考に，政策情報学会の視点をまとめ，対象や方法論について，いくつかの課題を指摘している。そして，「情報」をキーワードに，近年の社会福祉サービスの市場化（準市場化）について述べ，特に多様化するサービス事業者のサービスの質についての情報を利用者へと提供する仕組みが重要であることを主張している。

2　政策情報学について

a　政策情報学の学際性

　政策情報学的に社会福祉サービスを考えるにあたって，政策情報学の視点について筆者の見解を示しておきたい。政策科学や公共政策学などの政策系の学問と同様，政策情報学もまたその明確な定義や方法論は定まっていないように思われる。千葉商科大学政策情報学部10周年記念論集刊行会編『政策情報学の視座　新たなる「知と方法」を求めて』所収の井関利明「『政策情報学』(Policy Informatics) の構想－異分野コラボレーションの『知と方法』－」（以下，井関論文と称す）などを手がかりに，筆者なりに政策情報学の学問的

特徴を述べると，次の3つのように感じられた。

まず第一に，学際性である。井関論文はその題目からして異分野コラボレーションを掲げており，論文中にも，「アンブレラ（Umbrella）」（諸科学を広く包括すること），「コンテクスト（Context）」（さまざまな分野の理論などの組み合わせが新たな文脈を生み出すこと）といったように，「超領域的」あるいは「諸科学横断的」な性格が繰り返し述べられている。

そして第二の特徴は「政策」の主体を，政府に限定しないことである。一般に「政策」という概念は，狭義においては，「政府や自治体によって採用される問題解決のための基本方針」，広義においては「その基本方針とそれに沿って採用される解決手段の体系」と理解されている（真山，2008: 48）。行政機関の活動は「政策」「施策」「事業」という3つのレベルに分類するのが一般的である。たとえば，街づくりを例にした場合，「政策」という言葉は，狭義には「住民の安全な暮らしを守る」というような政策の基本方針や政策理念を指す意味で用いられる。同時に，広義においては，そうした基本方針・理念を達成するために「地域の防犯体制の確立」を図るという施策レベルや，実際に「派

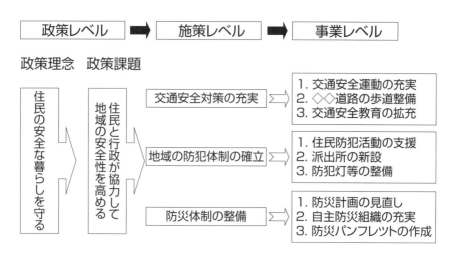

図 7-1 政策・施策・事業の関係

出所の新設」を行うといった事業レベルまで含んだ意味で用いられる。いずれにしても，政策の主体は，政府であることが念頭に置かれるのが一般的と考えられるが，政策情報学会は，より広い範囲に政策の主体を求めるようである。井関論文は，人間が日常的に外部環境に適応することは，「情報と言葉による予見をもって，計画した行動」をすることに他ならず，これこそが一般化された「政策」（Policy）であるとしている。政府のみならず，個々人が「状況についての報らせ」（情報）に基づいて，方針を立て，実際に行動することまで，政策の概念を拡大しているように思われる。

　「政策」のみならず，「情報」についても政策情報学は寛容で，その研究対象や研究方法について，特定の情報学分野に属するものではないと思われる。これが政策情報学の第三の特徴である。西垣通は，一般的に情報学には，情報工学，応用情報学，社会情報学という分野があると述べている。情報工学は情報技術そのものに関わる数理的・物理的な学問である。情報伝達の中心を担うようになったコンピューターなどの機械の高度化，通信網など情報インフラといったハードを整備する分野から，プログラミングにおける人工言語の開発など，自然科学的かつ機械的な分野がこれに相当すると思われる。現代における情報伝達が情報工学に大きな影響を受けていることは明白である。応用情報学はこうした情報技術をさまざまな場面に応用する実践的な学問分野である。自然科学と人文社会科学の融合した分野であり，経営や医療，図書館など大規模データを扱う領域においてハード・ソフト両方の情報技術の適用を図り，効率性や有効性を模索する分野と言えよう。社会情報学は「社会における情報的／メディア的」な問題を扱う分野である。インターネット上の著作権の問題など，情報技術の進展にともなう情報の影響力の検証，それに関わる社会制度のあり方を検討する社会科学的分野である。そして，西垣はさまざまな情報学分野に共通する根本的な情報の「意味作用」に注目した基礎情報学の確立を主張している（西垣，2004: 6-7）。政策情報学は，いずれの情報学分野も排除するものではないと思われるから，情報学的にも特定の研究分野を限定していないと言えよう。

b 政策情報学の課題

　以上のように，政策情報学は学際的な基本方針を持っており，政策や情報について特定の研究対象や研究方法を限定しない性格を持つものと推測される。井関論文には明確に述べられていないが，「ポストモダン」的な視点が学会に反映されているのかもしれない（この点は朽木量会員にご教示いただいた）。絶対的な価値観（たとえば国家の絶対性）や既存学問の硬直性を回避し，より多元的な視点を模索していくことなどにポストモダン的な傾向が読み取れるかもしれない。政策情報学会はさまざまな分野の研究者がさまざまな視点で学術的課題を追求する自由な場であることは，多くの会員に共有されていることである。

　ただし，政策情報学という学問の固有性やアイデンティティについては，今後，課題となる可能性もある。すなわち，政策や情報について特定の研究対象や研究方法を限定しない性格を持つ学問であるということは，政策情報学が研究対象において人間の行動様式全般を対象とした極めて広く漠然としたもので，方法論においても特定の方法に基づかない曖昧とした学問に陥り，他の学問領域との違いや学問としての存在意義を明確に説明できなくなる危険性があるということである。

　仮に，学問としての固有性やアイデンティティを模索するのであれば，さしあたり，次のような議論が学会員に共有される必要がある。まず第一に，情報学における他分野との研究対象や方法論の共通点及び相違点が何か，ということである。特に，経営情報学や社会情報学との差異を明確にすることが重要であろう。そして第二に，学会で重視される中心概念は何か，ということである。「市民目線」，「多元主義」，「エージェンシーとアクターネットワーク理論」など，いくつかの概念が提起されているが，それぞれの相互の関係を明らかにし，学会の主たる関心事項について検討することが必要である。

　残念ながら，筆者は政策情報学会の視点を十分に備えていない。以下では「情報」というキーワードに着目して，社会福祉サービスにおける情報をめぐる議論を紹介することとする。近年，社会福祉サービスは市場化し，利用者が最良の事業者を選択するうえで，事業者についての情報が重要になりつつある。どのような事業者が良い事業者なのかは人によってさまざまであり，多元的な

情報提供の仕組みが望まれている。

3　社会福祉サービスの市場化

a　準市場の概念

　日本に準市場の概念を紹介した駒村康平によれば，準市場は，政府によってサービスが提供される分野に競争のメカニズムを部分的に適用し，効率化を図る仕組みであると説明される（駒村，2008: 5）。また，児山正史は「政府が費用を負担し，当事者間に交換関係がある方式」であると定義している（児山，2004: 146）。イギリスで90年代初めから，J.ルグラン（Julian Le grand）らの研究が中心となり，医療・教育・福祉サービスなど公共サービス分野への市場メカニズム導入を総称して使われるようになった（駒村，1995: 75, 79）。アメリカにおいて公的財政支出のもと競争的環境で社会福祉などの公共サービスが提供されている現状を考慮するとアメリカにおいても，準市場という概念枠組みを使った分析が有効であると思われるが，公共サービスの供給主体多様化と競争的供給は「民営化（privatization）」と表現されるのが一般的であるかもしれない。

　駒村は，ルグランの見解をまとめる形で，準市場が「供給」，「需要」，「調整」の3つの点で，一般の市場と異なる点を次のように示している。まず，準市場では，供給面において，学校や企業，ボランティア組織が競争を行う。また，需要面においては，購買力は政府によって割り当てられた公的資金などになる。また，消費者の代わりに第三者（ケースマネージャーなど）がエージェントとして必要な需要を決定し，その効果をモニターすることになるのである（駒村，1995: 76）。

　平岡公一によれば，具体的な準市場の制度設計として，サービス購入型，利用者補助型という2つの類型が考えられる。サービス購入型は，政府が特定の民間組織を選定してサービスを購入し，利用者に提供するものである。利用者補助型は，利用者が自由に民間組織のサービスを選択して利用し，政府がその費用の負担を行うという方式である。サービス購入型の方が，政府機関による民間組織のサービス内容に対するチェックや規制が容易であろう。しかし，利

用者の選択の幅を広げ，有効な競争を働かせるという点では利用者補助型の方が優れているかもしれない。1990年のイギリス・社会福祉サービスにおけるコミュニティ・ケア改革は，サービス購入型に位置づけられる。この改革では「購入者－供給者分離（purchaser-provider split）」の原則が用いられた。地方政府は直接サービスを供給するのを停止したわけではないが，可能な限り，適切な民間組織のサービスを購入して，利用者に提供することを求められたのである。この結果，ホームヘルプサービスなどで営利組織による供給量が飛躍的に高まったとされている（平岡，2000:39-40）。

　利用者補助型には日本の介護保険制度などが想定される。保育や障害者福祉サービスなども利用者補助型で捉えられる部分が多いように思われる。

b 準市場の問題点

　ルグランは準市場による改革を，公共サービスの供給者と利用者の動機という面から説明している。図7-2の横軸はサービス供給者の動機である。最も利他的な動機を持つ供給者は左端のknight（ナイト，騎士），最も利己的な供給者が右端のknave（悪党，ならず者）である。縦軸はサービス利用者の能力の分類である。受け身で自己主張の少ない利用者はpawn（歩）であり，積極的に自己主張する利用者はqueen（クイーン，女王）である。社会民主主義的な福祉国家を標榜する者は，knightのような供給者とpawnのような利用者を想定するが，新自由主義者は，knaveとqueenのような供給者と利用者を想定するであろう。ルグランによれば，準市場改革は図の左下から右上への変化として捉えられるのである（駒村，2008: 5, ルグラン，2008: 37）。

　準市場改革が成功したかどうかは，効率性，応答性，選択の機会の保障，公平性，という4つの基準から評価されなければならない。そして，こうした目標の達成には，準市場を成功に導く条件が満たされることが必要なのである。その条件として，ルグランは，次の5つの問題領域を挙げている（平岡，2000: 45-46）。

①市場構造
　市場が十分に競争的であるためには，サービスの購入者や供給機関が

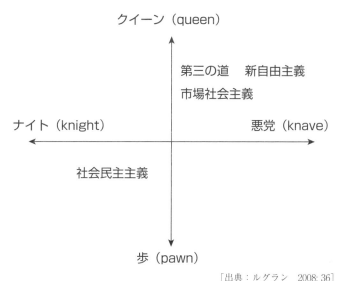

[出典：ルグラン 2008: 36]
図 7-2 ルグランのモデル

十分に存在し，供給機関の新規参入や退出が容易でなければならないこと。
②情報
　利用者と供給機関双方が，サービスの費用と質について正確な情報を容易に入手できる必要があること。
③取引費用と不確実性
　特に不確実性に関連する取引費用を最小限に抑える必要があること。
④動機づけ
　供給機関は利潤動機を持つ必要があり，一方で，購入者は利用者の利益の実現を目指す動機づけが必要であること。
⑤クリーム・スキミング
　供給機関がコストのかかる利用者を回避するといった行動を防止する必要があること。

ルグランは政策的にも準市場改革が選択と競争を用いた改革として優れた手法であると述べている。しかし，選択と競争の限界や，条件を満たす制度設計が困難であることを理由に，さまざまな論者から準市場批判も主張されているようである（児山，2011: 17-31）。

準市場による公共サービス改革が有効かどうかは，理論的に結論が導かれるものとは思えない。個別の具体的政策の実施内容と結果から評価されるべきものであると言えよう。成功（もしくは失敗）の原因や具体的課題を，前述の5つの問題領域に照らし合わせて検討する作業が必要であるように思われる。準市場の研究には，理論的な検討の段階を経て，具体的な政策内容とその結果についての分析が求められているのである。

4　市場化と福祉サービスの質

a　公共サービスの質

ルグランの指摘のとおり，市場化した公共サービス分野においては，利用者と供給機関双方が，サービスの費用と質について正確な情報を容易に入手できる必要がある。選択が可能になったとしても，十分な情報がなければ利用者は良い事業者を選択できず，結果として公共サービス全体の効率性が阻害されてしまうのである。

サービス情報の提供が重要だとしても，実際にそのような情報を提供するのはとても困難である。特に，費用はさておき，質についてはたいへんな問題がある。というのも，ある事業者のサービスの質が良いかどうかを判定し，利用者に情報提供するのはとても難しいことだからである

しかしながら，公共サービスの質の概念が困難である，ということを言うばかりでは何の意味もない。実際にさまざまな基準を設定してみて，その妥当性を探ることが重要である。

この段階で，大きな課題となるのは，質は誰の立場から測定されるべきか，ということである。

C. Pollittは，特にヨーロッパの公共サービス分野で実際に行われているサービスの質向上のアプローチを次の2つに分類した（Pollitt, 1997）。まず第一に，

専門職的アプローチと言われているものである。これは行政監査という形を取り，専門職の観点から設定された基準に基づいて行われるものである。そして，第二に，商業的アプローチが挙げられる。ISO9000s，TQM，ベンチマークなど，民間の製造業・サービス業で幅広く用いられ，公共サービスの領域に導入されたものである。

これらアプローチの相違はそれぞれが発生した領域の差でもあるが，それ以上に質を決定するのは誰か？（専門職か，利用者なのか？）の議論を含んでいると思われる。たとえば，学校教育の場合，政府などの公的機関が教育分野の専門性から設定された基準でもって各学校の授業や設備をチェックするのは専門職的アプローチである。一方で，生徒や保護者の満足度をアンケートなどでチェックするのは商業的アプローチに分類できるであろう。

サービス供給者，サービス利用者の立場の違いは，実際に実践的に質の向上を目指す主張においても強く意識された。公共サービスの提供においても，供給者と利用者，さらには供給者内部のさまざまな部署間において，さまざまな認識のズレがあり，質の低下につながっている。公共サービスの質の向上のためには，これらのギャップを解消していくことが必要になると言う（Gaster and Squires, 2003）。

さまざまなギャップのなかで，最も重視されるのが，やはりサービス供給者と利用者のサービスの質に対する認識の差である。L. Gasterらは，今まで以上に政府は利用者のニーズを細かく把握し，この差を埋める努力をする必要があると述べている。

さまざまな視点から多様な公共サービスの質が設定できることを前提に，抽象的な議論にとどまらず，さまざまな文脈で公共サービスの質が具体的に議論されるようになっている。

R. AndrewsとG. Boyneらはウェールズの地方政府を事例として，教育・社会福祉サービス・住宅・ゴミ処理・公道管理などのさまざまな公共サービスにおける行政組織の業績測定（performance measure）に具体的な次元（dimension）と測定方法を設定している（Andrews et al., 2006）。Boyneらによれば，基準測定には客観的基準（objective measure）と主観的基準（subjective measure）が存在する。客観的基準とは評価者の裁量が少なく，

また正確性を高めるために外部組織による評価を取り込んだ基準である。たとえば，学校教育の場合，やはり学力テストの結果は客観的基準の良い例である。つまり，それらは外部の試験実施者によって生徒の業績を測定することで，学校の質や有効性を反映したものになる。また他に，停学生徒に対応する指導時間などを指標として採用している。主観的基準とは評価者と分析主体の距離が遠くなく，組織構成員・組織管理者からなされる主観的な評価である。学校教育で言えば，教育を所管する政府の部門担当者による評価などがそれに該当するであろう。Boyneらの議論の文脈は，業績測定の際の客観的基準と主観的基準の相関関係を検討するというものであるが，たとえばこうした評価によって各自治体の学校教育のサービスの質を比較することが可能になるであろう。

b 社会福祉サービスの質と第三者評価

社会福祉サービスの分野においても，利用者の選択が有効なものになるように，サービスの質に関するさまざまな情報提供の取り組みが始まっている。いわゆる社会福祉サービスの第三者評価もそうした取り組みの1つである。介護や保育など，社会福祉サービスの質も基準や測定方法に大きな困難を伴うことが予想されるが，さまざまな組織による多元的な評価の仕組みが望まれる。武智秀之は「(評価基準・指標は) 限られた情報の下での評価活動であるため，完全ではないかもしれない。改善すべき指標もあると思う。しかしながら，格付け活動自体の存在を否定することにはならず，批判と応答を繰り返すなかで，指標の改善を図り，より良きものにする営みが大切」であるとしている（武智，2001: 153）。

社会福祉サービスの第三者評価にもさまざまな種類があるが，ここでは東京都の福祉サービス第三者評価の仕組みを取り上げよう（東京都福祉サービス第三者評価公式サイトを参考にした）。複数の第三者評価機関が，個々に福祉サービス事業者と契約し，部分的には都の定めた共通評価項目や評価方法に基づいて評価活動し，共通評価項目以外の項目では独自の手法で福祉サービス事業者の評価を行っている。評価情報は評価推進機構に集められ，利用者やケアマネジメント機関に公表され，利用者のサービスの選択の際の情報源となるの

である．福祉サービス事業者に対して第三者機関が行う評価は「利用者調査」と「事業評価」に分類される．利用者調査とは第三者評価機関が利用者へのアンケートなどを通してサービスに対する利用者満足度を把握するものである．事業者評価とは，第三者機関が事前調査や訪問調査によって，サービス事業者の「サービス提供プロセス」と「経営及び組織のマネジメント」を評価するものである．

東京都の福祉サービス第三者評価は，積極的に利用者満足度評価を行っている．第三者評価は形式的な内容に陥るおそれもある．より直接的な満足度を評価し公開していくことが重要であると思われる．

また，第三者評価機関がある程度，多様化していることも意義が大きい．特定の第三者による評価活動は評価内容が偏るおそれがある．さまざまな団体が多元的に評価する方が望ましい．第三者機関の公平性・中立性，「評価づかれ」といった課題もあるが，やはり福祉サービスの市場化において情報の流通は重要であり，仕組みを発展させていく必要があるだろう．

5 おわりに

従来，サービスの質の議論は抽象的な議論に終始することが多かったと思われるが，情報技術の発展により，より大規模かつ客観的な評価・測定が進展してきた．妥当な基準などについて，活発な議論が期待できよう．前述のように，井関論文は，政府のみならず，個々人が「情況についての報らせ」（情報）に基づいて，方針を立て，実際に行動することにまで，政策の概念を拡大している．市場化した社会福祉サービスにおいて，政府機関が適切に事業者を監督していくうえでも，利用者個々人が適切な事業者を選択するうえでも，サービスの質に関する情報流通は良き「政策」の実現にとって不可欠であり，サービスの質を評価するための制度設計を繰り返し検討することが重要であると思われる．

■引用・参考文献

[1] 井関利明 「「政策情報学」の構想（Policy Informatics）－異分野コラボレーションの「知と方法」－」 千葉商科大学政策情報学部10周年記念論文集刊行会編 『政策情報学の視座－新たなる「知と方法」を求めて』 日経事業出版センター 2011

[2] 児山正史 「準市場の概念」『年報行政学』39号 日本行政学会 2004

[3] 児山正史 「イギリスにおける準市場の優劣論」『季刊行政管理研究』133号 行政管理研究センター 2011

[4] 駒村康平 「英国における社会サービスへの市場メカニズム導入政策の研究体系－Quasi-Markets 研究の紹介－」『海外社会保障情報』 112号 国立社会保障・人口問題研究所 1995

[5] 駒村康平 「準市場メカニズムと新しい保育サービス制度の構築」『季刊社会保障研究』 44巻1号 国立社会保障・人口問題研究所 2008

[6] 武智秀之 『福祉行政学』 中央大学出版部 2001

[7] 東京都福祉サービス第三者評価公式サイト（http://www.fukunavi.or.jp/fukunavi/hyoka/hyokatop.htm 2015年5月11日閲覧）

[8] 西垣通 『基礎情報学－生命から社会へ－』 NTT出版 2004

[9] 平岡公一 「社会サービスの多元化と市場化－その理論と政策をめぐる一考察－」 大山博・炭谷茂・武川正吾・平岡公一編著『福祉国家への視座－揺らぎから再構築へ－』 ミネルヴァ書房 2000

[10] 真山達志 『政策形成の本質－現代自治体の政策形成能力－』 成文堂 2001

[11] ルグラン，ジュリアン 『公共政策と人間－社会保障制度の準市場改革－』 郡司篤晃監訳 聖学院大学出版会 2008 （Julian Le grand, *Motivation, agency, and public policy: knights & knaves, pawns & queens*, Oxford University Press, 2003.）

[12] Andrwes, R. and Boyne, G. A. and Walker, R. M. "Subjective and objective measures of organizational performance : an empirical exploration "Boyne, G. A. and Meier, K. J. and O'Toole, L. j. jr. and Walker, R. M. *Public service performance: perspectives on measurement and management,* Cambridge university press, 2006.

[13] Gaster, L. and Squires, A. *Providing quality in the public sector: A practical approach to improving public services*, Open University Press, 2003.

[14] Pollitt, C. "Business and professional approaches to quality improvement: A comparison of their suitability for the personal social services", *Public

policy and social welfare, Vol. 22: 25-26, 1997.
[15] Speller, S. and Ghobadian,A. (1993) "Exellence in local government: change for the public sector", *Managing service quality, September*: 29-34, 1993.

8章　ガバナンス研究と政策情報学

市川　顕

1　はじめに

　本章の目的は，まず，①1990年代以降人口に膾炙されるようになったガバナンス概念をそれ以前のガバメント概念との比較において精査し，②ガバナンス概念が包摂する特徴を明らかにし，それに基づき③ガバナンス研究の方向性を整理することである。さらに，④ガバナンス研究の今後の課題を提示し，⑤政策情報学のスタンスからこれらの課題に対する貢献可能性を探りたい。

　①については第2節で，②については第3節前半（3-a・3-b）で，③については第3節後半（3-c）で扱いたい。そして，ガバナンス概念の検討をもとに，第4節前半（4-a）で④について言及し，⑤については第4節後半（4-b）及び第5節で検討することとする。

2　ガバメントからガバナンスへ

　本節ではガバナンス概念を理解する（3節）前提として，ガバメント概念とガバナンス概念の違いを対照的に論じたい。まずはガバメント概念が生まれた契機である国家について確認し（2-a），その国家がグローバル化のなかで「領域面」と「機能面」で挑戦を受けていることを指摘し（2-b），結果として国家による統治形態に変容が生じていることを挙げる（2-c）。そして，ガバメント概念とガバナンス概念を対照して論じ，その違いを明確化したい（2-d）。

a 国家とは何か

本節の議論を始める前に，まず国家の成り立ちについて佐藤（2005: 62-63）にしたがって確認しておきたい。国家が形成される最初の段階は，社会契約の締結にある。近代自由主義の思想においては，人間は自由で平等なものであるとされるが，各人の能力や生い立ちについては不平等であるため，結果として暴力による統治が行われるきらいがある。そこで，人々は自らの自由と平等を担保し，暴力による統治に拠らない社会を構成するために，自らの意思に基づき社会契約を結ぶのである。そして，この社会契約を結んだものを市民，それにより構成される社会を市民社会と呼ぶ。しかし，この市民社会においても，暴力行為によって秩序を破壊するものは現出するだろう。そこで，市民社会の秩序の維持のためにはこれを押さえ込む必要があるが，それを市民個々に与えれば，社会契約締結以前に逆戻りしてしまう。そこで，次の段階として，市民社会の秩序維持のための暴力機能と権限を集中させた組織が求められる。これが国家であり，国家の行政を司るものが政府ということになる。

ここにおいて，近代主権国家体制における国家が形成される。1870年を過ぎると，暴力の独占による秩序維持以外にも，経済過程の不安定や経済社会の諸関係，さらには国際的な市場競争といった領域でも国家の政策的対応が行われるようになり（野尻，1997: 17）（干渉主義の時代（福田敏浩，1986: 6）），1929年に端を発する世界恐慌を経て，国家は「資本主義のスタビライザー」（福田敏浩，1996: 39）として，経済政策的調整を基軸とする誘導資本主義を採用するようになる。こうして，国家は領域内に対する各種主権を保持し，その統治機能と能力を有するものとなった。

b 挑戦される国家

しかし，冷戦が終焉し，グローバル化が始まった1990年代に入ると，国家による統治は挑戦を受けることになる。ここではMeyerらの議論を参照にして，「領域面」・「機能面」から見ていきたい（Mayer and Baltes, 2003: 7）。

領域面における挑戦とは，国際機関・国際制度及び地域統合体の発展により，国家の統治能力が侵食されてきたことを意味する。またICT（情報コミュニケーション技術）の発達により，地方自治体も自律的な動きを見せ始める。い

わば国家はグローバル化の進展によって外部から，また分権化によって内部から，それぞれ空洞化される（山本，2004: 114）という事態に直面したのである。

　機能面における挑戦とは，統治に関わるアクターの数と能力が増大したことを意味する。グローバル経済におけるアクターである企業，国益を超えた地球益とでも言うべき普遍的概念や規範を紡ぎ出す規範起業家としての非政府組織・非営利組織，地球環境問題をはじめとする地球的問題群解決のための知識を提供する研究組織・研究者など，多様なアクターが統治のための資源を提供する状況が生み出されていった。このような状況の下で国家は，さまざまな主体間の協調促進や利害対立の調整という「コーディネーター」「ファシリテーター」としての役割を持つ（吉高神，1999: 60-61）に至るのである。これらの挑戦により，国家は「一元的な単一国家から「分化された政体」へとシフト」（山本，2004: 114）したと言える。

c　国家による統治形態の変容

　前項では1990年代以降の「挑戦される国家」について「領域面」・「機能面」から検討した。しかし，この状況を準備したのは，1970年代からの市場経済体制における「小さな政府」への統治機構再編の動きであったことは言うまでもない（安，2005: 85）。1970年代の石油危機，先進市場経済諸国における財政赤字，そして1980年代になって顕著になった社会主義計画経済体制の崩壊の兆候は，新自由主義経済思想の後押しもあり，法的規制の撤廃，国営企業の民営化，金融市場の自由化といった「小さな政府」への動きを加速化させた（佐和，1999: 222, 2001: 101, 2002: 40）。それを牽引したのは，サッチャー政権（英国：1979年）・レーガン政権（米国：1981年）・中曽根政権（日本：1982年）であり，ここにおいて「官から民へ」「民でできることは民で」といったスローガンの下「公共縮小－市場拡大」戦略（神野，2004: 2）が採用された。

　この1970年代以降準備された公共縮小の傾向と，1990年代以降の「挑戦される国家」の流れを斟酌すれば，国家のガバナビリティ（統治能力）が従来と同じであることは難しい。つまり，20世紀において「ガバナンス（統治）を行う力量をただ1つ備えているのは国家（中略）であり，そのボーダーの内外においてガバナンス（統治）を行うことができるのは国家だけ（中略）ガバナ

ビリティ（統治能力）を発揮することができるのは国家だけであるという認識」は，もはや自明視されなくなった（山本，2004: 48）のである。そして，この状況下では，国家だけではアンガバナビリティ（統治不能の状態）となる懸念（香川，1999: 2-3）も提示されたのである。「小さい政府」指向，領域面からの挑戦，及び機能面からの挑戦，の結果として，21世紀のグローバル社会における国家は「弱い国家（weak states）」（Meyer and Baltes, 2003: 7-8）となったとする論者も現れた。

では，国家による統治形態は，どの点で変容したのだろうか。ここでは横田の整理（横田，2002: 159-160）に従い，自律性，統制力，正統性の3つの観点から見ていきたい。

第一の自律性とは，グローバル化によって主権国家の自律性が制約されていることを意味する。最上は，「国家主権は，かつてのように国家の行動の自由をなかば無際限に保障する絶対的な権限ではなくなっている」（最上，1992: 22）として，現実に通商・交通・環境保全・資源開発などの分野で国家が国際法の規制に服さざるを得ないことや，人権保障の分野に象徴的に見られるように，国内管轄権の主張が持ちうる対抗力の余地も徐々に狭まっていることを挙げ，これを「国家主権の相対化」（最上，1992: 22）と表現している。

第二の統制力とは，グローバルな諸問題に対し，国家のみで対処するには限界があり，非政府組織などの多様な主体の関与が必要であることを意味する。つまり，多層多様なアクターによる統治が立ち現れつつあることを意味する。

第三の正統性については，国家のみならず非政府組織も公共政策過程に参加することに対する正統性が認められることを意味する。そもそも，国家が公共政策を担う正統性を持つのは，主権者たる国民によって選ばれたという手続き的な側面に依存する。しかし前述のような，「弱い国家」化により，正統性の基盤が「機能的義務の実績」へと移行しているとバルトリーニは指摘する（バルトリーニ，2003: 43）。つまり，国家以外の「組織によりこれらの財が他の形で創出されるならば，国家自身が機能的衰退の憂き目を見る」（バルトリーニ，2003: 43）ことになるというのである。

21世紀のグローバル社会における国家は，「もはや「国家」を独立した「主権的」統一体として記述することはできない」（レームブルッフ，2004: 93）と

されるほどに，その統治形態を変容させたと言える。

d　ガバメントとガバナンス

本節の議論をまとめたい。国家による統治をガバメント型統治とするならば，それは公的な権威や強制力に裏づけられた秩序メカニズムであった（大矢根，2006: 61）。そこには，国民から付与された政治的正統性や財源を基盤としたガバナビリティを持つ政府という唯一無二の統治主体が存在していた。

他方，国家による統治形態の変容により生じることとなった新たな統治形態であるガバナンスは，非公式的・非政府的な権威，非強制的な方法による秩序メカニズムをも含む（大矢根，2006: 61）という点に特徴がある。それは言わば「ネットワークのようなしかたで，「市民社会」と緊密に織り合わさった制度の束」（レームブルフ，2004: 93）であり，政府のみならず多様なアクターに光をあて，ひいては重視する（遠藤，2008: 8），「より包括的な統治構造を捕捉し志向する」（遠藤，2003: 6）ものである。

ただし，ここで1つ注意しておくべきことがある。

ガバメントは統治形態であると同時に統治主体（政府）でもある。つまり，ガバメント型の統治においては，統治主体としての政府が存在する。他方，ガバナンスとは，「「統治を行うこと」そのもの」（山本，2004b: 169-170），「社会運営を進めるための仕組みを新しく構築すること，社会を動かすための新しい枠組みを創設する試み」（中邨，2004: 6）である。つまりそれは，何らかの統治の仕組みを模索する「試み」であり，いわば制度化の「過程」である（中邨，2004: 6）と言える。このことは，ガバナンス型の統治には多層多様なアクターの統治参加をはじめとする一定の方向性はあるものの，その「最終形態」や「一般型」が一意的に決定しているわけではないということを意味する。

3　ガバナンス論

前節での検討を踏まえて，本節ではガバナンス概念そのものに迫っていきたい。まずガバナンスの原義と含意を確認し（3-a），ガバナンスの定義の問題を検討する。そこでは単一の定義を提示するのではなく，多くの論者の定義から，

ガバナンス概念が包摂する5つの方向性について整理したい (3-b)。そのうえで，ガバナンス研究が何を射程として研究を進めてきたのかを分析してみたい (3-c)。

a　ガバナンス－その原義と含意－

　ガバナンスの語源はギリシャ語のクベルナオ (kubernao) であると言う。これは，「船の舵取り」を意味する言葉であり，これが転じて，社会全体の舵取りという意味で用いられ，「指導する」「支配する」という動詞 govern の意味となったとされる (太田, 2003: 37)。

　ガバメント型統治においては，国家の舵取りは政府によって行われていたために，ガバナンス (舵取り) とガバメント (政府) とは，あえて区別される必要がなかったが，2-bで示したように，国家が「領域面」・「機能面」から挑戦を受けるに至ると，あらためて多層多様なアクターによる社会の「舵取り」の様態に注目が集まるようになった。

b　ガバナンスの定義

　それでは，ガバナンスの定義は何か。これについては1990年代以降，多くの論者が百花繚乱の定義論争を繰り広げているので，本章の筆者が1つの定義をこの概念に与えるのは手に余る。しかし，識者の議論を俯瞰してみると，いくつかの方向性は確認できる。

多様なアクターによる参加

　第一の方向性は，多様なアクターが統治に参加する，という点である。論者によって「多様なアクター (福田耕治, 2009: 6)」「多様な担い手 (坪郷, 2006: 83)」「複数の主体群 (吉高神, 1999: 50)」「さまざまな関係する主体 (香川, 1999: 2)」と表現されるが，国家政府のみならず国際機関や地方自治体，企業や大学・研究者，非政府組織や非営利組織など多様なアクターが統治に参加する点で大きな違いは見られない。そしてこの現象は，一方では国家の統治能力の減少によるが，他方では市民社会諸アクターの力量の充実，超国家組織の伸張による (長岡, 2002: 320) ものとされる。このことは，山田によるガバ

ナンスの定義である「国家間の合意である国際的なレジームの形成と実施という「トップダウン」なプロセスと，市民社会が主導する「ボトムアップ」なプロセスの両方を内包するもの」（山田，2001: 22）に顕著に現れている。また，市民社会アクターに主たる焦点を当て，多様なアクターの統治参加に言及する者も多い。「ガバナンスの基本は（中略）消費者，住民，国民など作用をうける市民社会の側のアクターが，統治の形態のほうに参加すること」（岩崎，2001: 24）や，「自治体側が「協働」すべきパートナーとしての市民組織を選択するということ以上に，逆に，市民組織のほうがパートナーたる自治体を選別するという視点に立って，協働のための体制を構築することが適切と言えるのであり，また，それがガバナンスという理念の本質なのである」（間宮，2004: 165）は，その好例である。

ヒエラルヒー型統治からの転換

第二の方向性は，ヒエラルヒー型統治からの転換，という点である。これは，Bakerによる定義，つまり，「ガバナンスとは国家と非国家アクター間の関係が非ヒエラルヒーで相互依存に則っていること」（Baker, 2001: 2）でも示される。では，転換した先にあるもの，換言すれば，非ヒエラルヒー型統治とはどのような形態を取るのか。吉高神によれば，それは「複数の主体群が自らの分権的な相互作用を通じて，合意形成・利害調整・協調行動などを通じて共通目的の実現を目指す」場（吉高神，1999: 50）であるべきとされ，その機能を果たし得るものとしては，パートナーシップとネットワークが考えられる（福田耕治，2009: 6）。ここで，パートナーシップはガバナンス型統治のための「方法」であり，ネットワークはガバナンス型統治のための「場」であると考えたい。前者のパートナーシップについて，Forsythは，以下のようにその内容を記述する。パートナーシップにより，「問題に対する共通の，共有化されたビジョンを築くこと，異なる文脈や場所の間の柔軟性，より安定的で合法的な政策アウトカム，信頼された方法で科学的・技術的助言を適用すること，すべての利害関係者によって政策取得が行われること」（Forsyth, 2007: 1689）が可能になる。そしてそのためには，政策の実施と民衆との熟議を組み合わせる方法が重要である（Forsyth, 2007: 1687）とする。後者のネットワークについて

は，Stone の議論を取り上げたい（Stone, 2004: 560）。Stone は，ネットワークの主要な特徴は，情報の交換，議論，及び適切な政策手法の探索といった点における問題の共有にあるという。つまり，ネットワークとは政策オリエンテッドな習得のための場である。そしてネットワークを通じて，その参加者は連合を形成し，議論を重ね，国際的政策コミュニティとしての合意された知識を創出する。また，ネットワークは国家の枠に捉われず，各アクターが国内的な文脈を超えて活動することも可能であり，地域やグローバルな場におけるアイディアの普及に貢献する手段ともなり得る。

権威の拡散

　第三の方向性は，権威の拡散，である。キーティングは，ガバナンスの基本的な考えは，「伝統的な階統的国家形態に結びついた政府から，公私の境界が曖昧で，権威が拡散した世界に移行したこと」（キーティング，2003: 143）であると述べている。ここでは，松本の整理にしたがって国際 NGO の存在意義を確認して，この問題に迫りたい。松本は，国際協定の政府間意思決定プロセスにおける国際 NGO の存在意義を，以下のとおり整理した（松本，2002: 191-192）。第一は，国家の枠組みを超えて活動し，国家単位の利益に捉われない視点や考え方を意思決定者や市民に提示すること。第二は，多国籍な構造をもち，厳しい国際規制に反対する多国籍企業のロビー活動に対応する効果的な世論を形成すること。第三は，国際 NGO の参加により，既得権益のある多国籍企業とのあいだに，意思決定者へのアクセスの点でバランスがうまれること。第四は，複数の国で活動するため，主要国の国内世論を横に繋げ，地域的な世論，国際的な世論を形成することが可能なこと。第五は，国際メディアと各国メディアを繋ぎ，各々の国の状況に最適な形でメッセージが発信されること。第六は，国際 NGO が作り上げる国際世論は，国家間の利害調整に陥りがちな政府間交渉に対し，「監視」という新しい力として働くこと。第七は，国際市場への影響力を持つことができること。そして第八は，各国の情報が支部を通して迅速に交換され，各国政府に最新の情報をもって働きかけを行うことができること，である。規範起業家と呼ばれる国際 NGO の活動は，もはやインフォーマルで片づけられまい。また，国家に情報を提供したり，多国籍企業のロビー

活動を渡り合ったり，メディアを利用して世論形成に繋げたり，というその活動は，1つの権威と称することさえ可能だろう。このようにフォーマル・インフォーマルな行動様式を通じて行われる統治形態も，ガバナンスの特徴である。

規範性

第四の方向性は，ガバナンス型の統治がなんらかの規範を備えている場合が多い，ということである。金は，「「ガバナンス」は，アナーキーで利己的なアクターが，外部からの拘束のない状態で相互に作用し合うプロセスにおいて現れる規則性（自然的秩序）とは異なる。むしろそれは，「ある目的を持った規則システムもしくは規範的秩序」を意味する」（金，2012: 44）と述べ，太田もガバナンスを「ルール，規範や物事の決定過程に基づいて行為者の実践や役割を取り決める社会制度」（太田，1998: 47）と述べる。星野もガバナンスを「多数の主体（国家や非国家主体）の利益のあいだの折り合い，価値観のあいだの調整を通して最適解を求めていくアプローチ」（星野，1999: 34）と規定し，香川も「ガバナンスという概念は規範的意味を持っている」（香川，1999: 2）とする。これは，ガバナンス型の統治がなんらかの問題解決のために形成され，多層多様なアクターが各々の持つ資源を共有することで問題解決を図ることが多いことが，その要因として考えられる。中邨は「ガバナンス」を「協治」や「共治」と訳す傾向について，「これらの表現には政府と自治体，それに企業や住民が同じ目線に立ち，足並みをそろえて社会問題の解決にあたる，協調型行政の実現を期待する意味がこめられている」（中邨，2004: 21）と述べるが，問題発見から問題解決という流れのなかで，「こうあるべき」という規範の共有はガバナンス型統治参加者を繋ぐ役割を果たしているようにも考えられる。

政府の新たな役割の模索

そして最後の第五の方向性としては，政府の新しい役割の模索，が挙げられる。坪郷はガバナンスを「制度，政治過程，政策内容からなる政治の全体を包含し，政府の新しい役割を議論するもの」（坪郷，2006: 83）とする。もちろんこれは「統治のプロセスがもはや国家によって排他的に行うことができなく」（Baker, 2001: 2）なったことに起因する。これにより生じた状態が「政府組織

の相対化」（臼井，2007: 62-63）であり，ガバナンス型統治における中央政府の機能は，「自治体や企業，それに住民とのあいだに協力関係を生み出す調整」（中邨，2004: 21）機能へと変化していく可能性が示唆される。これはグローバル化の議論においても活発に論じられてきたことでもある。藤原は，グローバル化による政府の役割の変容として，自国経済に対する全面的保護や経済主体として活動するという役割から，「市場が制度として成り立つための必要な選択的介入を行うゲートキーパーとしての役割」（藤原，2008: 131）への変化を挙げる。これらはともに，国家のインターメディエイト（仲介者・媒介者）としての役割への変容が措定されている。

c　ガバナンス研究

　前項ではガバナンスの定義をもとに，ガバナンス型統治の特徴を明らかにした。1990年代以降の現実が，ガバメント型統治からガバナンス型統治へと移行しつつあるとして，では，どのようにこれを学問としての分析の俎上にあげるのか。ここでは，臼井の整理に従い，ガバナンス研究の2つの次元について見ていきたい（臼井，2007: 63）。

　ガバナンス研究の第一の次元は，「政策形成・施行様式の特徴の把握」である。ガバナンス研究の焦点は，地方自治体からグローバル社会に至るまでさまざまであるが，どの政治的層においても，多層多様なアクターによるガバナンスが試みられている。そこで，この次元の研究においては，以下の点に焦点を当てて検討を行うことになる。つまり，誰が，どのような資源をもちより，どのようなやり方で，どんな政策を作り出したのか。その際に依拠した共有された規範は何か，もし規範をめぐる衝突があったとしたら，どのような形を取ったのか，またどのようにそれを解決したのか。政策形成過程でなんらかの衝突があったとすれば，どのような形でそれが表出し，どのように解決したのか。決定された政策をどのように施行したのか，施行する主体が政府であるとして，その他のアクターはどのような形で政策施行に参画したのか。政策施行の結果として問題が知覚されたとして，誰がどのようにそれを評価し改善したのか，などの諸点である。

　ガバナンス研究のもう1つの次元は，「ガバナンス概念を規範上の参照枠と

して設定する」というものである。これは、いわゆる「グッド・ガバナンス」の議論である。透明性、説明責任、法の遵守・法の支配、自由市場競争、民衆参加などを評価項目とし、それが「良いガバナンス」なのか「悪いガバナンス」なのかを判定するものである。

「政策形成・施行様式の特徴の把握」においては、それぞれの場で多様な様態をみせるガバナンス型統治のあり方を、個別具体的に鮮やかに描き出すことが可能となる。EU における環境ガバナンス、国際気候変動交渉におけるガバナンス、さらには、地方都市における地域活性化をめぐるガバナンス、などの具体的検討がなされる。

他方、「ガバナンス概念を規範上の参照枠として設定する」研究においては、すでに受け入れられたものとされる「ガバナンスの要件」が満たされているか否かという点において、ガバナンス概念を評価軸として利用する。世界銀行による発展途上国への融資や、ODA 拠出の際に検討されるべき必要条件として、さらには EU のガバナンスが『ガバナンス白書』に依拠して十全と機能しているかといった内省的検討の材料として、検討がなされる。

4　ガバナンス論と政策情報学

前節では、ガバナンスの語源及び定義の整理を通じて、ガバナンス型統治の持つ特徴を示した。また、3-c においては、このようなガバナンスを学問が取り上げる方法として、2つの次元を紹介し、「政策形成・施行様式の特徴の把握」の次元と、「ガバナンス概念を規範上の参照枠として設定」して対象を評価する次元の2つの次元で、実際の研究が行われていることを示した。本節では、2節及び3節で紹介したガバナンス及びガバナンス研究における課題を提示し (4-a)、政策情報学の視点を紹介したうえで、政策情報学的スタンス[1]がガバナンス及びガバナンス研究にどのような点で貢献し得るかを探る (4-b)。

a　ガバナンス研究の課題

本項では、3-b で提示したガバナンス概念の方向性に沿って、ガバナンス研究に残された課題について確認したい。これらの問題が存在するのは、2-d で

確認したように，ガバナンス型統治が，その「最終形態」や「一般型」を一意的に持たないことによる。

　第一の課題は，「インターリンケージ」の問題である。多層多様なアクターが参加するガバナンス型統治であるが，それが取り扱う政策領域の幅も拡大している。たとえば大矢根は，「「…と…」という表現が，近年，国際関係の分析に散見される」「「…と…」は，国際的な現象が距離や分野の境界を超え，互いに関連性を強めている状況を象徴していよう」「分化した理論や概念を結び合わせ，視野を広げる必要性を示唆している」（大矢根, 2009: 35）と述べ，ガバナンス概念が多層多様なアクターを包摂するのみならず，扱うべき政策領域の幅も拡大すべきことを指摘する。亀山も同様に，「今まで2つの異なる価値を維持するために個別に進展してきた政策が，互いに他を侵してしまうことになった場合，双方の価値の関係を分析し，それを包括した政策をたてていかなければならない」（亀山, 2010: 208）とする。果たしてこのようなことは可能なのか。可能であるとすれば，増加するアクターの数に対応できるのか。さらに複数政策領域を繋ぐ包括的な規範は形成可能なのだろうか。

　第二の課題は，「ネットワークの失敗」の問題である。ヒエラルヒー型統治からネットワーク型統治へ移行するとして，そこには問題はないのだろうか。Meyerらは，「ネットワークの失敗」として以下の点を指摘する（Meyer and Baltes, 2003: 15-17）。第一は「信頼の生産」に関するものである。開放的で多層多様なアクターが参入・退出するネットワークにおいては，信頼醸成が困難となる傾向にある。そもそも「仲間への信頼」は「他者への不信」と表裏一体であり，このことも開放的形態における信頼醸成の難しさを想起させる。第二は「ネットワークの永続性」に関するものである。調整様式としてのネットワークは脆い構造にあり，安定を求めれば官僚的閉鎖性（ヒエラルヒー）か協力の離散（市場）へと向かう傾向にある。第三は「積極的調整と消極的調整」の問題である。積極的調整ではその活動が共通利益の最大化を目標とするのに対し，消極的調整ではその活動は個別不利益の最小化を目標とする。ネットワーク参加者の目標がそのどちらにあるのか，両調整方式の齟齬が問題となる。このようにヒエラルヒーを代替するものとして期待されるネットワークであるが，それをマネジメントすることは難しい。

第三の課題は,「ローカルな知の取り扱い」の問題である。ガバナンス型統治においては権威が拡散するが, いったいどこまで拡散するのか。いわゆるエピステミック・コミュニティが科学的知識を資源としてガバナンス型統治のアクターたり得るとして, 科学的とまでは言えない一定の地域で培われてきたローカルな知はどう取り扱われるのか。ガバナンス型統治は, ガバメント型統治と形態こそ違えたとしても, 結局のところ先進国やエリート層による統治にすぎないのだろうか。

　第四の課題は,「規範」をめぐる問題である。ガバナンス型統治が規範的秩序であるとして, その「規範」はどのようにして「規範」たり得るのだろうか。ある規範設定が, 特定のアクターや集団を利することにはならないのだろうか。あるアイディアが規範としての地位に昇り詰めるには, その間に複数の規範が衝突することだろう。だとすれば, それはどのように解決されるのか。

　第五の問題は, 第四の問題とも一部重なりを持つが,「インターメディエイト」たる役割をめぐる問題である。ガバナンス型統治への移行によって, 政府の役割はインターメディエイトとしての役割へと変容しつつあることは 3-b 末尾で確認した。しかし, インターメディエイトとしての役割は, 必ずしも, 政府が負う必要がないのではなかろうか。日本の地域活性化の文脈でも, 地方政府と地域住民や地元企業の結節点として, シンクタンクやNGOもしくは社会的企業がその役割を果たしているケースが散見される。

b　政策情報学の視点とガバナンス研究への貢献可能性

　これら5つのガバナンス研究の課題について, 政策情報学はどのような貢献を果たし得るのか。ここでは主に井関の論文をもとに, 対応する記述を探ってみたい。

　第一の「インターリンケージ」の問題に対しては, アンブレラ (umbrella) としての「政策情報学」のアプローチが有効かもしれない。アンブレラは, 異質なもの, 雑多なものをすっぽりと包み込んでしまう巨大な傘であり, この下で, 社会問題を解決し, 新しい社会的価値を創造し, 社会関係の活性化を計るさまざまな試み, 特に超領域的, 諸科学横断的アプローチの数々が, ゆるやかに包含されるという (井関, 2007: 4)。

第二の「ネットワークの失敗」の問題に対しては，コンテクスト（context）としての「政策情報学」のアプローチが有効かもしれない。ネットワークを利害調整の場として把握するだけでなく，新たな関係性の構築のための場という視点を付与することが，ネットワークに新たな価値をもたらすだろう。コンテクストとは，ある意図を表現するために，取り込まれた要素や単語を相互に関連させて，新しい意味や価値を生み出す"文脈"や"場"を意味する。多層多様なアクターによって多様な知的コンテンツがもたらされ，それが新しいコンテクストのなかに置かれるとき，ネットワークはその失敗の可能性を超克する新しい関係と関連の構図を作るかもしれない（井関，2007: 4）。

　第三の「ローカルな知の取り扱い」の問題に対しては，再魔術化（reenchantment）としての「政策情報学」のアプローチが有効かもしれない。そもそも西欧近代科学は，理性中心主義，客観主義，実証主義，数量化，法則定立，予測可能性といった，脱魔術化（disenchantment）としての特徴を持つ。政策情報学はこれを超克するために，さまざまな「知と方法」の共存・並存を許容し，他方では「科学の知」とは異なる「実践の知」の可能性を探る（井関，2007: 5）。換言すれば，対象世界と関わる「現場の知恵や暗黙知」の再編成を狙う（井関，2007: 7）。このことは，ガバナンス研究者が，観照の知として対象を分析するのみならず，実践の知としてガバナンスを実践することで，「ローカルな知」と向き合うことの必要性を示唆する。

　第四の「規範」をめぐる問題に対しては，Becomingとしての「政策情報学」のアプローチが有効かもしれない。Beingが，確固たる存在，動かし難い安定した状態を意味するのだとすれば，Becomingは，連続的な生成，形成，絶えざる転成，より良きものへの進化などを意味する。良き社会，良き制度，良き関係の実現を目指して，人々の価値観，慣習，行動様式を変革するための「社会的技術」を，さまざまな交流のなかに創りだす場が政策情報学会であるとするならば，ここでの実践は「規範」をめぐる問題への視座を提供するかもしれない。

　第五の「インターメディエイト」の役割をめぐる問題については，政策情報学の実践の過程で，各アクターがインターメディエイトとして振舞うことができるような能力を身につけておく必要があるように思われる。井関はこのよう

に表現する。「目標地への道程は，もともといく筋もあり，異なった立場の参加者たちが，それぞれの地図と装備を頼りに，かならずしも明確ではないイメージだけの目標地を目指して，辿り行くのです。途中で，何度も何度もおたがいが出会うことになります。(中略) あるとき，忽然として「政策情報学」が，その姿を現すのです」(井関，2007: 8)。あるときはインターメディエイトとして，あるときは参加者として，その機能を発揮するアクターになることが必要なのだろう。

5　まとめにかえて

本章の目的は，まず，①1990年代以降人口に膾炙されるようになったガバナンス概念をそれ以前のガバメント概念との比較において精査し，②ガバナンス概念が包摂する特徴を描き出し，それに基づき③ガバナンス研究の方向性を整理することであった。さらに，④ガバナンス研究の今後の課題を提示し，⑤政策情報学のスタンスからこれらの課題に対する貢献可能性を探ることであった。

⑤の検討過程において，いささか接木感が否めないのは，筆者自身がその研究活動において政策情報学的なスタンスを十分に習得できていないからであろうし，井関の言うように「政策情報学」が，未だ固有のコンテンツを有していない（井関，2007: 8）からかもしれない。しかし，検討の過程で浮き彫りになってきたことは，ガバナンス研究の持つ課題に対応しようとすれば，それは自ずと政策情報学的スタンスの包摂を伴うだろうということである。

こんにちの大学は，科学のための知・知識のための知のみならず，社会のための知を実践することを求められている。政策情報学会会員が，それぞれの所属する大学におけるこのような実践に政策情報学的スタンスで従事し，その成果を学会に還元し，ときには協働してプロジェクトに参加し，Being の分析のみならず Becoming の実現に貢献するとき，そして，そのような経験を次の10年間に意識的に蓄積したとき，「実践的知と方法」の場としての政策情報学に，新しい意味が生まれるのではないかと期待するものである。

■注
1) 井関は「「政策情報学」は，従来の個別諸科学とは異なり，必ずしも体系化や理論的完成を目指す学問ではない（中略）むしろ，流動する柔軟な「知と方法」がいま求められている」と述べる（井関，2007: 4）。このことから，筆者としては現状，政策情報学を1つのスタンスと把握している。

■引用・参考文献
- [1] 井関利明　「「政策情報学」への途－新学会の設立によせて－」『政策情報学会誌』　1-1: 3-9　2007
- [2] 岩崎美紀子　「「共治時代」を切り拓く～ガバナンスとはなにか」『ガバナンス』2001年5月　ぎょうせい　pp.24-25　2001
- [3] 臼井陽一郎　「EUガバナンスの研究と言説構成論の試み」『新潟国際情報大学情報文化学部紀要』10号　pp.61-79　2007
- [4] 遠藤乾　「グローバル・ガバナンスの最前線－現在と過去のあいだ－」　遠藤乾　『グローバル・ガバナンスの最前線－現在と過去のあいだ－』　東新堂　pp.3-30　2008
- [5] 遠藤乾　「グローバル化時代の地方ガバナンス」　山口二郎・山崎幹根・遠藤乾編著　『グローバル化時代の地方ガバナンス』　岩波書店　pp.1-10　2003
- [6] 太田宏　「環境と開発のガバナンスの理論的視座」　太田宏・毛利勝彦編著『持続可能な地球環境を未来へ－リオからヨハネスブルグまで－』　大学教育出版　pp.33-59　2003
- [7] 太田宏　「グローバル・ガバナンス論の過去と「現在」－国際機構，国際レジームそしてグローバル・ガヴァナンス」『外交時報』　1351号　pp.47-60　1998
- [8] 大矢根聡　「レジーム・コンプレックスと政策拡散の政治過程－政策アイディアのパワー－」　日本国際政治学会編　『日本の国際政治学2 国境なき国際政治』　有斐閣　pp.35-56　2009
- [9] 大矢根聡　「リベラリズム」山田高敬・大矢根聡編著　『グローバル社会の国際関係論』　有斐閣　pp.52-91　2006
- [10] 香川敏幸　「政府なき統治と統治なき市場」『公共選択の研究』　32号　勁草書房　pp.1-5　1999
- [11] 亀山康子　『新・地球環境政策』　昭和堂　2010
- [12] 吉高神明　「環境・開発と「グローバル・ガバナンス・パラダイム」」　信夫

隆司編著 『環境と開発の国際政治』 南窓社 pp.43-65 1999

[13] キーティング，マイケル 津田由美子訳 「ヨーロッパ民主主義諸国における分権化傾向」 山口二郎・山崎幹根・遠藤乾編 『グローバル化時代の地方ガバナンス』 岩波書店 pp.123-148 2003

[14] 金ゼンマ 「グローバリゼーションとニュー・リージョナリズム－拡散と収斂の相互作用－」 浦田秀次郎・金ゼンマ編著 『グローバリゼーションとアジア地域統合』 勁草書房 pp.40-65 2012

[15] 佐藤信行 「公法におけるガバメントとガバナンス」 上條末夫編著 『ガバナンス』 北樹出版 pp.59-83 2005

[16] 佐和隆光 「市場システムと環境」 佐和隆光・植田和弘編著 『環境の経済理論』 岩波講座 環境経済・政策学 1巻 岩波書店 pp.39-64 2002

[17] 佐和隆光 『「改革」の条件－市場主義の貧困を超えて－』 岩波書店 2001

[18] 佐和隆光 『漂流する資本主義－危機の政治経済学－』 ダイヤモンド社 1999

[19] 神野直彦 「新しい市民社会の形成－官から民への分権－」 神野直彦・澤井安勇編著 『ソーシャル・ガバナンス 新しい分権・市民社会の構図』 東洋経済新報社 pp.2-16 2004

[20] 坪郷實 「ヨーロッパにおける市民社会強化戦略－ドイツにおける「市民自治体」の構想」 高橋進・坪郷實編著 『ヨーロッパ・デモクラシーの新世紀 ── グローバル化時代の挑戦』 早稲田大学出版部 pp.81-110 2006

[21] 戸政佳昭 「ガバナンス概念についての整理と検討」 『同志社政策研究』 2号 pp.307-326 2000

[22] 長岡延孝 「環境経営のガバナンス論序説」 『同志社女子大学学術研究年報』 第53巻第2号 pp.311-346 2002

[23] 中邨章 「行政，行政学と「ガバナンス」の三形態」 『年報行政研究』 39巻 p.2-25 2004

[24] 野尻武敏 『第三の道－経済社会体制の方位－』 晃洋書房 1997

[25] バルトリーニ，ステファノ 小川有美訳 「中央─周辺関係の転換－グローバル時代の新しい領域政治－」 山口二郎・山崎幹根・遠藤乾編著 『グローバル化時代の地方ガバナンス』 岩波書店 pp.33-61 2003

[26] 福田耕治 「グローバル・ガバナンスとEUの持続可能な発展戦略－気候変動抑制と再生可能エネルギー政策を事例として－」 福田耕治編著 『EUとグローバル・ガバナンス』 早稲田大学出版部 pp.3-34 2009

[27] 福田敏浩 『体制転換の経済政策－社会主義から資本主義へ－』 晃洋書房 1996

[28] 福田敏浩 『比較経済体制論原理』 晃洋書房 1986

[29] 藤原帰一 「ゲートキーパーとリーダーシップ−グローバリゼーションの中の政策選択のメカニズム−」 城山英明・大串和雄編著 『政治空間の変容と政策革新1 政策革新の理論』 東京大学出版会 pp.119-138 2008
[30] 星野昭吉 「世界政治の理論と現実」 星野昭吉・臼井久和編著 『世界政治学』 三嶺書房 pp.3-38 1999
[31] 松本泰子 「環境政策とNGOの役割」 寺西俊一・石弘光編著 『環境保全と公共政策』 岩波講座 環境経済・政策学 4巻 岩波書店 pp.179-206 2002
[32] 間宮正秀 「新しい「住民自治組織」−近隣自治政府の設計−」 神野直彦・澤井安勇編著 『ソーシャル・ガバナンス−新しい分権・市民社会の構図−』 東洋経済新報社 pp.159-182 2004
[33] 最上敏樹 「統合と分離−国民国家体系の再編−」 『国際問題』 390号 pp.18-32 1992
[34] 安章浩 「行政における新しいガバナンスの方向性」 上條末夫編著 『ガバナンス』北樹出版 pp.84-111 2005
[35] 山田高敬 「グローバリゼーションと国民国家の変容−地球環境領域におけるガバナンスを求めて−」 『国際問題』 497号 pp.13-28 2001
[36] 山本啓 「コミュニティ・ガバナンスとNPO」『年報行政研究』 39巻 pp.48-69 2004a
[37] 山本啓 「これからの地域自治,住民自治の課題」『改革と自治のゆくえ』(『地方自治職員研修』臨時増刊75号) 公職研 pp.168-177 2004b
[38] 山本啓 「市民活動とコミュニティ行政の改革課題」 今井照編著 『自治体政策のイノベーション』 ぎょうせい pp.225-251 2004c
[39] 山本啓 「公共サービスとコミュニティ・ガバナンス」 武智秀之編著 『都市政府とガバナンス』 中央大学出版部 pp.101-125 2004d
[40] 横田匡紀 『地球環境政策 環境のグローバリゼーションと主権国家の変容』 ミネルヴァ書房 2002
[41] レームブルッフ,ゲルハルト 平島健司編訳 『ヨーロッパ比較政治発展論』 東京大学出版会 2004
[42] Baker, Susan, "The Impact of Eastern Enlargement on EU Environmental Governance", Paper presented at the Environmental Studies Workshop "Environmental Challenges of EU Eastern Enlargement", *Robert Schuman Centre, EUI, Florence,* 25-26 June 2001.
[43] Forsyth, Tim, "Promoting the "Development Dividend" of Climate Technology Transfer: Can Cross-Sector Partnerships Help?", *World Development,* Vol.35, No.10, pp.1684-1698, 2007.

［44］Mayntz, Renate, "From Government to Governance: Political Steering in Modern Societies", Paper presented at *the IOEW Summer Academy on IPP, Wurzburg*, 7-11 Sep, 2003.

［45］Meyer, Wolfgang and Kartin Baltes, "Network Failures – How Realistic is Durable Cooperation in Global Governance?", paper presented at *2003 Berlin Conference on the Human Dimensions of Global Environmental Change: Governance for Industrial Transformation*, 05-06. Dec. 2003.

［46］Stone, Diane, "Transfer Agents and Global Networks in the 'Transnationalization' of Policy", *Journal of European Public Policy*, Vol.11, No.3, pp.545-566, 2004.

9章　学習・学習支援と政策情報学

濱野　和人

1　はじめに

　人間は日々成長する。それは人的資源や情報資源など，取り巻く環境のなかで他者と関わりながら，1人の学習者として多くのことを吸収し，考え，取捨選択しながら，個人の有する価値を高めているからである。また，人間は1人で生き，1人で学んでいるわけではない。多くの場合は他者からの補助，すなわち学習支援（learning support）によって成り立っている。学習支援という言葉を耳にすると，学校の授業についていけない生徒や学生に対して講義時間外に補習を行うイメージがあるのではないだろうか。学習支援という用語は広義と狭義に分類できるが，一般的に広義で使用される場合が多い。広義の学習支援とは，生涯学習社会と言われる今日において，生まれてから死ぬまでの日々の生活における生涯学習分野における支援のことを指す。また，発達障害などの日常生活または社会生活にある一定の制限を受けざるを得ない者に対する支援のような場合にも使用される。一方，狭義の学習支援は，高等教育においては「学生が教育課程を効果的に遂行するために整備された総合的な支援体制。履修指導や学生相談，助言体制の整備など」（高等教育に関する質保証関係用語集）のように，学生生活や講義など特定の空間や特定の時間内における特定のコンテンツによる支援のことを指す。

　高等教育の1つである大学は，学習者は学生，代表的な学習支援者は教員であり，狭義の意味における学習支援を展開する場となっている。「社会的責任」という言葉が当たり前となった今日においては，ステークホルダー（Stakeholder：利害関係者）の視点に立った企業の経営手法として「CSR」

(Corporate Social Responsibility：企業の社会的責任）が取り入れられているが，学習者をステークホルダーと見た場合，CSR を学習支援活動にも適用できる。これが「SSR」(School Social Responsibility：学校の社会的責任）や「USR」(University Social Responsibility：大学の社会的責任）であり，その大きな使命（mission）の１つが「学習者のユーザビリティ確保」である。学習支援者にはそれぞれ学習者から求められる姿が必ず存在する。その求められる姿こそが学習支援者の果たすべき使命であり役割である。そして，学習支援者はその姿を示さなければその存在意義を失うことになる。しかしながら，一方で学習支援者がどんなに努力し，行動に移そうとしても，学習者が何も意識せず，行動に移さなければユーザビリティの確保は難しい。それは学習が「個人とその環境との間における相互作用としての経験による自己形成であり，実現可能価値を高める行為」であり，学習支援が「実現可能価値を高めようとする者に対し，自己形成をより良き方向へ位置づけるための補助的役割」に他ならないからである。

　本章では，学習支援について広義の意味合いを含みつつも，狭義の学習支援に重きを置きながら，学習する意義や学習を支援する意義について触れる。

2　人間的価値の向上と学習

　シュタイナーは，「どのような形態の教育も基本的には人間の自己教育に他ならない」し，「人間対人間による学び」を意識し，発達に応じた身体と心の調和によって社会における個人の自己実現が可能となるよう努力しなければならないと主張している（シュタイナー，1999）が，自己実現を可能にするということは，そこに価値（実現可能価値）を見出すということである。一方，マズローは「多くの種類の教育上の愚行が，教育における現在の哲学上・価値論上の混乱から，不可避的な副産物として出てくる。価値を抜こうとした，純粋に技術的になろうとし（目的なき手段），伝統や習慣だけに頼ろうとし（生きた価値を欠いた旧い価値），教育を単に注入と定義すること（自己自身の価値というよりむしろ命じられた価値への忠誠）――これがすべて，価値の混乱であり，哲学上・価値論上の誤りとなる」（マズロー，1972: 67）と危惧している。

人間的価値（human value）は，有用性と希少性の両輪から構成される。有用性は，目的実現に対する貢献性のことで，形成・維持・発展を進めるための必要可能性を指す。また希少性は，需要に対する供給の不足のことであり，獲得困難性を指す。教育学でいうところの前者は「自己形成とコミュニティ形成の過程」であり，後者は「自己組織化による個々の性格の相違」（自分らしさ）である。価値は自己が自ら見出したり，他者が引き出したりする。フランクルは人間の実現可能価値を，(1) 創造価値（創造行為により，善や美を作り出す），(2) 体験価値（体験行為により，善や美を享受する），(3) 態度価値（人間らしい尊厳ある態度を取る），に分類している。(1) と (2) は一般的に言われる幸福状態である。たとえば，就職し仕事をして社会に貢献したことに価値がある，こんな自然環境や芸術文化に触れたことで感動できたことに価値がある，というようなものである。(3) は前者とは違い，幸福と言い難い悲惨な状態のなかにおいても実現できる価値を指し，一般的に言われる幸福だけが人間にとって重要ではないことを意味しており，自分が納得できる態度，自分が価値を見出せる態度，つまり「自分としての態度」「（自身の）心を選択した態度」をとるということである。このような価値の分類を前提にした場合，価値ある物事や行動とは，「人間個人また人間社会の機能の維持，高度化，多様化に役立つ物事，またそれらの機能を実際に発揮すること」と言えるだろう。

　価値ある人生とは，そのまま換えれば，「第一は人間個人が自分が持っている機能をできる限り多種多様に発揮すること，第二はそれが人類の機能の発展に貢献すると自分で信じている行動を実現すること」（半谷，2006: 130-131）であり，先述したように人間の実現可能価値を積み上げていくということである。マズローは「自己実現の創造性」として，人間の自己実現のためには創造性を実現することを強く強調している。「創造性を実現することができる人間（創造的人間）」を，ロジャーズが主張する「十分にその働きを活かす人間」と捉えるならば，学習し成長することでその実現可能価値を高めるのが人間とも言える。故に学習は，「人間存在のあらゆる部門において行われるものであり，人格発展のあらゆる流れのあいだ—つまり人生—を通じて行われなくてはならない」（立田・岩槻，2007: 1）のである。

3 発達資産としての人間

　実現可能価値は「人間の資産的価値」である。「資産」という視点から見ると，アメリカの NPO「サーチ・インスティテュート（Search Institute）」が，青少年のより良い発達を促すことを目的にさまざまな活動を地域レベルで展開するために導入した「発達資産（developmental assets）」という比較的新しい概念がある。発達資産論は，資産積み上げ方式の基本原則（立田・岩槻，2007: 81）を根底とし，青少年の発達過程において重視すべき個人の内面的資質だけでなく，その資質を育む家庭や学校，地域社会などの役割を，個人や地域社会が蓄積すべき「資産」と捉え，具体的に項目化し，その内容を極めて明確に指し示している点で有益性のある概念である。

　この概念は，内的資産（内面的諸力）と外的資産（環境的諸力）から構成される（立田・岩槻，2007: 6）。内的資産は青少年の心理的な発達を構成する要素，すなわち，青少年の内面に何を育むか。一方，外的資産は青少年の発達を支える社会的環境，すなわち，青少年の発達を何（誰）が支えるか，である。発達資産は個々に必要不可欠な基本要素となる概念であり，「より多くの資産を獲得するほど青少年は好ましい健全な発達をする見込みが高くなる。また，資産が多い人ほど，他者を助けたり，違いを大切にしたり，リーダーシップを発揮したりする自らの資産となった能力をますます高めようとするし，その個人の豊かな発達の可能性も高めていく」（立田・岩槻，2007: 81）のである。

　自己教育はこの内的資産・外的資産の両方を含むが，実現可能価値の点からみれば内的資産にその比重が置かれる。内的資産は（1）学習への参加，（2）肯定的な価値観，（3）社会的な能力，（4）肯定的なアイデンティティ，の4つに分類される。一方，外的資産は（1）支援（サポート），（2）エンパワーメント，（3）規範と期待，（4）時間の建設的な使用，の4つに分類され，「計画力と決断力（planning and decision making）」，「対人関係の構築能力（interpersonal competence）」，「抵抗する技術（resistance skills）」，「争いの平和的な解決力（peaceful conflict resolution）」，「自己統制力（personal power）」，「自尊心（self-esteem）」，「目的の感覚（sense of purpose）」，「自己の将来に

関する展望（positive view of personal future）」などが含まれている。発達資産論における「学習」の最終的本質は，ユネスコ「21世紀教育国際委員会」のフォール報告書（1996）における「生涯学習の4つの柱」にあるように"learning to be"（「人として生きること」を学ぶこと）であり，この最終的本質を目指す実践的展開として，図 9-1 のように関係性とその進行過程に着目している。この図に基づけば，学習は「他者と共に～」という「関係性（人と人とのつながり）を通じて学ぶ」「関係性により学ぶ」行為と言えるが，これを個人の学習という視点から見ると「共学習（co-learning）を通じた自律学習の行為」とも言える。

井関利明（2003）は，この自律学習の行為について，そもそも「学習は自律の行為である」とし，政策情報学的な学習の成立する条件として6つの項目を挙げている（図 9-2）。

井関が主張する政策情報学的な学習の一番のポイントは問題解決型の学習ということである。問題解決型の学習は，学習プロセス（①学習課題の発見→②学習課題の設定→③学習情報の収集・検討→④学習計画の作成→⑤学習の展開→⑥自己評価→⑦学習計画の修正→⑧学習活動の終了→⑨学習成果の活用→⑩新しい学習課題の発見）と問題解決プロセス（ⅰ問題の自覚→ⅱ現状の把握と分析→ⅲ問題解決目標の設定→ⅳ問題解決策の探索→ⅴ課題解決手順の決定→ⅵ問題解決の実行→ⅶ評価）を関係づけることができる（浅井，2002: 32）。このような問題解決型の学習を「学習する」とは，個々の問題に対する解決方法や工夫のしかた，解決のコツを学習することなのである。

共に気づき（情報共有，観察／発見）
　→共に思い（共通理解，合意／選択）
　　→共に行い（体験共有，実践／協働）
　　　→共にふり返り（課題共有，記録／反省）
　　　　→新たな気づき（創造と生産，感動／進歩）

［出典：立田・岩槻　2007: 152］

図 9-1　人と共に学ぶ過程

> I.「情況に埋め込まれた学習」
> 　（コンテクストから引き抜かれた知識，あるいはコンテクスト不在の断片化された知識の不毛性）
> II.「身体が関わる学習」
> 　（身体を使い，経験として事象を学べるとき）
> III.「心理的同一視による学習」
> 　（人間関係のネットワークのなかで，アドヴァイザーやリーダーへの心理的同一視があるとき）
> IV.「目的に向けた学習」
> 　（大脳が活性化しているときの学習：十分な動機づけがあり，目的や目標が明確なとき）
> V.「認識活動は，あくまでも一種の社会的実践であり，自己完結する究極的な知などは不可能」
> VI.「すべての行為は認識であり，すべての認識は行動である」

［出典：井関　2003］

図 9-2　政策情報学的な学習が成立する条件

4. セルフ・マネジメントと関係による人間の進化

　政策情報学は，従来の個別の学問や発想に捉われない総合的・多元的な学習により時代の流れを読み取り，問題発見とその解決を目指す実践的な知識と手法，それに合わせて情報関連の知識と技術とを身に付けた人材を養成することを目指し，より良き関係づくりを目的に，新しい価値創造を得るための新しい知と方法を検討し，新しい未来システムの構築・形成を目指すという考え方に基づく「自分が幸せになり，かつ人々を幸せにすることができる（するための）学問」である。井関（2011: 22）は，政策情報学における「新しい知と方法」を「ソーシャル・マネジメント」（Social Management）と呼び，端的に「問題解決と価値創造のための関係づくり作法」であると表現している。一方で，政策情報学が「21世紀に最も必要とされている新しい人間学」（井関，2003）であるならば，「セルフ・マネジメント」（self-management）はその基盤的部分（内的資産）にあたる。「セルフ・マネジメント」は，マネジメント理論でいうところの「自分という貴重な資源を最大限活かし，成果を上げる」ことであり，「ソーシャル・マネジメント」の基盤的部分として捉えるならば，

「自分を前に進ませるための価値観の変化を促す手法」ということが言えるだろう。

　日本において「セルフ・マネジメント」は自己管理や自律と訳される。自己管理と聞くと，健康管理をする，体重を維持する，時間どおりに動く，飲み過ぎないなど，自身を律するという意味合いに捉えられがちである。確かに狭義の意味では間違いではないが，セルフ・マネジメントの本質的な部分は，自分という資源を最大限活かし，自身が成果を上げることで成長するというところにあり，自己教育を包含する。近年の教育学分野における重要な課題は「個人の自然な学習をそのまま見守るためではなく，個人の学習を最も望ましい方向に統御していくための理論と実践を準備すること」（山本，2006: 83）に他ならない。

　ダーウィンは著書『種の起源』のなかで，自然選択（natural selection），生存競争（struggle for existence）（＝存在し続けるための努力）などの要因により，環境に適し得る形質を獲得した種が分岐し多様な種が生じるとし，人間は進化する生物であると説いた。この進化論におけるプロセスには4つの段階があるが，とりわけ「人間が生きる（＝学習する）ためには何かしらの関係づくりが重要である」という点から見た場合，「生物の生きる働きが，どのように働き，その働きにどういう変化が起こったか」（村井，1991: 219）は非常に重要な段階と言える。なぜならば，人間は学習により「利己的行動（自己形成・自己実現）」から「利他的行動（社会形成・社会還元）」へと進化・成長し続ける発達資産として捉えることができるからである。

　人間が人生のなかで学ぶ内容や物事は幅広く奥深い。そのような人生のなかでは「何かを教えられる」のではなく，自身が持っている内的資産をどのように外面に引き出すかを考え，行動することが「人間として成長すること」に繋がる。学習は何事においても自分自身で経験することによって身につくものでなければならないものであり，人間の究極的な自己教育は，自身の内側からの自発的生命力の発現によるしかない。ましてや自己教育の本来のあり方は自由活動であり，他者による強制的な訓練や一方的な伝達や教授ではない。自己教育において本来のeducateを目指すためには，一方的（Give & Take）な関係ではなく，互恵的（Win × Win）な関係を保つことが重要となる。また，日々

の生活のなかにおける資産の発達(人間的発展・成長)に対して，適切な自己支援を促すためには，関連する諸問題を先進的情報で処理していかなければならない。実現可能価値が高まれば高まるほど，健全な発達はより行われやすく資産として豊かになり，それを私的にではなく公的に提供しようと考える。すなわち，人間の進化は新しい実現可能価値を得るところにあるのである。

5　学習環境としての大学デザイン

　これまでの従来型教育は，社会組織が人間を支配するという組織中心的な教育として行われてきた。しかしながら，今日において，「教育は，少なくとも部分的には，よき人間をつくり，よき生活とよき社会を育成する努力だと考えなければならない」(マズロー，1972: 75)し，「その人がそのなり得る最善のものとなり，その人が潜在的に深く蔵している本質」(マズロー，1972: 65)を現実にあらわすことができるようにするのが教育の社会的責任である。

　奥島孝康(2001)が述べるように，「日本でも大学改革を含めた教育改革が進めば，米国と同じように10年もすれば，一方では創造的な先進技術の研究開発力を高め，他方ではすべての世代を活性化させることになる。高等教育の成果は必ずや経済的活力となって表れる」との見解を示す学者も多い。大学は学問を学ぶ場であるという前提はこれから先の時代も変わらない。その学問の喜びは，厳しさや辛さを乗り越えたところに見出すことができると言われる。そして学問の喜びは，まずもって驚きや気づきから始まるといっても過言ではない。営利にせよ，非営利にせよ，組合にせよ，地方公共団体にせよ，民間企業にせよ，宗教団体にせよ，有志ボランティア団体にせよ，組織の発展にはイノベーションが必要不可欠である。シュンペーターは，非効率な古いモノ(理念や習慣)は効率的な新しいモノによって駆逐されていくことで経済発展するという考え方，そしてその新陳代謝のプロセスを「創造的破壊(Creative Deconstruction)」と呼んでいる。近年ではこれを戦略的経営概念として捉え，企業活動を進める中で古いモノを打破し，新しいモノを生み出す産出行動として使用されるようになっており，「組織をどのように前進させるか」という考えに基づいている。これに対して，加藤寛は組織の発展にはその前提に個人の

(1) 伝統を味わい，伝統を大切にすることにより発展させることができる。
(2) 教育をすることによって，社会の変化を取り入れていくことができる。
(3) 知識を社会に役立て，広げていく，そうした場を提供することが使命である。

[出典：千葉商科大学 1996]

図9-3 大学に必要な3つの基本的姿勢

発展が必要であるとしており，「創造的破壊」は組織中心ではなく，まず人間中心であるとの考えを持っていた。このような考えを持った加藤は，人間中心の大学改革路線を進めるに到った。では，このような人間中心の改革を進めるに到った加藤にとっての大学の価値とは一体何だったのであろうか。加藤（千葉商科大学，1996: 3）は，大学改革の真意について「もう，私たちの過去の知識をあなた方に教えている時代ではないんです。あなた方が自分で問題を発見し解決していかなくてはならない。そのために役立つこと，私たちが知っている限りのことを教えていこうと思っている」と述べ，大学に必要な3つの基本的姿勢を示している（図9-3）。

この基本的姿勢に基づけば，学習支援者はすぐに目で見ることができる現在価値としての過程（process）のみならず，すぐには目で見ることのできない将来価値としての成果（outcome）を検討しなければならない。また，学習者の将来における社会的価値とその根本となる人間的価値の重要性や均衡性を念頭に置きつつ学習者に接する必要があるだろう。一方で，学習者として大切なのは，自由な雰囲気のなかにおいて，自分の能力が活かされてくる学習をすることであり，その能力で難しい社会問題を解決する（解決しようと努力する）ことである。

先述したように，元々大学は学問を学ぶ場であるが，同時に，「個人一人ひとりの知的ニーズを充たし，個の成熟を促す」場でなければならない。それは「個の成熟とともに社会は成熟し，社会の成熟とともに個人の知的ニーズも変化（進化）」するからである。また，大学には「過去→現在のプロセスを理解し未来を切り拓く先導的な役割」がある。そのため，「学ぶ喜びを充たさない学校，思考力，創造力，判断力を抑える教育では，自由かつ活気ある社会的協力など望めない」（藤川，2003: 34, 301）。現在の大学は継承と教授を基本とす

る従来のアカデミックな大学から，社会からの要請と学生からの要望に対応する教育機関への移行を図ることが必須とされている[1]。加藤はこのような社会的変化をいち早く読み取り，先導的に多元的価値体系を図る大学教育改革に取り組んできた。たとえば，大学版 PL（Professor's Liability）宣言，三言語教育，24時間キャンパス（大学施設の24時間化），学内ダブルスクール（トワイライトコース），在学年限の撤廃，TA・SA制度など，とりわけ将来世代の学習者である学生に対する学習環境の整備とその実践に対する支援にはこだわりを持っていた。慶應義塾大学（初代総合政策学部長）退任後に学長として着任した千葉商科大学において政策情報学部を設置したのもその一環だったと言えるだろう。

6　学習方法の変化と学習支援

　経済産業省が2006年に調査を行った「社会人基礎力に関する緊急調査」の結果によると，新卒社員の採用プロセスや入社後の人材育成における「社会人基礎力」について93.4％が「重視する」と回答している。この調査によれば，「求める人材像」として，企業規模に関係なく，主に「主体性」「実行力」「創造力」が，企業の若手社員に見られる「不足している能力」としては「主体性」「課題発見能力」が挙げられている。これらは，読み，書き，そろばん，ITスキルなどの「基礎学力」や仕事で活用するための知識や資格などの「専門知識」に加え，職場で求められる能力として必要不可欠となっている。では，現在企業に求められている社会人基礎力はどういった場で身についているのだろうか。毎日コムネットが2007年に発表した「若手社会人意識調査レポート」によると，大学在学時に課外活動を経験した者の方が就職後もコミュニケーション力を発揮し，顧客・職場・社会に対し働きかける意欲が高いという結果が得られている。要するに，学生主体活動に対して率先して従事してきた者が社会人基礎力を身につけ，社会の一線で多く活躍できているということである。この調査結果で得られた傾向の背景には，学生の学びそのものが大きく変化していることが挙げられる。

　現代の学生に対して，従来のように一方的な知識の植えつけだけではなく，

身につけられるようにするためにどのように導くのか。そしてそれを世の中の事象といかにして関連づけるのか。これが大事な視点となる。視点が変われば「知」の捉え方も変化する。個別・具体的問題を，個別分科的に区切り解決しようとする 20 世紀までの個別諸科学的視点では知識（knowledge）が重要であった。しかしながら，今日では「大学で学生たちに知識を教えるのではなく，知識を通じて知恵を与える」（天野，2004: 174）ためには，超領域的（領域横断的・複合的・有機的）視点から 21 世紀の複雑化した社会問題を解決するための「知恵」（wisdom）が重要となっている。

　図 9-4 をご覧いただきたい。左は 20 世紀型学習の方法である。20 世紀型は知識 a や知識 d を学び，それを派生的・複合的に組み合わせることで解決策 x を発見し，範囲 c-e という実践へと繋げていた。この学習方法は理論などの「知識」を蓄積・編集したことを実践の場へと広めていく記憶習得型であり，従来はこれが主流だった。しかしながら，「探究型の知識は確定した結論の鵜呑みではない，自分で咀嚼した問題の発見であり，設定であり，継続的な問題の追及」であり，「その過程で獲得された関連するさまざまな知識の総体でもあるが，肝心なのはその過程から切り離された結果としての答えではなくて，

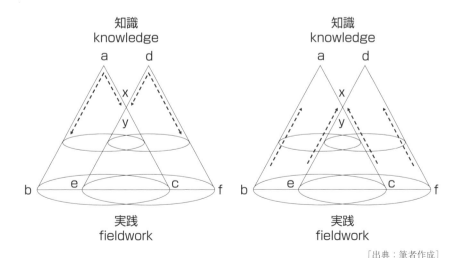

[出典：筆者作成]

図 9-4　20 世紀型学習の方法（左）と 21 世紀型学習の方法（右）

分析，考察による問題の深まりの体験であり，未解決でありながら輪郭が見えつつある問題群への持続的な興味・関心であり，わからない問題についての疑問の深まりであり，その過程で身につく問題の取り扱い方，考え方そのもの」（高等教育研究会，1996: 99-100）と言われるように，21世紀に入り図9-4のような範囲b-cや範囲e-fという実践の場のなかで問題を発見し，それに対する解決策を模索するなかで，知恵yを発見し，知識aや知識dを探し出して当てはめていく実践探究型の傾向が主流となりつつある。なぜならば，部活動やサークル活動，社会貢献活動という場では実は多くのことを学んでおり，大人（教員）からみれば「遊び」や「ままごと」のように捉えられる活動でさえも将来的に役立つ知恵を授けるモノとなる可能性を含んでいるからである。

「知力の高揚，個人の幸福及び社会の発展には，生涯にわたって自ら学習し，自ら成長する自発的・自主的な「学育」（education）というものが不可欠である」（藤川，2003: 300）とするならば，本来，教育が人を成長させるのではなく，人の学習意欲が人間として成長させる。この視点に立てば，"education"は学習者に対して学習しようとする動機付けでなければならない。学習者を客観的ではなく主体的に捉え，「学習支援」という視点から本来の"education"（引き出す）を意識する必要がある。

政策情報学的な学習を行うためには学習者が個々に自己組織化し関係づくりを行い，さらにその結合体であるコミュニティが自己組織化し関係づくりへと発展させていく必要がある。その第一レベルが学習主体（個人）の自己組織化・自己再組織化である（濱野，2007b）。学習は個人とその環境との間における相互作用としての経験における自己形成であり，学習支援は自己形成をより良き方向へ位置づけるための補助的役割でなければならない。特に対象が若者（大学生くらいまで）の場合は，この補助的役割が彼らの将来に多大な影響をもたらす。そのため，補助的役割を担う場合は，「どのように夢を持たせ，その夢に向かってどのように進ませ，どのように実現可能価値を高めさせるか」を常に意識して対応する必要がある。

7 おわりに

　日本における集団主義は終身雇用・年功序列型の企業組織の秩序であり，それと学校教育の中での年齢階梯主義や教育年数主義がセットになって日本社会を支えてきた。1990年代以降次第に変わり始め，個人主義や個の重要性が問われるようになり，2000年代に入るとその主張はさらに強くなっている。こうした集団主義的な関係を変えていくため，「学生の側に視点を向き変える，教えることから，学んでいる学生たち自身の方に目を向ける，視点を移動させる必要がある」など，現在の大学教員への批判もあるように，教員は4年間の顕在的なカリキュラムだけでなく，学生たちが過ごすキャンパスライフの問題，キャンパスライフのなかに埋め込まれた「隠れたカリキュラム」にもっと目を向けていかなければならない。

　「学生同士の関係や，学生（学習者）と教員（学習支援者）の関係を再創造していくためには，クラブ・サークルやゼミ，研究室といった，これまで使われてきた仕組みや制度をもっと積極的に使っていく必要があるでしょうし，同時に，おそらく最も重要な点として，学生たちを巻き込む，学生たちが参加する教育改革を進めていかなくてはならない」（天野，2004: 155, 162, 167, 222）のであり，教員（学習支援者）は「見えるカリキュラム」（教えられている講義科目）のみならず，もっと隠れたカリキュラム（大学生活の中に埋め込まれた部活・サークル・学生活動などのキャンパスライフにおける人間関係論・人間形成論）に目を向け，全面的に支援していく必要がある。田中拓男が主張するように，古くからの伝統的教育システムと現在の教育システムの大きな違いは学習者視点による実践的な学びを通じたシステムになっているかどうかである。

　先述したように，学習は個人とその環境とのあいだにおける相互作用としての経験による自己形成であり，学習支援は自己形成をより良き方向へ位置づけるための補助的役割である。この点からみれば，ここ数年で盛んに取り上げられるようになったアクティブ・ラーニングのような仕組みは「学生が主体的に学習活動を行っており，教師はできるだけ良好な教育環境を整備し，学生の実

践的な活動を支援」（田中，1998: 35）することが重要なポイントであり，その実践的学習支援システムを通じて，学習者としての学生をいかに幸福にするのかを大学は学習者を踏まえながら検討していく必要がある。そして，そうすることで学習支援者は学習者主体による「学習者のユーザビリティ確保」を実現していくことができるのである。

※本章は，過去に筆者が執筆した論文を基に再構成し，加筆修正を行った。

■注
1) 一部では，大学をアカデミック型（研究重視），プロフェッショナル型（専門職業人育成重視），社会貢献型などに分類するといった議論も出ている。

■引用・参考文献
[1] 浅井経子 「問題解決型の学習の評価と学社融合診断」『淑徳短期大学研究紀要』 41号 淑徳短期大学紀要委員会 31-42 2002
[2] 天野郁夫 『大学改革－秩序の崩壊と再編－』 東京大学出版会 2004
[3] 井関利明 「政策情報学における「学習」の条件」 千葉商科大学講義資料 2003
[4] 井関利明 「「政策情報学」の構想（Policy Informatics）－異分野コラボレーションの「知と方法」－」 千葉商科大学政策情報学部10周年記念論文集刊行会編 『政策情報学の視座－新たなる「知と方法」を求めて』 日経事業出版センター 10-26 2011
[5] 奥島孝康 「日本経済新聞」掲載記事 2001年9月15日付
[6] 経済産業省 「社会人基礎力に関する緊急調査」 2006
[7] 高等教育研究会編 『大学を学ぶ－「知」への招待－』 青木書店 1996
[8] 立田慶裕・岩槻知也編著 『家庭・学校・社会で育む発達資産－新しい視点の生涯学習－』 北大路書房 2007
[9] 田中拓男 『大学生活成功の法則・若者たちのキャンパス革命－新しい実践的教育と心の知性－』 文眞堂 1998
[10] 千葉商科大学 「LIVE CUC 1997」 1996
[11] 濱野和人 「学習歴社会における学びと創発－共有協働創造論によるまちづくり－」 『「住まい・まち学習」実践報告・論文集』 8号 財団法人住宅総合

研究財団　97-102　2007a
[12] 濱野和人　「学習支援理論構築のための基礎的研究－コンヴィヴィアル 志向型学習の検討－」『政策情報学会誌』　1巻1号　政策情報学会　94-108　2007b
[13] 濱野和人　「実現可能価値を高める自己教育の意識的前提」『Collection of Research Notes』千葉商科大学地域政策研究室　Vol.2　51-55　2008
[14] 半谷高久　「Shine の仮説を提起する」　小林直樹編　『総合人間学の試み：新しい人間学に向けて』　学文社　2006
[15] 広瀬俊雄　『シュタイナーの人間観と教育方法』　ミネルヴァ書房　1988
[16] 藤川吉美　『大学が変わる・日本が変わる－改革進む日本の大学－』　公共政策研究所　2003
[17] 毎日コムネット　「若年社会人意識調査レポート「クラブ・サークル経験が社会人基礎力育成に与える影響」」　2007
[18] 村井実　『教育からの見直し－政治・経済・法制・進化論－』　東洋館出版社　1991
[19] 山本正身　「「教えない教育」を考える－教育の進化論的基盤の意味－」　田中克佳編著　『「教育」を問う教育学』　慶應義塾大学出版会　2006
[20] ユネスコ　「21世紀教育国際委員会」　フォール報告書　1996
[21] シュタイナー，R.『霊学の観点からの子どもの教育』　松浦賢訳　イザラ書房　1999
[22] マズロー，A. H.『創造的人間：宗教・価値・至高経験』　佐藤三郎・佐藤全弘訳　誠信書房　1972
[23] シュタイナー，R.「教育者に必要な四カ条」(学校創設前に開いたゼミナール挨拶)　1919

10章　地方自治と政策情報学

髙木　昭美

1　はじめに

a　地方自治をめぐる問題状況

　日本の近代史のなかで地方公共団体が果たしてきた役割は，端的に言えば，中央政府が立案，決定した政策を，忠実に実施することであったと言えよう。
　しかし，「地方の時代[1]」と呼ばれた1970年代ごろから，日本の地方公共団体は，地域の特質を捉えた多様な政策や，社会の変化に適応した新しい政策を，国の政策とは別に続々と実施するようになった。情報公開条例など，国に先行して地方公共団体が新たに立案した政策が，国にフィードバックされて法律になるケースが数多く生まれた。
　しかしながら，地方公共団体が扱ってきた政策課題のなかには，政策決定が中断したり，問題解決が困難になったケースが，いまだに数多く存在している。かつての高度成長の時代でも，新聞などのマスメディアの反対で政策決定が頓挫したケースは少なくない。解決に四半世紀を要する問題も珍しくなかったと言えよう。
　しかし，最近の地方自治をめぐる問題状況は，これまでとは様相が質的に異なってきていると思われる。特に最近は，新しい政策や，利害が対立する問題などの決定プロセスが，今まで以上に複雑化，長期化し，社会問題化し，いとも簡単にコンフリクトに拡大するという問題状況が見られるようになっている。
　なぜ，このような問題状況が存在するのか。それは，「ウェブ社会」と呼ばれる社会変化と深く関わっていると考えられる。

b　ウェブ社会の地方自治

　本稿で「情報」とは，「意思決定に作用するデータ」をいう。「データ」とは，事実を表すものである。「データ」は，意思決定に作用するとき「情報」に転化する。たとえば，旅行プランのチラシは，旅行に行こうとしている人にとっては意思決定に作用するので「情報」であるが，そうでない人にとっては「データ」に過ぎない。「データ」は人の意思決定に作用するとき，はじめて「情報」になる。

　現代の日本では，情報通信技術の発達，普及によって，膨大な量の「情報（またはデータ）」が，社会に流通する時代になった。今や，市民のだれもが，「情報」を，瞬時に，大量に，いつでも，安く，入手し利用できる社会になった。それは単なる技術の普及現象にとどまらず，市民の生活感覚，ライフスタイルを変え，社会システムを質的に変化させる社会事象であると考えられる。つまり，市民が「情報」の有用性を充分に認識し，生活のすみずみまで「情報」を活用する時代になったのである。

　このような「情報社会」は，「ウェブ社会」と呼ぶことが一般化しつつある。「ウェブ社会」とは，「情報」が，人々の社会活動に常に決定的な影響力を持つ社会であり，経済，社会の重点が，「財」の生産・消費から「情報」の生産・消費に移行した時代である。言うなれば，ヒト・モノ・カネの動きが，「情報」による意思決定の一連の社会事象として分析，説明できる時代である。

　ところで，地域の問題は，ほとんどすべての市民に関わるものであり，市民のだれもが関心を持つ可能性がある。地方自治は身近な世界である。ウェブ社会では，地域に関する情報も，インターネットを通じていつでも入手することができ，なにかきっかけがあると，すぐに数千人，数万人の市民が関わる社会的な情報プロセスに拡大するようになってきている。

　このように考えるとき，そもそも現代日本の地方自治システムは，ウェブ社会に適応していないのではないか，ウェブ社会における政策形成には，地方議会と首長との二元代表システムの他に市民の意見を集約する新たな社会システムが必要なのではないか，という問題意識が生じるのである。

　それでは，地方自治をめぐる問題状況に対して政策情報学は，どのような役割を果たすことができるのだろうか。本稿では，政策科学，社会情報学，そし

て政策情報学の潮流を改めて確認するとともにこの問題を論じることにしたい。

2　政策情報学の潮流

a　政策科学の潮流

　第二次世界大戦が終わった後，戦争に協力していた科学者，研究者も学園に戻り研究，教育に専念するようになった。世界に大きな影響を与えた学術潮流は，戦後に誕生したものが多い。その1つが政策科学（ポリシーサイエンス）であり，もう1つがサイバネティクスである（髙木，2010）。

　そもそも政策科学は，「国際関係論に関する革命的かつ発展的シンポジウム（「RADIRシンポジウム」）」から始まった。このシンポジウムは，当時の米国の二大政策論争，すなわち，「ニューディール政策」と「原子力政策」の最中に開催され，政策論争や科学的意志決定のやり方を「政策科学」という名前の学問で統一しようとしたものであったと言われている（薬師寺，1989）。会議の概要は，1951年に『政策科学（The Policy Sciences）』として出版された。

　政策科学の提唱者であるハロルド・ラスウェル（Harold D. Lasswell）は，「政策科学」とは，「社会における政策形成プロセスを解明し，政策問題についての合理的判断の作成に必要な資料を提供する科学である」と定義した。また，ラスウェルは，政策科学が追究すべき3つの特性として，①コンテクスト志向性（contextuality），②問題志向性（problem orientation），③方法多様性（method diversity）を提唱した。

　政策科学の潮流は，やがて「政策科学学会（the Society for the Policy Sciences）」の創設となり，また，学会誌『ポリシーサイエンス（Policy Sciences）』が発行され，以来，今日まで幾多の研究成果を世界に送り出し続けている[2]。

　政策科学者の第二世代と呼ばれるイェヘッケル・ドロア（Yehezkel Dror）は，「政策科学とは，社会の意識的な方向づけ，変革のために体系的な知識，構造化された合理性及び組織化された創造性を政策決定の改善のために貢献させることに関わる科学である」と定義した。

　ドロアは，なぜ政策科学が必要かという点に関して，科学者たちが提出した

科学に基礎を置いていると考えられる政策勧告の重大な弱点を指摘している（ドロア，1975）。その要点は，次の3点である。
(1) ある専門的な認識方法に合致するように問題を狭く定式化する傾向がある。
(2) 問題を狭い「トンネル・ビジョン」を通じて認識するばかりか，問題を分析するのに用いる理論さえも有効性の限界にほとんど注意を払わず，専門化された学問から持ってくる傾向がある。
(3) 科学者達は，自分の狭い分野にとどまって特定の学問に属する政策道具を解決策として提示するか，あるいは彼らの及ぶ範囲をはるかに超えて自由に提案するか，の両極端のどちらかになる。

ドロアは，その原因として，政策課題の領域と1つの学問の有効性の範囲が一致しないことを指摘する。つまり，「認識が狭い単一学問的な観点からなされるため，多次元的問題を一次元的なイメージとして捉え問題を歪んで認識し，科学の能力限度を超えて不用意に踏み出し，害とは言えないまでも役立たない勧告を行うことになる」と言う。

当時の学術的政策勧告に対する痛烈な批判である。その後，各学会でも，学術研究の「学際性」と「総合性」について盛んに議論されるようになった。

また，ドロアは，政策科学のパラダイムの要旨を，次のとおり提案している。
(1) 政策科学の主な関心は，社会の進む方向についての理解と改善であり，特に公共政策の決定システムである。
(2) 政策科学は，国家などのマクロ水準に焦点を合わせ，個人，集団及び組織の意思決定プロセスを公共政策決定という見地から見て取り扱う。
(3) 政策科学は，学問間の，特に行動科学と管理科学の間の伝統的な境界を取り去ることを意図している。
(4) 政策科学は，純粋研究と応用研究のあいだの橋渡しをしようとするものである。
(5) 政策科学は，「価値から自由な科学」を目指すのではなく，価値の含意，一貫性などの行動的基礎を探求することによって価値の選択に貢献しようとする。
(6) 政策科学は，すでに承認されている科学的原則や基本的な方法を改訂し

その範囲を超えて拡張しようとする。
(8) 政策科学は，自身の限界を認識し，かつ，それが有用な範囲を明確にする。
(9) 政策科学は，論証性と実証性の点で科学の基本的テストに合格するものでなければならない。

ドロアが提案した政策科学のパラダイムは，今でも世界中の政策科学の潮流の原流になっていると考えられる。

この政策科学の潮流は，1970年代ごろから日本に流入し発展していった。「わが国における政策及び政策科学の研究及び教育の進展の機運は，1990年代の約10年間に大きく増進して，「政策」という名称を付した大学院，学部や学科の数は今や50をはるかに超えており，また，関連する学会や研究集会の活動も活発になっている」「総合政策学・政策科学は日本の社会科学のなかで制度として定着した，と言えよう」（宮川，2002）と評されるまでになった。

b 社会情報学の潮流

「サイバネティクス（Cybernetics）」は，政策科学と同じ時期に同じ米国で誕生した。「生物学ならびに社会科学におけるフィードバックシステムと循環システムに関する会議（「メイシー会議」）から始まった。シンポジウムから始まったことも政策科学とよく似ている。

提唱者であるノーバート・ウィーナー（Norvert Wiener）によれば「サイバネティックス」とは，「動物と機械における制御と通信の科学」である。

やがて，サイバネティクスは，人口知能，ロボットなどの情報工学系に限らず，生物学，心理学，哲学，社会学，文化人類学，経営学など多様な分野で発展した。このサイバネティクスのなかから情報科学が生まれ，さらに社会情報学が生まれてきたと言えよう。

さて，「情報科学（Information science）」とは，情報の作成，伝達，蓄積，変換，処理，創造などに関する研究である。現在では3つの系統に分けられる。

第一の情報工学は，ITについての数理的・技術的な学問である。フォン・ノイマンらが発明したデジタルコンピュータ，クロード・シャノンの通信理論など1940年代に出現した情報理論は，20世紀後半には情報工学として飛躍的

に発展した。

　第二の応用情報学は，経済学，生物学などに情報工学の知見や技術を応用しながら研究を進める学際的な学問領域である。

　第三の社会情報学は，社会における情報やメディアの問題を扱うもので社会科学に属する。社会情報学とは，「情報の視点から人間や社会を社会科学的に解明するために，情報及び情報現象を社会的文脈（コンテクスト）のなかにおいて探求する学問」であると言うことができる。政策情報学は，この社会情報学と密接に関連する。

c　政策情報学のパラダイムとフレームワーク

　日本における政策に関連する諸科学，諸学科の普及，発展の学術潮流のなかから 2000 年代になると「政策情報学」のパラダイムが提案されるようになった。そもそも人間は，政策的動物（Policy-driven or oriented animal）である。政策を扱う知の方法は，アンブレラ，コンテクスト，ビカミング，リエンチャントメント，デジタル・ネットワークという 5 つの特徴を備えるものであり，また，実践の知と方法の 1 つとして「ソーシャル・マネジメント」のキーコンセプトが提案された（井関，2011）。政策科学が指向する，方法多様性，コンテクスト志向性，問題志向性に新たなパラダイムを提案したものと言えよう。

　政策情報学の潮流が，以上のようなものであるとするならば，本稿では，政策情報学の，より具体的なフレームワークとして政策科学と社会情報学を融合する方向性を提案したい（髙木，2012）。次のとおりである。

（1）政策情報学は，政策形成に関する社会事象を，情報及び情報現象として捉え，社会的コンテクストを分析しようとする。そこでは，まず情報プロセスに注目する。政策情報学のポイントは，情報の意味作用を丹念に読み解く作業にある。事実の細部や微妙なニュアンスにも注意したい。事実の法則性をモデル化するため切り捨てられやすい些細な事実が重要な意味をもつ場合がある。

（2）政策課題は，1 つのプロジェクトであり，それ自体が「自律的に働いて（project oriented）」政策形成が行われるのではないか。言い換えれば，制度が問題を解決するのではなく，種々の社会的要素がシステム要素と

して機能するために問題が解決されるのではないかと仮定する。
　　　　この分析にはシステムズアプローチが有効である。本稿で「システム」とは，政策目的の実現に向かって働き機能する社会的諸要素の集合体である。システムを構成する要素間の繋がりと相互作用に注目し，複数のシステム要素を，互いに，機能的，かつ，構造的に結びつける特性を持つ全体（社会的実態）をシステムとして捉えるのである。
(3) 政策形成プロセスの分析作業によって政策システムの問題点を明らかにすることができる。本稿で「プロセス」とは，「ある目的に向けての一連の行為ないしは作業」を言う。また，「分析」とは，問題をその基本的な構成要素に分解し，それらの要素間の関係として問題を再構築してその解決策を研究することである。

　この政策形成プロセスには，情報を処理し，問題を解決し，意思決定するという3つの側面がある。

　「情報処理プロセス（information processing process）」とは，どのような情報（What）が，いつ（When），どこで（Where），誰に（Who），どのように（How）影響を与えたのか。そしてまた，なぜ（Why）そのように情報が作用したのか，情報の意味作用を丹念に読み解く作業である。

　「問題解決プロセス（problem solving process）」とは，解決策（代替案）が形成されるプロセスであり，問題解決のためのコンテクスト（context）を抽出する分析である。

　「意思決定プロセス（decision making process）」とは，複数の代替案のなかから代替案を選択する行為の時系列的変化を追う分析である。

　そして，政策形成プロセスの分析結果を，一定の分析基準によって総合的に評価し，政策システムの問題点を明らかにすることができ，さらに政策システム改善の方向性をつかむことができると考える。

d　地方自治システム

　政策情報学のフレームワークをこのように考えた場合，地方自治制度は，どのようなシステムとして捉えられるか。本稿では，その参考例として井川博のモデルを挙げる。図10-1のとおりである（井川，2010）。

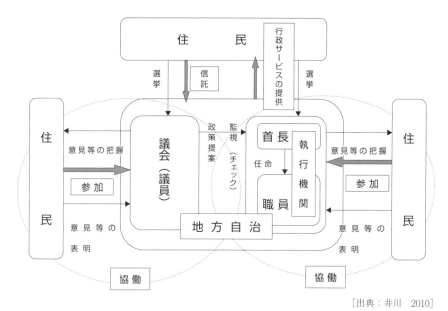

[出典：井川 2010]

図10-1 地方自治システムモデル

　井川博は，地方議会の活性化への期待をこめて，住民の参加と住民意思の反映についての地方自治システムモデルを提案した。地域経営は，住民の信託をうけて自治体が行うが，施策の実施には住民との協働の関係が必要になり住民参加の仕組みを考えることが必要になる。また，自治体の政策に対する住民意思の表明と，意見聴取の方法，いかにしてわかりやすく必要な情報を伝えるかが重要なポイントになると指摘する。

　井川モデルは，地方自治体の制度と社会的実態を踏まえたうえで，望ましい政策形成システムを提案したものと解される。地方自治システムモデルにもさまざまな提案があるが，このモデルに特に注目したい。

　地方自治システムの基本的な機能は，市議会の立法機能と，市長及び市当局の行政機能であるが，ウェブ社会の政策形成では，議会と市長・執行部との二元代表システムに対して井川モデルのように住民の参加と協働による政策形成機能のシステム化が必要ではないかと考えられるのである。

3 政策情報学の方法論

a ケーススタディ理論の有効性

　政策情報学では，常に「論証性」と「実証性」，すなわち「科学性」が求められている。それでは，どのようなアプローチ手法が有効か，方法論が問題になる。

　本稿では，ケーススタディ理論，特にロバート・イン（Robert K Yin）のケーススタディ理論（ロバート・イン，1996）が有効であると考える。本稿のケーススタディとは，「リサーチ戦略としてのケーススタディ」，すなわち，「事実を記述し，因果的連鎖を説明し，問題とその原因を探索し，解決策を模索する経験的研究」を言う。

　なぜ，戦略的ケーススタディ理論が有効であると考えるのか。そもそも現実の社会事象は，多数の因子が関係してシステム全体の働きが決まる状況において，それぞれの因子が相互に影響を与えるため多変量解析や回帰分析のような還元主義的手法では分析することが困難と考えざるを得ない「複雑系（complex system）」の事象である。ケーススタディの手法は，複雑系の事象の「現実コンテクスト（real-life context）」を細部まで的確に捉えることに有効だからである。

　ところが，ケーススタディ理論には，限られた数の事例から得られた知見をどこまで一般化できるのかという問題が生じる。

　思うに，ケーススタディの分析結果の一般化とは，他の事例でも同様の結果が発生するだろうという「蓋然性」の一般化ではない。ある事例から得られた法則性を理論に反映させ改善する「理論的一般化」である。たとえば，ある特定の都市のケーススタディによって都市計画に共通する一般的な問題点とその改善の方向性を明らかにすることができると考えられる。政策情報学のケーススタディでは，政策形成プロセスの事実を分析し，分析基準を援用して考察を加えることで政策システムの問題点と改善の方向性を明らかにすることができると考えるのである。

b 政策情報学のケーススタディ

　筆者は，以上の政策情報学のフレームワークを用いて実際にケーススタディをいくつか実施した。その分析結果からは，現代日本の地方自治システムの政策形成プロセスにおける問題状況の一端を明らかにすることができたと考えている。

　たとえば，筆者は，東京都町田市の「プラスチック性の家庭ゴミの中間処理施設（廃プラ施設）」の建設問題についてのケーススタディを継続的に行っている。町田市では1999年に廃プラ施設の建設を計画したが，市民の反対にあって2005年末に中止になった。その後も市長・市当局の取り組みが続けられているが，2015年9月末現在もなお検討中のままである。この政策形成プロセスの分析では，次のことを明らかにすることができた（髙木，2009）。

　(1) 政策形成には，意思決定の決め手となる情報が存在する。廃プラ施設問題では，施設の安全性と建設場所の情報であった。

　(2) 政策問題の社会的コンテクストは，新聞やテレビなどの既存のマスメディアよりも市民が立ち上げたウェブサイトの影響が強く，ブロガーが主張する意見が核になって形成されている。

　(3) 廃プラ問題では市民のウェブが8つ立ち上げられ情報を提供，共有し「社会的コンテクスト」を形成し，市民集会，署名運動，議員陳情などの反対運動では，市民を動員する大きな影響力を持った。

　(4) 市当局側のウェブでは，膨大な量の政策情報が提供されていたが，廃プラ問題に関しての情報に欠けており，情報をマネジする機能が欠けていたためコンフリクトが拡大し収拾がつかなくなった。

　(5) 町田市で計画した廃プラ施設とよく似た施設が東京都杉並区にあって周辺住民に健康被害をもたらし「杉並病」と呼ばれていた。この情報がウェブで伝播し，町田市の廃プラ施設の安全性の情報と交錯し問題を複雑にした。

　(6) プラスチックを圧縮したときに発生する化学物質に関する学術的情報が，ウェブで伝播し反対意見の根拠となったが，実は科学的には不十分な情報であり，反対運動を助長する結果になった。

　(7) 政策決定が中止になった根本的な原因がウェブ社会そのものにあるのではないかという推論が可能であった。なぜなら，ウェブ社会以前の政策決定で

は，行政当局は，政策情報を，ほぼ独占しており，議会と市長・執行部だけでほとんどの政策決定をすることができた。そこには「情報の非対称性」があった。ところが，廃プラ施設問題では，市民側も市当局側とほぼ同じ情報を持っており，インターネットを通じた社会情報プロセスが，市議会と市長の意思決定に大きな影響を与え，既存の地方自治システムだけでは政策決定できない状況になったと言うことができる。これはウェブ社会以前にはなかったことではないかと考えられる。

あるいは，地方自治システムがウェブ社会に充分に適応していないため，システム障害が起きたと見ることもできよう。

(8) このようなケーススタディの分析結果をもとにして，政策提言まで論じることができた。たとえば，電子自治体政策における「地域情報化」に必要なのは，単なるコンピュータ技術の導入による業務の効率化，市民の利便性の向上ではなく，政策決定に必要な情報を市民に提供する情報マネジメントシステムの設計であるという指摘まで導き出すことができた（髙木，2013）。

4　結語

本稿では，政策情報学のフレームワークとして政策科学と社会情報学を融合する方向性を提案した。その方法論としては，ケーススタディ理論を援用し，政策形成プロセスの分析によって地方自治システムの問題点とシステム改善の方向性を実証的に示すアプローチ手法を考えた。もとより理論的には未成熟であるが，ウェブ社会の政策形成を分析する理論として今後さらに研究を深める価値があるものと考えている。

■注
1) 神奈川県の長洲知事は，「地方の時代とは，政治や行財政システムを委任型集権制から参加型分権制に切り替えるだけでなく，生活様式や価値観の変革をも含む新しい社会システムの探求である」と主張した。当時，「地方の時代」は社会的ブームとなったが，この用語は単なる政治的スローガンではなく，

地方公共団体が，自ら政策をつくる新たな時代の到来を意味していた。
2）この学会誌は，現在は，1995 年設立の「政策研究者学会（the society of Policy Scientists）」が発行している。

■引用・参考文献
　［1］井川博　「地域主権改革と住民意思の反映」　自治体国際化フォーラム　自治体国際化協会（CLAIR）　2-5　2010
　［2］井関利明　「「政策情報学」の構想（Policy Informatics）－異分野コラボレーションの「知と方法」－」　千葉商科大学政策情報学部 10 周年記念論文集刊行会編　『政策情報学の視座－新たなる「知と方法」を求めて』　日経事業出版センター　10-25　2011
　［3］イン，ロバート・K　『ケース・スタディの方法（第 2 版）』　近藤公彦訳　千倉書房　1996
　［4］髙木昭美　「政策情報学のフレームワークに関する試論－政策形成システムのプロセス分析－」『政策情報学会誌』　No.6　Vol.1　5-20　2012
　［5］髙木昭美　「地域課題に関する社会情報プロセスの分析－東京都町田市におけるゴミ問題のケーススタディ－」『政策情報学会誌』　Vol.2　No.1　2009
　［6］髙木昭美　「電子自治体政策の今後の基本的方向性－社会情報学の視点から－」『年報行政研究』　No.48　82-101　2013
　［7］髙木昭美　「ポリシーサイエンスとサイバネティクス－政策情報学の源流をたずねて－」『政策情報学会誌』　No.4　Vol.1　63-70　2010
　［8］ドロア，イエヘッケル　『政策科学のデザイン』　宮川公男訳　丸善　3-5,69-74　1975
　［9］宮川公男　『政策科学入門（第 2 版）』　東洋経済新報社　51　2002
　［10］薬師寺泰蔵　『公共政策』［現代政治学叢書 No.10］　東京大学出版会　30-56　1989

11章　政治理論と政策情報学

中道　寿一

1　はじめに

　2011年3月11日，東日本大震災が発生した。この大災害の特徴は，地震，津波による被害だけでなく，地震・津波に伴う原発事故による未曾有の被害にある。これは，日常生活が根底から揺るがされる事態，日常生活の前提としての安全性がすべて一挙に崩壊する，いわば「日常性の底が抜ける」という事態であった。一般に，こうした，日常の安全性が崩壊するという事態を非常事態，例外状態と呼ぶ。そして，通常，この例外状態は，戦争や内戦という，人と人とが殺戮しあう事態を想定している。したがって，T・ホッブズに見られるような近代政治学は，こうした「自分たちの生活を根底から覆すような要素」をいかにして排除するかという問題に焦点を当てる。だが，今回の東日本大震災のもたらした安全性に対する不安の問題は，「人間相手の，人間がもたらす危険，リスク」から生じる不安ではなく，「自然と人間の関係から生じる」不安の問題，大地震や大津波のみならず，プルトニウムやセシウムという「人間の想像力を超えた存在から生じる不安の問題」なのである（杉田，2012）。

　ところで，政治理論は政治学の一部門であり，とりわけ，政治学のなかの価値に関わる部分を対象とする。「私たちが直面しているさまざまな政治課題のどれ1つをとっても，それらは具体的な制度や政策の問題であると同時に，価値や規範に関わる問題を含んでいる。たとえば年金問題や税制をどうするかは，公平な社会とは何かという問題と切り離して考えることはできない。また，小選挙区と比例代表，一院制と二院制，代表制と住民投票はどちらが『民主的』かといった問題は，デモクラシーがどうあるべきかという議論なしには，論ず

ることはできない」(川崎・杉田，2012。下線筆者)のである。すなわち，政治理論は，具体的な制度や運動の背後にあってそれらを支える価値や規範の問題，より具体的に言えば，政治的共同体のあり方や，より良い政治のあり方を探求するものと言えよう。しかし，こうした問題は，従来の価値や規範が通用しているときにはあまり表面化せず，そうした価値や規範が通用しなくなるような，危機や例外状態に直面したとき，一挙に噴出する。「例外状態」の政治学者C・シュミットによれば，例外は，「推定不可能なものであり，一般的把握の枠外にでる」ものであるが，「通例事例より興味深い。常態は何一つ証明せず，例外がすべてを証明する。例外は通例を裏付けるばかりか，通例はそもそも例外によってのみいきる。例外においてこそ現実生活の力が，繰り返しとして硬直した習慣的なものの殻を突き破る」(シュミット，1971)のであり，また，「例外的事態こそが，特に決定的な，ことの核心を明らかにする意義を持つ」(シュミット，1970)のである。

　したがって，今回の大震災は，非常事態，例外状態であることによって，これまで見えなかったものが見えてきたし，すでに存在していたがこれまで隠れていたいろいろな問題が表に出てきた。とりわけ「人間がコントロールできないような，人間の想像力を超えるようなもの，そして一旦暴走し始めると非常にコントロールが困難なもの」(杉田，2012)が露呈したのである。こうした問題について，政治理論は当然のごとく関わらなければならない。私たちはこれまで，どのような価値を前提にし，どのような社会を目指してきたのか，そして，この危機を契機に，どのような価値を追求し，どのような社会を目指したらよいのかなどについて考えなければならない。その際，政治理論は，政策情報学と，こうした新しい価値の創造や新しい社会の形成に関してどのように関わることができるのかについて検討してみたい。すなわち，政治理論と政策情報学との邂逅について検討してみたい。

2　政策情報学について

　まず，政策情報学とはいかなる学問であるのかという点から始めよう。井関利明は「『政策情報学』(Policy Informatics)の構想－異分野コラボレーショ

ンの『知と方法』−」（千葉商科大学政策情報学部10周年記念論集刊行会，2011）において，政策情報学について，以下のように説明している。政策が「問題解決，または目標達成のための行動計画とその実行」，「自らを取り巻く環境の状態と動きを察知し，環境に働きかけ，あるいは自分自身を革新しようとする，人間特有の行動」であるとすれば，その行動を「政策行動」と呼ぶことが可能であろう。この定義を，情報にアクセントを置いて捉えなおしてみると，「自らの存続と発展のために，外部環境から情況や事物・現象についての『情報』を得て，これを識別し，評価し，組み合わせて，対応のための行動を計画」することとなり，「政策行動」は「政策情報」行動となるが，ここで重要なのは，「不確かさを減少させ，より有効な行動選択に役立つ情報を獲得するため，そしてその行動成果を広く伝達し，評価を受けるために，どのようなメディアや技法を活用して，どのような情報を収集・分析，発信すべきか」である。ここに，こうした「一般化された『政策情報』概念を，意識的に作り出す作業を通じて」政策情報学が成立するようになる。

　しかし，政策情報学は，「従来の個別諸科学とは異なり，必ずしも体系化や理論的完成を目指す学問ではな」く，「個別科学をこえた，超領域的（Trans-disciplinary）あるいは諸科学横断的（Cross-disciplinary）な」「異分野コラボレーションのフィールド」であり，そこで必要なものは，新しい「知と方法」，「問題解決と価値創造のための関係づくり作法」としての「ソーシャル・マネジメント」である。したがって，こうした政策情報学の特徴は以下のように整理される。すなわち，①「さまざまな社会問題を解決し，新しい社会的価値を創造し，社会関係の活性化を図るさまざまな試み，特に超領域的，諸科学横断的アプローチの数々が，緩やかに包含される」「アンブレラとしての政策情報学」。②「特定の問題解決に焦点を当てたとき，その解決のために，さまざまな分野（個別諸科学）から，概念，モデル，理論，技法などを借用し，導入して，組み合わせ，新たな意味と関連を創りだす」「コンテクストとしての政策情報学」。③「問題と共に，状況と共に，新しい要素を取り入れながら常に発展し，自己再組織化していく」「ビカミングとしての政策情報学」。④「Disenchanted（「脱魔術化」）された西欧近代科学とは異なる地平に，Reenchanted（「再魔術化・人間回復」）された『実践の知』の可能性」を期待

できる「リエンチャントメントとしての政策情報学」。⑤「21世紀メディアであるデジタル・ネットワーク（ICTとソーシャル・メディアを含む）」に支えられた「政策情報学」。かくして，政策情報学とは，「よき社会，よき制度，よき関係の実現を目指して，人々の価値観，慣習，行動様式を変革するための『社会的技術』を，さまざまな交流のなかに創りだす場」と定義される。

3　知識社会学と政策情報学

　ところで，こうした政策情報学を，「政治学は科学として成りたち得るか」という課題の下に，「流動しつつあるもの，生成しつつあるものについての知識，創造的行為についての知識は存在するか」と問うたK・マンハイムの「知識社会学」と関連づけて見ることはできないであろうか。

　マンハイムは，知識の存在拘束性を前提としながら，政治的知識の特質について，次のように述べている。「政治の領域が始まるところ，いっさいが生成の途上にあり，我々のうちの認識する集合的主体がこの生成そのものを形成するところ，思考が観察ではなくて，対象との能動的な共働作用であり，変革であるようなところでは，あるまったく別の認識が現われてくるように見える。ほかでもない，決定と視角とが分かちがたく相互に連関しているような認識である」。ここでは，「意欲や評価作用や世界観は，思考の成果から解き放されてはならない。思考の成果は，意欲や世界観とからみあったそれ本来の状態のままにしておかなければならないし，すでにこの状態から解き放されてしまっている場合には，あらためてもとの状態につなぎとめなければならない」。したがって，「政治という分野の知識としての社会学」は，「どんな理論的主張をも，絶対的に妥当するものとして受け入れることなく，世界がそれに基づいて具体的な姿を取る根源的な立脚点を再構成し，遠近法的な見解のすべてを，全体としての過程のなかで理解しようとする」ものであり，「政治社会学という形での科学としての政治学は，けっして完結した明確に限定づけられた完全な対象領域ではなく，それ自身生成しつつあるものであり，流動のうちに根ざしている」ため，「相互にせめぎあうさまざまな勢力の動的展開のうちでつくられていく」ものであるから，さまざまな事象の連関を見る際に，「動的な媒介を目

指す綜合への衝動に基づいて，そのつど現存するさまざまな見方をたえず新しく綜合しようとする試みとして作り上げられる」ものなのである。では，こうした「生成しつつあるものについての知識，実践についての実践のための知識」を得るためにはどうすればよいのか。すなわち，「常にそれぞれの政治的知識の存在拘束性に注目し，社会的，行動的立場から解明形式を把握しようと努める分析」をマンハイムは，「知識社会学的分析」と呼ぶ。そして，彼は「知識社会学的分析」には3つの道があると言う。1つは，政治的知識の存在拘束性のゆえに，その知識の真理性を否定する道，もう1つは，政治的知識の存在拘束性の契機そのものを「誤謬の源」として摘発し除去することによって「客観的に」妥当する「没評価」的領域に到達しようとする道であり，そして，第三の，本来の道である（マンハイム，2006。傍点著者，下線引用者）。

　では，知識社会学の第三の道とは何か。マンハイムによれば，政治的知識の存在拘束性のゆえに，また，政治の領域においては評価的要素が分離できないものである以上，政治には決定という非合理的要素が介在する。「政治的認識は決定抜きには不可能であるということ，この決定は，いつも全体構造のどこかに，媒介を提案する場合にも，ほかならぬ動的な媒介をはかろうとする自己決定それ自身のうちにひそんでいるということ」，したがって「我々にとって反省の対象となり，知ることができるようになったすべてのものが，問題として設定され，熟慮にかけられたあとで，はじめて決定が下され」なければならない。かくして，「前時代には支配されていなかった諸要因がいっそう理論的に反省されるようになり，決定がますます背後に退いてゆく」ことによって，「合理化されたもの，合理的に支配されうるものの領域が［我々の人格的領域においても］ますます増大し，それに応じて，非合理的な活動領域はますます狭められてゆく」のであるが，しかし，こうした発展の先に，「もはや非合理的なものや決断がそもそも成りたたないような，完全に合理化されつくした世界が成立するか」と言えば，その可能性は「たんにユートピア的という以上の，なおはるかかなたに横たわっている可能性」でしかないとして，否定する。かくして，マンハイムは以下の点を確認する。「政治学は，こういう非合理的な活動領域がある限りでのみ，そもそも政治学として可能なのだということ［それが消滅するところでは，かわって「行政」が現われる］，さらに，『精密な』

知識様式と比べて政治的知識の独自性は，知識は意欲と分かつことはできず，合理的要素とあの非合理的な活動領域とは本質的に癒着している，という点にあること，そして最後に，社会生活における非合理的なものを排除しようとする傾向が現存していること，そうして，それと密接に関連して，これまで我々を無意識のうちに支配してきたさまざまの要因にたいして，ますます理論的反省が加えられるようになってきていること」（マンハイム，2006）。こうした知識社会学の「知と方法」は，上述の政策情報学の「知と方法」と多くの点で，少なくとも①〜④と深く重なり合うのではないか。

4　例外状態と政治理論

　東日本大震災・福島原発事故という3・11の例外状態があぶり出したものとして，安全性（セキュリティ）の問題があることについては，すでに述べた。セキュリティの問題としては，治安と生活保障があるけれども，こうしたセキュリティを維持するために，「統一的な権力」「権力の一元化」の必要性がしばしば強調される。そして，この主張には，国家観や権力観の変化が伴っている。

　杉田によれば，20世紀に入って資本主義の発達とともに，立法国家であり消極国家であった夜警国家は，弱者救済の目的の下，福祉国家化していき，行政国家，積極国家となり，社会生活全般にわたって，国家が介入するようになる。しかし，20世紀の終わり頃から，世界的に政府への集中が弱まり，権力の多元化が進行している。すなわち，グローバル化によって「主権国家の限界」が主張されるようになっている。環境問題は，主権国家では管理できない広域の問題であり，経済のグローバル化によって主権国家の役割は小さくなってきた。ところが，今回の危機によって，これまでの政治の在り方が変わってくる可能性がある。すなわち，非常事態においては，危機を克服・回避するために，権力を集中する必要があるという，「権力集中のメカニズム」が作動してくる。また，それに伴い，権力と自由・権利を対立的に捉える自由主義的権力観から，権力の破壊的側面だけでなく，「ひとを生かし，生活を繁栄させる」権力の生産的側面（M・フーコーの生権力）を期待する権力観へという変化が生じてくる。こうした諸点を踏まえて，杉田は，「短期的な危機対応としては

一定の中央集権的な復興が必要になると思うが，中・長期的にはむしろ柔軟な分権社会にする必要がある」と述べながら，3・11の例外状態によってあぶり出された諸問題について貴重な示唆を与えている（杉田，2012）。

　ところで，このこととの関連で，ジグムント・バウマンの「非常事態国家」についても触れておきたい。バウマンは，C・R＝マドラーゾとの国家についての対談のなかで，C・シュミットを引用しながら，次のように述べている。「モダニティのヴィジョンである，〈強力〉で〈合理的な国家〉，〈現実的実体としての国家〉，〈社会の上に聳え立ち，党派的な利害関心から自由な国家〉，社会秩序を条件付け決定する地位を主張し得る国家，かつて神が占めていたが今は空白になっているその立場に就くことのできる国家，といったものは，現実には，党派的な紛争，革命，行為能力のない権力，何かに依拠するのを好まない多様な社会のなかへと，解消し蒸発してしまった」。しかし，「人間の脆弱性と不安定性は，すべての政治権力の土台となっています。権力は，人間を条件付けるこれら二つの頭痛の種から実行的に保護をすることを，自らに服従するものに約束します。そうした権力は，自らの権威を主張して，服従するよう要求するのです」。すなわち，「政治権力は，現にすでに存在する脆弱性と不確定性をある程度緩和することを，臣民に約束することで正統性を得るのです」。こうした「正統性の究極的な表現が，近代的な政府の形態として自己を定義する〈福祉国家〉であるのは明らかです」。だが，そうした政治権力は過去のものとなっている。なぜなら，「モダニティの〈液状化した〉局面が出現し，統治形態と支配戦略もそれに追随しているからです。〈福祉国家〉の諸制度は，どんどん分解されていき，消えていってしまいました。その一方で，それまで経済活動や，自由な市場競争とそこで生じる極端な帰結に対して課せられていた禁止事項は，一つずつ撤廃されていきました。国家の保護機能は，次第に弱まって来ているのです。いまでは国家は，雇用されない人々，病気や障害のある人々といった，小さな少数派に焦点を移しています。ただし，そうした少数派の存在でさえ，〈社会的ケアの問題〉から〈法と秩序の問題〉へと再定式化される傾向にあります。市場のゲームに参加できないということが，どんどん犯罪化される傾向にあるのです。国家は，自由な市場という論理から生じる脆弱性と不安定性から手を引いています。脆弱性と不安定性は，いまや，個人的

な失敗か個人的な事情として再定義されています」。すなわち，自己責任の問題となっている。さらに，「現代の国家は，市場が生み出す不安定性の帰結に対処する，それまでのプログラム化された治療体制を廃止しました。そしてその反対に，その不安定性を貫徹させ強化することが，国民の福祉に配慮するすべての政治権力の使命だと宣言したのです。ですから現代の国家は，それまでとは別の，非経済的な脆弱性と不安定性を追求しなければならなくなりました。なぜなら，そこに国家の正統性を依拠させるからです。こうした正統性の代替案は，近年，個人の安全の問題に位置付けられてきたように思われます。つまり，犯罪行為から生じる身体，財産，住居に対する脅威の問題，また，〈アンダークラス〉や，ごく最近ではグローバルなテロによって起こされる反社会的行為の問題におかれているのです」。しかも，この新しい不安定性は，「国家による救済という失われた独占権を復活させるために，人為的に強化されなければならないのです。あるいは少なくとも，〈公式の恐怖〉を呼び起こすために，高度に劇的に演出されなければならないのです」。そして，他方で，「脅威を具体化させないことは，並々ならぬ事業として称賛されます。国家機関による警戒とケアと善意の結果として称賛されるわけです」。これこそ「例外権力の絶頂」，「非常事態国家の絶頂」であり，「敵を名指す国家の絶頂」に他ならないとバウマンは言う。

　さらに，バウマンによれば，ここに，経済のグローバリゼーションの結果から生じた悲劇として，「人間がパーリア（社会ののけ者）とみなされ，廃棄される道具程度の価値しかない社会」，「数百万の移住者，失業者や放浪者は，〈人間廃棄物〉，〈過剰人口〉の積み残しにされてしまう」社会の登場があり，国家は，「〈社会的に余分な存在〉としての排除や非難を被ること，あるいは〈人間廃棄物〉として放り出されることへの恐怖から人々を守る」ものとして正当性を得る。「非常事態が常態化された状況」になればなるほど，人々の頭はセキュリティでいっぱいになる。それゆえ，今日，「恐怖の陰謀」は，「排除され周縁化された人たちの行為のなかに見出される」ようになった。したがって，「政府はすでに合意をつくりだす能力ではなく，恐怖の動機を復元する計算高い抜け目のなさの方に心血を注いでいる」。すなわち，バウマンによれば，現代の国家は「恐怖の管理・組み替え・リサイクル工場」となり，まさに「非

常事態国家」となっているのである。

5 政治理論と「危険社会」論

　現代の国家を所与のものとして捉える限り，バウマンの「非常事態国家」という現実は見えてこない。所与のものを対象としながら，その表層を食い破り深層にまで入り込むことによって新たな現実を剔抉すること，そこにこそ政治理論の意義がある。この政治理論の意義を強調するために，内山秀夫は，次のように述べている。「私たちは私たちが生きている生活環境について，あまりにも無知なのではないだろうか。それはあるいは一つには，産業社会の高度化によって，あらゆることがらが同時的・共時的に並列してしまって，解読すべき問題の優先順位が決定できないままに，私たちが茫然として拱手している事態を意味しているのかもしれない。つまり，高度産業社会と高度情報化社会は，……すべてを所与とし，人間がいとなむ生活－生命への意志を閉塞すべく機能しているのだ，とも言えるだろう」(内山，1998)。この所与としての政治を，「人間の意志の営みとしての政治」へと組み替えるためには，「人間の生の多くの領域に属するさまざまな主張や特徴について鋭敏な感受性を涵養」すること，「政治的な経験と思想の間の微妙で複雑な相互作用にかんして我々の感覚をとぎすまさせ，さらに，過去の政治的閉塞状況が提起した可能性と脅威とを新たに捉え直そうとする知性の必死の努力」が必要であるということ，したがって「市民的共同体に固有のものを，その本来の場である市民的共同体に返す」という感覚に根ざした「暗黙の政治的知識」が必要であるということ（S・ウォリン，1988）を，強調している。また，「進歩のもつ破壊的な側面への省察が進歩の敵方の手に委ねられている限り，思想は盲目的に実用主義化されていくままに，矛盾を止揚するという本性を喪失し，ひいては真理への関わりを失うにいたる」（アドルノ・ホルクハイマー，1990）のであるから，「進歩のもつ破壊的な側面への省察」が必要であることを強調する。すなわち，所与としての政治を「人間の意志の営みとしての政治」へ組み替えるためには，「自己省察を懸命に積みあげねばなら」ないのであり，その省察の始発点は，「"私たちの今"を囲い込んでいる『科学＝技術文明』を剔抉する作業」でなければな

らない。「なぜなら，そのもつ破壊性は，それがもつ進歩の論理，つまり私たちの行方を規定する論理の打破によってはじめて，その全貌を明らかにするからである」(内山，1998)。

そこで内山は，現代社会を，「社会の近代化の必然的帰結として，『空間的・時間的に無境界・無限界なリスク』が，社会的に生産され，近代社会そのものへの脅威となる」社会として捉えるウルリヒ・ベックの「危険（リスク）社会」論を取り上げる。ベックによれば（ベック，1998)，危険社会とは以下のようなものである。「危険社会においては，社会の生活基盤を人間が内部からつくりだすことから，問題や課題が発生する。人間を不安に陥れる危険がどこから発生するかといえば，もはや人間の外部にあるもの，人間にとって未知のもの，人間とは異なったものからくるものではない。そうではなく危険は，人間が歴史的に獲得した能力から発生するのである。つまり，地上の生命体の再生産の基礎を人間が勝手に変えたり，つくりあげたり，破壊することができるようになったことからくるのである。言いかえれば，危険の根源は無知にあるのではなく，知識にある。自然を支配できないというところにあるのではなく，自然を完全に支配できるというところにある。人間の手が加えられていないものにあるのではなく，まさに産業社会において下されたさまざまな決定や確立された必然性全体にあるのである」。次に重要なのは，「危険社会」における「政治」の位置づけである。ベックによれば，近代社会は危険それ自体であるが，同時に「社会自身が生み出す危険からの解放を約束するもの」となったため，「危険が原動力となって産業社会としての近代がそれ自体政治化していく」だけでなく，「危険によって『政治』の概念も変わってくるし，『政治』が行われる場所や方法も変わってくる」。ベックは，「代議制民主主義に則った議会内での政治」を「政治」と呼び，「代議制民主主義の外部で行われる政治」を「サブ政治」として区別しながら（柴田，2012)，政治の変化について，4つの命題を提示する。①産業社会の変化に伴って「分裂した市民」（多くの政治的意志形成の舞台で民主主義的権利を主張する「市民」と，労働と経済の分野で自分の私的利益を擁護する有産者としての「市民」）に対応する，政治＝行政システム（政治）と技術＝経済システム（非政治）が発展分化し，前者においては政治的民主主義の確立の方向へ，後者は「政治的でも民主的でもない社

会変化の確立」「『進歩』と『合理化』」によってすべてを正当化する方向へと進む。②近代化の過程において「政治と非政治とを分ける境界線を引くための必須の前提条件」は，「社会福祉国家の形成に政治的意義と推進力を与える階級的不平等が社会的に明らかに存在すること」と，「生産力の発展と科学化という状況が存在」し，「これが有する変革の潜在的可能性が，政治によるコントロールの範囲内にあり，それによって社会変化を正当化する進歩というモデル自体が否定されないこと」であったが，自己内省的近代化によってそうした前提条件が満たされなくなり，「公権力を委ねられた政治は，政治そのものに専念することによって力を失い，……社会の変化は，政治的でないものの形をとって静かに生じて」いるため，「公権力に委ねられた政治と，社会の広範囲にわたる変化との間に不均衡が生じ」，「政治と非政治の概念の境界が曖昧に」なっている。③社会福祉国家の意義の稀薄化と，大規模な技術革新がもたらす，未知の危険の同時進行によって政治の枠が取り払われる。一方で，民主主義と社会福祉国家が実現した結果，政治システム内での行動の余地が制限されるため，政治システムの外側で市民運動や社会運動という形での政治参加が必要になることから，また他方，「技術＝経済的発展が，変化とそれに伴う潜在的な危険が増大するのと並行して，非政治としての性格を失」い，「政治のカテゴリーにも非政治のカテゴリーにも入らない」「第三の政治，いわばサブ政治」となり，社会の変化に影響を及ぼす。④社会福祉国家の実現によって，「今や社会を形成する潜在的可能性は政治システムから科学＝技術＝経済的近代化というサブ政治に移」り，「政治的なものが非政治的になり，非政治的なものが政治的になる」。

　ベックは，こうした命題を前提にしながら，以下のような2つの事態に注目する。「社会福祉的国家の発展とともに政治が内在する限界と矛盾に直面したことであり，それによってユートピアに向かって突き進む衝動を失った」ことと，「社会の変化が，科学研究とテクノロジーと経済という3つのものの相互連関によって引き起こされるようになってきた」ことである。そこに成立するものは，「政治の終焉」（内山秀夫）であり，「誰によるものでもない支配」（ハンナ・アレント）である。「新たな社会の形成は議会の外側で何の反対も受けずに行われる。そこでは，社会の形成に関するプログラムが議論されることも

ない。また知識の増大とか経済的収益性という外から与えられた目標に対して異議が唱えられることもない。<u>事態は奇怪な様相を呈してくる</u>。非政治が，政治が有する統括的役割を果たすようになる。政治はというと，公的に資金を受けて，発展の光の面を宣伝する広告代理店になり下がる。ところが，政治はそのような発展の光についてよくは知らないし，そのような発展は政治の活動とは離れたところで<u>生じているのである。政治は発展について何らの知識も有していない。それ以上に問題なのは政治が発展に伴う必然性の下におかれることである</u>」（ベック，1998。下線引用者）。

最後に，「未来を政治的にいかに形成していくか」という問題に対して，ベックは，3つのシナリオを示している。「産業社会への回帰（再産業社会化）」は，「進歩と文明を前提とし，そこから得られた教訓を付け加えて進もう」という「現実的な戦略」であり，「技術変化の民主主義化」は「近代化の伝統に従うものであり，自己制御可能性を拡大していくという観点」に立つものであり，「政治の分化」は「社会の細分化と民主主義の発達によって政治，サブ政治や反対政治に見られるようなさまざまな政治が発生」して「政治の外枠がなくなった」ことを出発点とするものである。とりわけ，この「政治の分化」というシナリオには，「新たな近代の訪れ」「自己内省的近代化」が含まれていることによって，重要である。「多くの危険や問題は近代の発展の延長線上で生じた。しかし，産業社会における近代化の諸原理が半面的にしか実現しなかったため，その危険や問題の重要性が認識されるようになったのである。危険社会によって人類に苦しみがもたらされるとともに，不確実性がもたらされた。その不確実性にも積極的な面がある。近代化がもたらしたあふれるばかりの多くの平等と自由と自己形成を用いることによって，産業社会からの制約や必然性や進歩宿命論に対して闘うことも可能になったのである」。そして，「細分化した（サブ）政治全体の状況を把握し描き出すには，<u>今までとは別の政治の認識が必要である</u>。それは民主主義モデルにしたがって政治の機能が政治システム内部で特化すると想定するのとは異なった政治認識である。民主主義が共通化するという意味において，政治が普遍化されたのではない」（下線引用者）。たしかに，「政治がその枠を取り払われることについて歴史的には一応の完成をみた。しかし，これを更に推し進めていかなければならない。政治は将来の

社会のあり方を決定する唯一の，あるいは中心的な存在ではない」。すなわち「政治の分化」は，「積極的な参加とか反対という意味で，市民による反対運動が普遍化した」ことからもわかるように，「政治の弱点あるいは機能不全の証拠」ではなく強みである。なぜなら「サブ政治は実際は社会的生活の基盤を変化させているのであり，自分の手段を用いて政治を行っている」からである。

したがって，問題は，「死と生を定義する科学研究を，法令や議会の決定によらずいかにして統制しうるか」，しかも「問題提起の自由を奪うことなしに」それを行うことができるかである。これに対して，ベックは，「サブ政治の影響力を一定範囲で育て法的にこれを保障することによって，それが可能となる」と主張する。その最も基本的なものは，「サブ政治による統制システムのなかの二本柱」，すなわち，「強力かつ独立した司法」と「マスメディアの受け手としての強力かつ独立した大衆」である。サブ政治でも，「危険を生み出すサブ政治ではなく，危険に対して闘うサブ政治，たとえば司法，市民運動などを強めていくこと」が重要である。なぜなら，「ここでは，危険を生み出す側に立つ既存の科学や専門家に対して，同様に専門的知識をもちつつもそれに対して異議を唱える<u>対抗科学</u>や<u>対抗専門家</u>にその期待がかけられる」（下線引用者）からである。もちろん，これらは自己統制と自己批判によって補完されなければならない。なぜなら，「自己批判を制度化することの重要性は，多くの領域において，関係するノウハウについての知識なしには危険自体も危険を避ける道も見出し得ないことから明らか」だからである。「制度的に保障された形で，専門の枠を取り払い大衆の参加を得て，議論と検討が行われなければならない」。そのためにも「企業内での経験について技術者が，報告でき」，「自分たちが目撃した危険や自分たちが作り出した危険を工場の出口で恐れる必要のない」ような，「公共の利益のために，職業と企業の内部の技術であってもそれを批判しうる権利が勝ちとられ保障されなければならない」のである。もちろん，こうした「サブ政治」とともに「形式的な意味での政治」も重要である。なぜなら「政治のもつ監視機能，調停機能，論争機能及び象徴機能が政治の主要な役割となりうる」からである。

内山は，現代の産業社会の内包している危険な現実を「告発的に"理論"化した」ものこそ，以上のようなベックの「危険社会」論であり，そこでは，

「産業社会に代わりうる『新しい社会』」を語るのでもなく「ユートピアを語る」のでもなく，「産業社会の反人間性を陽画として私たちの網膜に焼きつける作業」であり，社会を「人間が生きる場として，所与ではなく未知の人間世界として想定」し直し，その「未知」に挑むことの「政治的意義を自ら証明」しようとしたものであったと，指摘している（内山，1998）。

6　おわりに

　U・ベックは，「未来を政治的にいかに形成していくか」という問題に対して，「自己内省的近代化」を内包する「政治の分化」のシナリオを示し，「政治」と「サブ政治」双方の意義を認めながら，とりわけ，「危険を生み出すサブ政治」ではなく，「危険に対して闘うサブ政治」の重要性を指摘していた。すなわち，「危険を生み出す側に立つ既存の科学や専門家に対して，同様に専門的知識を持ちつつもそれに対して異議を唱える対抗科学や対抗専門家」の重要性を指摘していた。

　これに対し，「従来，生活，社会（特に地域社会），環境に関わる諸問題を検討し，分析し，解決策を提示し，実行に移す作業は，もっぱらテクノクラートと総称される官僚・公務員そして専門家たちによって担われ，……問題の本当の当事者であるはずの市民・住民たちは，そこから疎外された存在であった」。しかし今日，当事者である市民・住民たちは「時間的・経済的余裕をもち，十分な情報も装備して，自らの環境改善と問題解決に積極的，主体的に関わるようになって」，「有効な政策立案と問題解決のためには，市民・住民たちの参画は欠かせない」時代となっている。このような状況にあって，「異なる立場の人々が，自発的に集まり，公共的な問題の解決及び価値創造を目指して，相互関係をつくり，協働して，望ましい結果を生みだし，その結果を評価し，責任を持つための『知と方法』としての『政策情報学』」（井関，2011）こそ，ベックの「政治の分化」のシナリオにとって，また，「危険と闘うサブ政治」にとって，極めて重要な位置を占めるのではないだろうか。

　ところで，内山は，政治理論の意義の1つとして，社会を「人間が生きる場として，所与ではなく未知の人間世界として想定」し直すことにも触れている

が，その際，R・ダールの「ポリアーキーⅢ」で示された「情報を手にした市民」(well-informed citizen)，すなわち，「現在の管理者としての政策エリートと人民とを隔絶しているギャップを埋める」ものとして「テレコミュニケーションをその資源とする《情報を手にした市民》」に注目している。しかし内山は，テレコミュニケーションが政策エリートを正当化するための資源でもある以上，「情報を手にした市民」を「注意深い公衆」(attentive public)へと転位させなければならないと言う。なぜなら，その「公衆」は「人民が政治的平等者として自治し，それに必要なあらゆる資源と機構を保有するというヴィジョン」によって裏打ちされているからであり，「人民が平和裡に共生し，相互の本質的対等性を尊重し，協同してありうべき最善の生活を追求する社会探求のために常に必要」なものだからである（内山，1998）。政治理論がこの「ありうべき最善の生活を追求する社会探求」に寄与するものであるとすれば，このヴィジョンを「構想する能力にそなわった批判力」を研ぎ澄まさなければならない。その意味において，政策構想が，単なる政策のデザインではなく，政治のデザインでなければならないように，政策情報学もこのヴィジョンに与するものであるならば，市民の批判力に根ざした，政治のデザインを目指すものと言えるのではなかろうか。

■引用・参考文献

[1] 井関利明 「「政策情報学」(Policy Informatics) の構想－異分野コラボレーションの「知と方法」－」 千葉商科大学政策情報学部10周年記念論集刊行会編『政策情報学の視座－新たなる「知と方法」を求めて－』 日経事業出版センター 2011

[2] ウォリン，S 『政治学批判』 千葉眞ほか編訳 みすず書房 1988

[3] 内山秀夫 「現代世界と政治理論」『政治と政治学のあいだ』 日本経済評論社 1998

[4] 川崎修・杉田敦編 『現代政治理論』 有斐閣アルマ 2012

[5] 柴田悠 「リスク社会と福島原発事故後の希望」 大澤真幸編著 『3・11後の思想家25』 左右社 2012

[6] シュミット，C 『政治神学』 田中浩・原田武雄訳 未來社 1971

［7］シュミット，C 『政治的なものの概念』 田中浩・原田武雄訳　未來社　1970
［8］杉田敦 『3・11 の政治学−震災・原発事故のあぶり出したもの−』 かわさき市民アカデミー　2012
［9］バウマン，Z／ロヴィローザ＝マドラーゾ，C 『《非常事態》を生きる−金融危機後の社会学−』 高橋良輔・高澤洋志・山田陽訳　作品社　2012
［10］ベック，U 『危険社会−新しい近代への道−』 東廉・伊藤美登里訳　法政大学出版局　1998
［11］マンハイム，K 『イデオロギーとユートピア』 高橋徹・徳永恂訳　中央公論新社　2006
［12］ホルクハイマー，M／アドルノ，T 『啓蒙の弁証法』 徳永恂訳　岩波書店　1990

Ⅲ部

政策情報学的思考のための
キーワード

第Ⅲ部では，政策情報学的思考をするために不可欠な用語，政策情報学の理解に必要なトピックのうち主要なものを厳選してGlossary（用語集）としてまとめた。配列は主題の五十音順とした。執筆にあたっては，下に記載した3名が担当し，それぞれの文責については各項目の文末の〔　〕内にイニシャルで表記した。参考文献については，末尾に一括して記載した。

市川顕〔AI〕，加藤久明〔HK〕，朽木量〔RK〕

＊ヴァナキュラーな知

井関は政策情報学の基本姿勢として，以下のように述べている。「従来の個別科学では，「対象からの距離化」を学問の中立性，客観性として強調します。「政策情報学」は，むしろ「対象世界との関わり合いや参加・参画」を基本的姿勢としています。また，前者は，内的整合性の高い「理論体系の形成」を目指していますが，後者は，対象世界と関わる「現場の知恵や暗黙知」の再編成を狙っています。つまり，モデルや理論から始まるのではなく，社会と生活の具体的な文脈における個々の生活体験や問題・出来事から出発します」（井関 2011b: 19-20）。

ここで挙げられた「現場の知恵や暗黙知」を把握するうえで，助けとなる概念がヴァナキュラー（vernacular）であろう。これはイヴァン・イリイチ（Ivan Illich）が提唱した主要概念の１つであり，それ自体は，風土的・地域固有性（「根を下ろすこと」）という意味を持つ（北野，2007: 346-347）。西山の整理（西山，2002: 265）に従えば，イリイチが最も重視するのは，「自己固有の労働」だという。これは対価を得ることのない活動であるが，賃労働と異なり，生存に固有の価値を置き，日々の生活を養い，改善していく活動であるという。そしてこのような「自己固有の労働」は，ヴァナキュラーな活動に基づき，働くことで生きていることを実感し，歓びを得る活動であるとされる。近代化の過程で，人間は経済システムのなかに埋め込まれ，賃金を得ることのできない仕事（家事労働など）は産業社会における「シャドウ・ワーク」（イリイチ，2006）と化してしまったが，そもそも人々は賃労働のため以外にも，家族のため，コミュニティのために，活き活きと働いていたであろうことを，ヴァナキュラー概念は想起させた。

このような近代化以前にコミュニティが有していたヴァナキュラーな知は，イリイチによればアルファベットという「国」語により攻撃を受けた（イリイチ，サンダース，2008）とされる。つまり，「オーラリティがABCに，ABCがコンピュータやインターネットに取って代わられ」「変わりゆく技術によって，思考や精神のヴァナキュラーで根本的な枠組みが変質」（北野，2007: 365-366）することが問題視されたのだ[1]。

政策情報学では，「理性中心主義，客観主義，数量化，法則定立，予測可能

性」(井関, 2011b: 14) を追求する「Disenchanted (脱魔術化) された西欧近代科学とは異なる地平に, Reenchanted (人間回復) された「実践の知」の可能性」(井関, 2011b: 15) を模索している。そのため, 地域社会におけるヴァナキュラーな知を通じた, 知の再編成が求められている。

　ではそれは, どのような実践によって行われるのであろうか。一例として, 朽木による「CUC たどるミュージアム」の取り組みが挙げられよう。朽木はヴァナキュラーな事物としての「地域文化遺産」に着目する。つまり, 「地域文化遺産」は,「当該地域の文化についての広義の歴史的言説を生起する事物であって, 地域住民をはじめとして, その事物に関わるすべての人々によってその歴史的言説が活用されうる」(朽木, 2011: 306) ものだからである。朽木が「文化財」ではなく「地域文化遺産」に着目しているのは, 文化財がその管理・認定において歴史学者を主体とする専門家の知に依存しているのに対して, 地域文化遺産は必ずしも歴史学的実証のみならず, 伝説や口承伝承など地域が紡ぎ出す物語(ヴァナキュラーな知)の上にあるという意味で, 万人に開かれているからである。

　朽木はこのような「地域文化遺産」をウェブ・コンテンツとする「CUC たどるミュージアム」を立ち上げた。このミュージアムの特徴は, ヴァナキュラーなウェブ・コンテンツを主体とする「モノの無い博物館」であること, そして,「地域文化遺産」の詳細を知るためには, 現地に赴き QR コードで情報をダウンロードしなければならないことにある。このような工夫を通じて, 観覧者は主体的に現地に足を運び, 地域を実感し, 関わりを持ちながら情報を得ていくことになる。さらに朽木は,「CUC たどるミュージアム」の活動において,「メモリー・スケープ」に着目し, 力をいれた。これは未指定文化財への着目と, 地域住民の昔語りなどを復元したものである。これにより, かつての当該地域の様子が活き活きと再現され, 地域の価値観が表出されるという。このような活動のなかに, 人間回復された「実践の知」の再構築が見て取れよう。

　もう1つ例を挙げよう。今日, ヴァナキュラーな景観に対する研究が増えつつある。このような景観の評価においては, その背後にある文脈, つまりその土地ならではの歴史, 風土や文化の意味を理解すること(長井, 2012: 63) が重要とされる。また, 地域の限られた資源を有効活用し, 地域の気候に適応し

ながら，自然とうまく共存してきた，まさにヴァナキュラーな知，にも注目が集まっている。

兼子の研究では，山陰地方，具体的には隠岐島後の伝統建築・構築物に着目し，これらが島で調達できる身近な自然材料を用いて作られており，材料の入手，加工，構築，利用，維持管理，に至るまで生態系との繋がりのなかで身の回りの環境を整えるサスティナブルな知恵であることを明らかにしている（兼子，2014: 88）。また，兼子は同論文のなかで，同じく山陰地方において干柿づくりで有名な東出雲町畑集落を取り上げ，柿畑と柿小屋のある風景が，「干柿づくりに誇りを感じ」「特産品を大切に」する住民にとって高く評価されており，気候・風土に対応した干柿づくりは住民の結束・協同・誇りの源泉となっている（兼子，2014: 90）ことを描き出している。

このように，地域独自の知を再検討・再構築していくことは，人間回復された（ポストモダンの）「実践の知」である政策情報学が指し示す，1つの重要な方向性であると言える。　　　　　　　　　　　　　　　　　　　　〔AI〕

＊コンヴィヴィアリティ

井関は，千葉商科大学政策情報学部開設にあたって，以下の2つの点を，大学教育上の重要なパラダイムの転換として提示している（井関，2011b: 3-4）。

1つ目は，「双方向の学びの場」づくりである。これは「教える立場から学ぶ立場へと，一方向的な知識伝授型の教育スタイルに代わって，両者が相互に交流し，問題と価値を共有する場」を指す。さらに，井関は第三者，つまり地域の人々などをも交えた「協働学習」の機会と場の創造を通して，教育・学習変革の構想も掲げている。ここで中心になっているのは，教授者中心の教育ではなく，学習者中心の教育へのパラダイムの転換である。

2つ目は，ICTの活用を通して，学習・教育，研究そして地域社会との協働を図るというものである。ICT及びデジタル・ネットワークの活用により，コミュニケーション・パターン，情報収集・処理法，学習法，研究法，さらには周囲の環境・世界への認知や働きかけが転換する可能性が提示される。

ここで意識されているのは，コラボレーションである。政策情報学は，政策

立案と問題解決を重要視しており，それは「現実の問題に関わるさまざまな立場が「関係づくり」を通して，対話を続け，コラボレートするプロセスから現実化する」（井関，2011b: 21）と考えられているからである。また井関は「ソーシャル・マネジメント」という概念を提示し，それを多様・多層なアクターによる「問題解決と価値創造のための関係づくりの作法」（井関，2011b: 22）としている。

　このように，教育の現場でも，政策立案・問題解決の現場でも，政策情報学的視点からは諸アクターが活き活きと共生して取り組む様態が措定されていると考えることができる。

　そこで，共生概念について少しまとめてみたい[2]。野尻は「共生の原理」として以下のように述べる。「ところで，個中心の超克は個中心のたんなる否定ではない（中略）個がそれぞれに独立し自律しながら相互に依存しあって共に存立する。その意味においての共同態である」（野尻，1997: 287）。では，これまでに議論されてきた共生のあり方にはどのようなものがあるのであろうか。

　1つ目の共生概念は，「ともに生きる（living-together）」である。ここでは，民族集団間，男女間，世代間，障害者健常者間，宗教間，労使間が，1つの社会のなかで相互理解に基づき共生することを意味する。

　2つ目の共生概念は，「共存（co-existence）」である。これは主として異なる政治経済体制間及び国家間の政治的共存関係を含意する。

　3つ目の共生概念は，生態学的用語に端を発する「共生（symbiosis）」である。これは「異種の個体が密接に結びついて一緒に生活していること」（石坂，2000: 164）を指す言葉である。特にこの用語は環境共生の文脈で用いられることが多く，平成6年12月16日に閣議決定された我が国の「環境基本計画」では，その第2部第2節「長期的な目標」の「共生」の項において「大気，水，土壌及び多様な生物などと人間の営みとの相互作用により形成される環境の特性に応じて，かけがえのない貴重な自然の保全，二次的自然の維持管理，自然的環境の回復及び野生生物の保護管理など，保護あるいは整備などの形で環境に適切に働きかけ，その賢明な利用を図るとともに，さまざまな自然とのふれあいの場や機会の確保を図るなど自然と人との間に豊かな交流を保つことによって，健全な生態系を維持・回復し，自然と人間との共生を確保する」と記さ

れている。この考え方は，亀山が指摘するように，伝統的な日本的自然観と適合し，「人間中心主義か自然中心主義かの"不毛な対立"を超える可能性への現代人の直観」（亀山，2007: 46）を反映していると言える。

そして，第4番目として挙げられるのが「コンヴィヴィアリティ（conviviality）」である。自立共生，節制ある楽しみ，共愉などと日本語で表現される（野村ほか，2010: 29）この概念は，「ヴァナキュラーな領域をふまえた人々がそれぞれ営んでいる自立的な生活を認めつつ相互交流し，一部を分かち合う」（櫻井，2003: 25）状態を指す。

これについて，教育分野での例を挙げてみたい。

大学教育分野の研究では野村らの研究成果がある。ここでは，学校のみならずサークル，部活動，ボランティア活動，さらには企業でのインターンシップや，アルバイトなどの多岐にわたる学びの「場」を通じて大学生が能動的に新たな知を獲得・蓄積し，それを活用し，新しい知を創造する過程を描く（野村ほか，2010: 29）。そして，この研究を通して，能動的に多様な場で活き活きと学ぶこと（「コンヴィヴィアルな学び合い」）は，学生に意欲的な姿勢を身につけさせることが可能となるとしている（野村ほか，2010: 29）。

また環境教育の分野でも，コンヴィヴィアリティの重要性が指摘されている。小澤は，環境教育を自然，生態，経済，政治，技術，文化，美，人工的環境を包括的に対象とする人間と環境との関係をホリスティックに探るための教育であるとし，それを「関わり」や「繋がり」を重視した体験型・参加型の学習であるべきであると指摘する（小澤，2002: 226）。そしてこのような環境教育を通して，鈴木は，共同で創造する実践を通して「共同体的理性」が問われることを求め，「環境共同学習」が「環境にやさしい地域づくり」の共同実践の場として機能する可能性に言及している（鈴木，2010: 38）。

これらの事例から引き出せる政策情報学的スタンスは，「異質・多様かつ流動的な対話の場」（井関，2011b: 20）を「楽しむ」精神態度であろう。問題と共に，状況と共に，新しい要素を取り入れながら常に発展し，自己再組織化していく動的生成体としての新たな「知と方法」（井関，2011b: 13）は，このような態度から生起すると言えよう。　　　　　　　　　　　　　　　〔AI〕

*コンテクスト／関係論

　コンテクストという用語は，多様に用いられる。だが，政策情報学におけるそれは，既存の知識や方法に新しい意味を持たせる空間としての「場」や「文脈」を意味している。同時に，既存の知識や方法に新しい意味を担わせることにより，コンテクストは新しい知識，方法の関係と一連の関係の構図を創造する。これにより，関係論としての役割を果たし得る。さらに関係論としての役割は，知識や方法の新しい関係の構図にとどまらず，場としての政策情報学を共創するために集う人間同士のネットワークを同時に創造する。これらの特性から，コンテクストにおいては関係の第一次性という立場が重んじられる。

　このような用法を考案した井関は，ある意図を表現するために，取り込まれた要素や単語を相互に関連させて，新しい意味や価値を生み出す"文脈"や"場"を意味するものと述べている（井関，2011）。これは，一般的に想起されるであろう，文章における意図や語の意味を決定する前後関係としての狭義のコンテクストよりも意味が拡張されている。

　コンテクストと連記される関係論としての役割という点については，現代哲学における関係主義（非実体主義：relationalism）の援用が考えられる。関係主義とは，ヨーロッパの哲学において19世紀ごろから登場していた立場である。その立場は，関係を第一次元的であるとして，さまざまな要素や個人などの実体は，関係という網の目のなかにある結節点に過ぎないとする。これに対して，実体主義（substantialism）とは，自律的かつ独立した実体がまず存在し，それに次いでそれらの実体の間に関係が二次的に存在するという伝統的な立場である。

　このような現代哲学の潮流としては，言語活動に関する考察を主体として，構造主義やポストモダニズムに大きな影響を与えた新しい立場としての関係主義に重きが置かれている。だが，昨今の現代哲学においては，個体であり独立した性質としての実体を基礎的存在者として位置づける実体主義も，未だに学界において大きな力を有している。そのため，関係が一次的な存在であるか，二次的な存在であるのかという，背景にある学的立場の違いに注意をする必要がある。さらに，なぜ政策情報学が関係の第一次性に重きを置くのかということを，知識と方法の歴史的背景から十分に理解することが不可欠である。

政策情報学的思考では，既存の知識や方法がコンテクストに置かれることにより，それらの異同関係によって，新たな知的再編成の場に参加する人々による，新しい意味関連の構図が主体的・人為的に再定義される。その意味において，政策情報学はそれ自体が１つの学的コンテクストである。知的再編成の場としての学的コンテクストには，当初から超領域的アプローチが包含されており，異なる立場，知識と方法を持つ人々の関係論として機能するという学的思考が持つ特性を表している。

　したがって，コンテクストならびに関係論は，政策情報学における最重要キーワードの１つと位置づけられる。特に，コンテクストを担う人々として，専門家だけでなく一般多数の人々が当初から設定されていることが大きな特徴である。そもそも，知的再編成としての政策情報学は，当初の構築段階から社会における問題解決に焦点を置いており，その結果として「異質・多様かつ流動的な対話の場」を創造することを当初からの狙いとしている（井関，2011）。

　だが，従来までの個別諸科学においても，その知識や方法の意味は，学的文脈としてのコンテクストにおいて問われるからこそ，知的な価値が認められてきたのだ，という反論も予想される。しかし，そこではあくまでも個別の学的文脈や担い手たる専門家に限定されており，超領域的な知的コンテンツの取り込みと再配置を前提としたものではない。さらに，すでに述べたように，知的コンテンツのみならず，幅広い専門家以外の一般多数の人々を巻き込むということを，個別諸科学は前提としてこなかった。そのような点で，一面的な事象として政策情報学的思考に基づくコンテクストを比較すると，個別諸科学と同じであるように見えるが，両者の性質は全く異なるものである。

　しかしながら，上記に述べたコンテクストに関わる意味の拡張を試みている点について，今日においても社会や学界に広く理解が得られているわけではないという点は，研究上での注意点でもある。理由としては，政策情報学が国際的な政策研究などにおいて未だに市民権を確立するに至っておらず，コンテクストならびに関係論については，さまざまな局面において用法の丁寧な説明が現状では常に欠かせないからである。もっとも，グローバルな地球環境研究などに関する国際的な共同研究や議論の場においては，コンテクストは政策情報学的思考と同様の用法で用いられることが多い。特に，超領域的なサステイナ

ビリティ学（Sustainability Science）などにおいては，その傾向が強い。この際にコンテクストは，1つの場としての文脈であるだけでなく，そこにおいて知識や方法の新たな意味を問い直す役割があり，さらには既存の成果を関係づける作用という多様なメタファーを含んでいる。特に，近年では地球環境研究に関する国際共同研究プログラムの再編が進められており，それらがもたらす社会的なダイナミズムとインパクトによって，日本の学界におけるコンテクストに対する認識も大きく変化をすることが期待できる。この点については，現在進行形の国際科学会議（International Council for Science）が推進するFuture Earth 研究プログラムなどの進展に注目をする必要がある。

　最後に，場や文脈などの関係論としてのコンテクストという認識は，政策情報学が初出ではなく，過去にも経営学などにおいて類似の発想があったことへのまなざしも必要である。たとえば，日本発の経営理論として世界に発信された組織的知識創造理論において野中は，組織というものが個人の知識創造を支援する状況ないし文脈としてのコンテクストを創造・演出するという点が強調されている（野中，1990）。野中は，その理論において関係という視点を重視し，知識創造の場づくりとしてのイネーブリング・コンテクスト（Enabling Context）という概念を提唱している（クローほか，2001）。　　　　〔HK〕

* 市民目線

　生活・社会・環境に関わる問題状況の当事者である市民の認識や感覚といったものを尊重する考え方のことである。古典的には，市民を庶民や大衆などと呼称し，社会において平均的な生活を送る人々が持つ，物事への認識を指していたが，今日においてそのような定義を用いることは時代錯誤だと言える。

　一般に市民目線というキーワードは，公共政策の場面において多く用いられている。その際には，地域の主役である市民からの要望が重視され，市民と行政サイドが正しい情報を共有することなどが強調されている。だが，そのような用法の基本様式は，公共政策の供給サイドたる行政と需要サイドたる市民の協調を図るため，その声を拾うという様式であり，双方向的なものとは言い難い。つまり，あくまでも「外部の視点としての市民目線」という限定的な位置

づけにとどまっており，これは今日における地方行政などにおいても一般的な認識として確固たる地位を占めている。同時に，学界などにおける市民目線という概念に対する認識も，この一般的用法に倣ったものが多い。

しかしながら，異なる立場，知識と方法を持つ人々の関係論である政策情報学的思考においては，その担い手として一般多数の人々が当初から設定されており，市民目線はそもそも自明の理である。だが，政策情報学的思考に基づく問題解決プロセスにおいては，行政－市民といったセクター別の事前存在を規定していない点に注意をする必要がある。むしろ，井関が指摘するように，公共的な問題解決プロセスへの参加などを通じて，異なった立場の人々が関わりあいながら，色々な主体を絶えず形成し，再組織化していく柔軟な発想に立脚している（井関，2011）。

その意味において従来の市民目線という定義は，対立項としての行政などの事前存在を仮定した議論であり，極めて静的な構造である。だが，生活者としての市民とその目線たる認識は，静的に固定化され，事前存在として望ましい理想像として描けるような単純なものではない。むしろ，日々の生活のなかで不確実性に振り回されながら，生活起点発想を持つ異なった立場の人々が社会のなかでさまざまな価値，意味，時間ならびに空間を共有するなかから共創される。

そのため，生活起点発想であらゆるレベルの政策を検証する際には，問題解決の方向や目標を決定する視点として，市民目線というキーワードを援用することが有効であると考えられる。これはまた，ほとんどの政策がターゲットとする問題領域というものが，実際には特定の地域に住む人々の生活に直接的／間接的に関わっているからである。同時に，あらゆる政策の実体的な基盤が一般多数の人々の生活に立脚しているからである。

だが，同質性に満ち溢れた一元的な市民というカテゴリーを規定することは，避けるべきである。一見すると市民目線とは，シンプルなキーワードである。だが，従来の個別諸科学においても市民という概念すら完全に統一された合意に達していない現状を踏まえれば，時代の変化と共に認識前提が変化し続けている極めて捉えづらいキーワードであり，取り扱いには注意を要する。

なお，市民目線という概念は，従来の社会科学的な視点に立脚してこの意味

を捉えると，何らかの原因によって損なわれた市民社会という領域を復権するということを意味しているとも捉えられる。たとえば，公共政策においては，公共開発などにおいて損ねられた生活に関する権利や発想の復権を意味することがある。たとえば，環境社会学の受益圏・受苦圏論などは，起点となった名古屋新幹線騒音公害を事例として，公共事業のあるべき姿と沿線に住む市民の受苦を中心とした目線を描き出している（船橋，1985）。また，経済発展と市民社会の強化をめぐっての対立においては，これらを解決するための方法として，市民の目線や着想点を重視することがある。このような傾向は，市民社会について植村が，さまざまな異なった意見を申し立てる政治的回路を具体的に社会に構築することがその核心にあると述べた点と関係を有している（植村，2010）。 〔HK〕

＊重層的非決定

重層的非決定について最初に論じたのは吉本隆明で，アルチュセールの「重層的決定」を転倒させつつ，吉本は重層的非決定について，「『現在』の多層的に重なった文化と観念の様態にたいして，どこかに重心を置くことを拒否して，層ごとにおなじ重量で，非決定的に対応するということ」とした（吉本，1985）。要は，複雑な位相にあるものを直線的に結びつけ，決定論的に因果関係を論じるようなあり方への抵抗を示したことが重要なのである。消費者が置かれた状況や場面，あるいは選択する商品やサービスにより消費者が行動原理を使い分ける様子を井関利明は「十人一色」の時代から「十人十色」の時代を経て，「一人十色」の時代へという形で表現している（井関・室井，1991）。つまり，皆が「一色」で足りるほど価値観が共有されていた時代から，人それぞれの個性が認められる時代を経て，多様な価値観が一個人のなかに矛盾なく内包されていることを自覚する時代への変化であり，場あるいはコンテクストが重視されるようになっていくのである。だが，複数の行動原理が同一個人のなかで重層的に存在しており，どれが発現するかは状況次第であるという考え方は消費者行動に限った話ではない。筆者が実見した事例では，サリーを着て外見上は全くのインド系にみえる女性が声高に日本人移民の子孫であることを主

張するなど,文化人類学においてエスニック・アイデンテイティが状況により異なって発現するのは常識となりつつある。

多様な価値観の共生とその個別性を尊重しようとすれば,1つの価値観で規定的に考えるより,複数の価値観が重層的に重なり合っている状況を想定せざるを得ないし,それらが場やコンテクストによって変化するのであれば,何か1つの要素を決定論的に扱うことはできない。本書第Ⅰ部所収の井関論文の図1-3にあるように,政策情報学自体が「重層的非決定な学問」として構想されているのは,異なる学問分野を出自に持つ人々が集まる「知的リゾート」だからであって,「体系化や理論的完成を目指す学問」ではないからである。その意味で,重層的非決定という言葉は政策情報学の存立様態を示す重要な言葉であると言える。
〔RK〕

＊多元主義

2つ以上の複数の究極的な存在,理論や方法を容認するという立場であり,英語の"pluralism"がこれに該当する。なお,多元論とも訳されることもある。これと対立する立場が,唯一絶対の究極的な存在を考える一元論である。一元論は,存在の始原として唯一の要素を規定するところにその特徴がある。

古来より多元主義は,さまざまな論者によって展開されてきた歴史を持つ。古典としては,哲学におけるピタゴラス学派などが有名である。また,近代思想に大きな影響を与えたデカルトの心身二元論や,現代の自然科学における物理学理論なども例として挙げられる。さらに,宗教を例にすれば,多神教は宗教的多元主義であると位置づけられる。このように,多元主義という概念は,一般にあらゆる分野においてさまざまな意味づけが行われている。そのため,字義どおりにその意味も多元主義的であり,常にさまざまな場面において用いられる語の背後にある学問文脈を考慮に入れた読み取りに注意をせねばならない。

従来までの個別諸科学における見解は,代表的なものだけでも多岐にわたるが,いくつかを列挙すると次のようになる。第一に,20世紀初頭において,英国の自由主義者と社会主義者によって確立された政治哲学として見る動きが

ある。この場合の多元主義とは，国家が持つ統治権力を市民社会のさまざまな領域に拡散させるという考え方を意味する。これは，今日に続く小さな政府をめぐる議論に結びついている。第二に，1960年代に米国の政治社会学者が議論を行いながら構築をした多元主義に関する見解がある。この場合においても，権力が社会を構成するさまざまな社会組織に分散化されていることが議論の対象となり，権力が競合する小さな組織に分散されることにより，それぞれの社会セクターが自らの利益を保持できるとされた。このような権力の分散としての多元主義は，民主主義とその範囲を拡大するものとして議論をされてきた。第三に，これら2つのアプローチはハースト（Hirst, 1988）によって結合され，結社民主主義論（Associative Democracy）が形成されたとする見解がある。いずれの見解を取るにしても，個別諸科学において扱われてきた多元主義への見解においては，「権力の関係」に焦点が置かれ，その分散や均衡関係の結果に焦点が置かれている。さらに，ハーストの見解などにおいては，アソシエーションならびに国家が議論に必ず含まれていることに特徴がある。これには，国家を理論的・批判的に対象化していくなかで，国家と呼ばれる存在とそこにおける政治システムを正確に描写しようとする試みの過程が読み取れる。

　さて，関係論に立脚する政策情報学は，さまざまな超領域的，諸科学横断的アプローチを包含しており，その思考様式は多元主義的な性格である。その思考において，焦点が当てられるものは，政治における多元主義であると考えられる。それは，上記に述べてきた代表的な見解と同様に，一般多数の個人や団体が自由に政策形成プロセスに参画し，多様な影響力を行使し得る状態にあることを強調する考え方として用いられることが多い。たとえば，ロバート・ダールは，民主主義に不可欠な制度の一部としての多元主義について，市民が自分の意見を表明する権利を適切に保護し，市民が他の人々と連帯をして政治生活に実際に参加していきたいと望んだときに必要な政党，利益団体ないしはその他の結社をつくる権利を保護する制度であると述べている（ダールほか，2006）。

　このように，政治における多元主義は，近代民主主義のコアとなる概念として位置づけられる。だが，政策情報学的思考においては，そのような限定的な見解だけでなく，新しい知識と方法を共創するその特性上，異なった立場にあ

る者たちが共同で発見型の作業プロセスを試みることこそが，多元主義の源泉となり得るということに注意が必要である。

　従来の個別諸科学においては，静的かつ安定した体系・構造を指向している反面，新しい知識と方法としての政策情報学は，最終図柄が予測できない共同作業であり，その性格が異なる。そして，常に自己再組織化していく動的な生命体とでも喩えられる政策情報学においては，一元論がそもそも成立し得ず，そのプロセスの始点から最終図柄が見えない未来までの一連のプロセスにおいて，常にさまざまな理論や方法の存在がゆるやかに担い手たちに受容される。〔HK〕

＊超領域

　井関によれば，千葉商科大学政策情報学部の開設にあたっては，「従来からの自己閉塞型の個別諸科学にとらわれず，異なる分野の専門家を糾合し，新しい『超領域的な知と方法』を開発」（井関，2011a: 3）することが，第一の目的であったという。それでは，「超領域的な知と方法」とはどのように把握すればよいのだろうか。

　「超領域的な知と方法」が必要とされたのは，21世紀を迎えるにあたって，環境問題をはじめとして，人類の眼前に横たわっていた地球的問題群の多くが，人間と科学・技術との関係に再考を求めるものであった（井関，2011b: 10）ことによる。小林の整理に従えば，そもそも第二次世界大戦直後の科学は，アメリカに代表的に見られるように，基礎研究への国家による投資が，産業開発などの応用研究に繋がり，もって社会的課題も解決する，という技術楽観論に基づいていた。ここでは科学は「知識のための科学」であり，冷戦構造下において，特に米ソ両国の科学は国家の威信をかけたものとなった。1970年代以降になると，世界は環境問題やエネルギー問題に直面し，「経済のための科学」が模索されるようになる。そして1990年代になると冷戦終焉にともない，グローバル経済における競争激化に対応するための科学，という側面が強まっていく（小林，2010: 34-35）。

　このような流れのなかで，公共の視点から新たに科学技術のガバナンスを求める声も上がってきた。内藤によれば，近代の高度化・大規模化した技術の開

発には，科学者・技術者の属する組織の意思が強く反映し，その「組織益」は必ずしも「社会の利益」と一致しない場合があるという。そしてそれが最終的に「地球益」とぶつかることで，今日の深刻な地球環境問題が生まれたと考えられる（内藤，2007: 55-56）。つまり，科学を社会にどう埋め込むのかが，大きな課題として浮上してきたのである。

1999年にはハンガリー・ブダペストでユネスコとの共催で開催された世界科学会議が開催された。ここで採択されたブダペスト宣言において，科学には①知識のための科学／進歩のための科学，②平和のための科学，③開発のための科学，④社会のなかの科学／社会のための科学，があるとされた。①の純粋科学以外に，②〜④の科学の重要性が謳われた（小林，2010: 35, 桐野，2012: 216）ことは注目に値する。

また，この文脈では，ギボンズが提唱した科学「モード論」[3]も紹介しておくべきであろう。ここでは科学には2種類あるとされており，モード1の科学は学術的な探求を目指すもの，モード2の科学は応用の文脈（つまり，社会問題の解決の文脈）で行われる知識生産，であるという（伊勢田，2010: 3）。モード1の科学は，当該個別領域科学の専門家（peer）の評価によって質的管理がなされるが，モード2の研究は，売り物になること・社会的に受容可能であること，が評価の対象となる（伊勢田，2010: 4）。それゆえ，モード2の知識生産では，科学的知識を持つ専門家と，ローカルな知を備え，解決されるべき問題を抱えた人々が，対等にコミュニケーションを行う必要がある（伊勢田 2010: 7）。つまり，モード2科学は，単に異なる個別領域科学の専門家が協働する学際的（interdisciplinary）なものというよりも，より異質・多様な立場のアクターが問題解決をめぐって協働する超領域的（transdisciplinary）な性格を持つものとされている（伊勢田，2010: 3）。

そこで，政策情報学が言うところの超領域に話を戻したい。井関は「個別科学の知」と「政策情報学の知」の違いを，以下のように説明する。「個別科学の知」においては，分析者は対象との距離を保ち（「対象からの距離化」），理論的世界を重視し，同質的な「ジャーナル共同体」のなかで科学を精緻化させてきた。しかし，「政策情報学の知」においては，参与・関与型の知が模索され（「関わり合いと参加，価値と責任」），問題発見・問題解決を重視し（「現場

の知恵，暗黙知，その自己再組織化」），異質・多様な立場のアクターによるコラボレーション（「異質・多様かつ流動的な公共空間の形成」）が図られる（井関，2011b: 20）。

ここでは，「超領域的知と方法」のもつ2つの統合のベクトルに注意したい。

1つ目の統合のベクトルは，水平的統合とでも言うべきものである。つまり，さまざまな社会問題の解決や，新しい社会的価値の創造，さらには社会関係の活性化のために，「諸個別科学（に従事する科学者）」が緩やかに連携して，それにあたるというわけである。井関はそれを「アンブレラ」と表現し，「リスク・マネジメント，コミュニティ（タウン）・マネジメント，ソーシャル・マーケティング，パブリック・ガバナンス，ニュー・パブリック・マネジメント，環境マネジメント，社会情報学，公共哲学などが，同じ屋根の下に共存し，交流し合う」（井関，2011b: 12）といった具体像を提示している。

2つ目の統合のベクトルは，垂直的統合とでも言うべきものである。つまり，科学的な知の生産に従事するものと，ローカルな知を持つ人々とが，同じプラットフォーム上で互いに議論を行うものである。井関はそれを，「対話と創造の場」と表現し，それは「一方で，対立し，競合する議論と作業の場であり，他方では，異質な立場を誘い込み，さまざまな問題領域へと越境する遠心力の働く場」（井関，2011b: 11）と説明する。

政策情報学は，井関が指摘するように，従来の個別科学と異なり，必ずしも体系化や理論家を目指す学問ではない（井関，2011b: 11）。それは，「よき社会，よき制度，よき関係の実現を目指して，人々の価値観，行動様式を変革するための「社会的技術」を，さまざまな交流のなかに創りだす場」であるという。多層・多様なアクターによる「超領域的な知と方法」の実践は，その中心的な役割を果たし得るのである。〔AI〕

＊ツリーとセミラティス

クリストファー＝アレグザンダーは1965年に発表した論文「都市はツリーではない」のなかで，次のことを指摘した（アレグザンダー，2013）。すなわち，長い年月を経て自然に成立した都市は，互いに関係をもつ物質的要素の集合

（セット）が重なり合うというセミラティス構造になっている。その一方で，近代の都市計画などを例に挙げつつ，それらがセミラティス構造ではなく，そのごく特殊な場合にすぎないツリー構造（セットの重なり合いを全く持たない構造）をしていると述べた。中谷礼仁はアレグザンダーの論考を発展させ，セミラティスは同時には並存しないいくつかのツリーを包含することを指摘した（中谷，2011）。すなわち，都市がツリーであることを否定しているのではなく，たった1つのツリーに帰結するようなあり方を否定するため，セミラティス構造になっていると述べたのである。

いささか抽象的であるので具体例を述べると，都市における道路を考えるとわかりやすい。道路は，人や車が通行するだけでなく，パレードを行う祝祭空間にも，歩行者天国のようにもなる。にもかかわらず，近代的な都市計画の下では，通行のための空間としか見なされないことの弊害を言っているのである。しかも，通行路と祝祭空間と歩行者天国は同時には成立しないので，いくつかのツリーが重なることでセミラティス構造となるという中谷の指摘は当たっている。

政策情報学における分析も上述のツリーとセミラティスの関係に似ている。近代科学では分析対象を細分し分節化してきたが，その結果，末端はバラバラのツリー構造である。一方，現実世界は末端に至る経路が複数あるセミラティス構造になっている。その意味で，近代科学のような1つのツリーだけでは現実は見えない。しかし，中谷の指摘するようにいくつかのツリーを重ね合わせていくと，セミラティス構造に近づいていく。政策情報学が諸科学横断的で，全体論的な思考を求めるのもそうした理由があるからかもしれない。〔RK〕

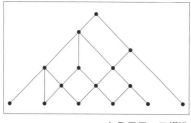

セミラティス構造

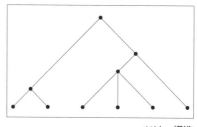

ツリー構造

＊認識論的転回／存在論的転回

　政策情報学を説明する際に多元主義や多様な価値観の共生といった概念が持ち出されるのは，解釈学や現象学といった方法論の影響を受けているからである．認識論的転回あるいは言語論的転回ともよばれる人文社会科学の一大転換点は，言語とそれを生み出す主体の認識に関心を寄せたことにはじまる．人間を自己解釈する動物と捉え，人が作り出す文化や社会の意味を探ろうとするため，解釈学・現象学的な方法論が援用された．その結果，主体による世界観の違い，多様な価値観の存在が明らかとなった．さらに，そうした複数の世界観を繋ぐことを目的とする俯瞰的立場も想定し得るようになった．

　しかし，こうした解釈学的立場では，世界観・価値観の違いや文化の多様性は記述できても，それが立脚するバックグラウンドとしての自然あるいは現実世界は所与のものとされた．つまり，自然の究極的な同一性を前提とし，その普遍性・均一性を所与のものとすることで，文化や社会を人間の創造の産物として際立たせ，その差異に焦点を当ててきたのである．

　一方，近年になって，そうした自然や現実世界を単一のものとせず，非人間的なモノも含む関係性のなかで描き出そうとしたのがラトゥールらによるアクターネットワーク理論である（ラトゥール，2008）．人間以外の細菌だけでなく無生物にまで人間の行為に影響を与えるエージェント性を付与している点で，彼らの理論において自然は普遍的で均質なものではなく，関係性によって複数存在し得る．認識が成立するバックグラウンドとしての現実世界が，複数存在し得るという点が特徴的であり，彼らの動きを存在論的転回と呼ぶゆえんはここにある．

　現在までのところ，政策情報学は認識論的転回以後の解釈学的な視点に立脚している．しかし，政策情報学が体系化や理論的完成を目指すのではなく，絶えざる転成を続けるのであれば，やがて存在論的転回以後の視点も踏まえることになるであろう．すなわち，政策の対象として均質化されて認識された「市民」だけを扱うのではなく，人間・人間以外の生物・無生物まで含む文字どおりの有象無象を認識主体（研究者）と対等に扱うような研究が現れるのではないだろうか．そのときは，現在の政策情報学ですら相対化されていくことになるだろう．そうした開かれた可能性の上に政策情報学は立っているのである．　　〔RK〕

* **物語性**

　井関は，千葉商科大学政策情報学部開設の第二の目的として，「事象や問題を外側から観察し，記述し，分析する従来の『観照の知』を超えて，地域社会における問題発見・問題解決と価値創造のために，参加し，関わり合い，設計し，かつ共に責任を担う『実践の知と方法』の開発と実行」（井関，2011a: 3）を挙げている。そして，そのような「実践の知」とは，①参与の知，②臨床の知，③設計・工学の知，④物語の知，⑤生命の知，⑥解釈・読み取りの知，⑦暗黙知，を包括したものであるとする（井関，2011b: 14）。そして，問題の発見と解決のために，知識のみならず方法や技法に焦点を当て，関わり合いと参加を通して，またデジタル・メディアを代表とするICT（情報コミュニケーション技術）を活用することが求められている（井関，2011b: 14）。

　そこで，重要な要素の1つとして浮上してくるのが「物語」の役割である。「物語」の公共政策における役割について包括的に検討した長谷川らの研究から，この点について紐解いていきたい。彼らは物語を「具体的な出来事や経験を取捨選択し，順序立てて物語ったもの」と定義した（長谷川ほか，2011: 1）上で，人間の認識・思考の形式には，「論理実証モード」と「物語モード」があることを指摘する。「論理実証モード」は自然科学に代表される思考形式であり，「記述や説明に関する形式的な数理体型の理念」や「一貫性と無矛盾性という必要条件」を特徴としているとされる。他方，「物語モード」においては，「見事なストーリー，人の心を引きつけるドラマ，信じるに足る歴史的説明をもたらす」という特徴を持つ。つまり，「論理実証モード」は真理の追求を第一義的な目的としているのに対し，「物語モード」では迫真性が追求されると言う（長谷川ほか，2011: 2）。そもそも人間は，何の関連もない知識の記憶においては，7個程度以上となるとそれが困難となるが，物語性を加味した場合にはより多くの要素を記憶することができると言う（長谷川・中野・藤井，2011: 3）。我々はこれまでも，物語の創出を通じて現実を把握し，出来事に意味を与えてきた[4]。つまり，田村の言うように，現実と物語との関係とは，「物語の作者は現実世界を反映するように，それを生み出し（中略）物語の読者はそれを通して現実世界の理解を一歩深める。その読者のなかからまた誰かが物語を世に生み出す。物語と現実は相互反映的」（田村，2011: 78）なのであ

る。

　そして，このような「物語」を通じた「実践の知」は，科学を扱う専門家とローカルな知を有する人々との協働において，現在注目されている。

　経済システムの進化について研究する早川は，これまで現出した経済システムを，農業経済→産業経済→サービス経済→経験経済に分類する。そして，この経験経済の経済的機能は「演出」であり，売り物の性質は「思い出に残る」ことにあると言う。買い手の需要の源は「感動」であり，そのために供給側は「一定期間見せる」という手法を用いることとなる（早川，2013: 51）。その際に有効なのは財やサービスの観念価値である。つまり，財やサービスのコンセプトやブランドの歴史・物語性が生み出す価値が，ゲストたる買い手の感動や思い出に寄与する（白井，2012: 36-37; 早川，2013: 50）ことになる。

　岡山県の吉備路における観光まちづくりの研究を行う加原の分析は，前述の「論理実証モード」と「物語モード」の性格の違いを浮き彫りにしてくれる。加原は，「桃太郎という物語」は架空の「物語」であり，特定の時代や場所を持たないもの，いわば虚構，であるにもかかわらず，吉備路の随所に見られる文化財が，「桃太郎という物語」を統合コンセプトとして観光や地域づくりに役立ち，新しい時代の地域アイデンティティに深く関わっていることを分析する（加原，2011）。つまり，吉備津彦神社や鬼ノ城といった地域に点在する資源は，「桃太郎という物語」という統合コンセプトにより，それと結合するかたちでそれぞれがコンセプトを持った結果，新たな価値の創造に繋がり，地域資源のコンテンツ化に寄与しているわけである[5]。つまり，一見して理解しがたい地域資源の魅力を観光客に伝えるためには，「物語」という統合コンセプトを形成し，それぞれの資源についてインタープリテーション（解釈）が語られる必要がある（磯野，2015: 44）。このことは，歴史的文化遺産のみならず，ジオパークにおけるようなエコ・ツーリズムやサスティナブル・ツーリズムの文脈でも同様であり，そのために「物語」を語る「語り手」としての地域住民の実践に注目が集まっている。

　また，稚内北星学園大学の柊を中心とした研究グループは，地域情報資源ディジタルアーカイブシステムの開発に力を入れている。これは，地方都市における地域活性化のための情報を，効率よく地域住民からの「物語」として引き

出し，文章化して，定期的・自動的に更新され続ける環境を目指すものである[6]。このことはICTを用いて地域住民の物語（ローカルの知とでも言えようか）を収集し，地域住民の手による物語という新たな種類の地域情報資源を確立しようとする試みである。

また，欧州ではまちづくりにおいても"物語性"が重視される例が報告されている。中山はフランス・モンペリエ市及びラングドック地方の都市開発の事例を検討したうえで，以下のように記述する。「再開発地区全体が一つのテーマとしての"物語性"を重視している。これは請け負った建築家の要請に市が応えたものである。（中略）コスト優先ではない開発の方策は25年以上経た今日でもモンペリエ市を代表する"都市の顔"の地位を保ち，結果的にはその経済的効果及び都市のイメージ向上に貢献している」（中山，2012: 178）。これは，いわゆる"共有された物語"を象徴あるいは直接意味する「シヴィック・プライド」であり，当該都市の人々の行動に大きな影響を与える（藤井ほか，2011: 40）ものとされる。

話をまとめよう。井関は，政策情報学を1つの学的コンテクストであるとして，以下のように言う。「従来の個別諸科学の成果をコンテンツとして取り入れ，組み合わせ，新しい意味関連の構図を創りだす働きが『政策情報学』である」（井関，2011b: 12-13）。「物語」を用いた「実践の知と方法」は，多様・多層のアクターによる新たな価値の創出に寄与すると言える。　　　〔AI〕

＊臨床の知／実践の知

近代科学特有の認識論的・方法論的基盤として，理性中心主義，客観主義，実証主義，数量化，法則定立，予測可能性などが挙げられる（井関，2007）。それは，近代科学がコンテクストや時間的変遷に左右されない普遍的な知を求めようとするからである。それに対し，政策情報学が求める知は認識論的転回以降の解釈学的・現象学的方法論に基づくものであって，以下のような特徴を持つ実践的で，現場に根ざした臨床の知であると言える。

まず，客観的分析に頼るのではなく，現場に入り込む参与の知であること。予測可能な知ではなく，対象と主体との不断の語らいによって対象の個別性を

尊重する形で創られる Bespoke（または Taylor made）な知である。また，いつの時代にも不変な無時間の知ではなく，フランス語で歴史と物語が同語（Histoire）であるように物語性と時間性を持った知である。科学的で法則定立を目指す知ではなく，状況や場を読み取る解釈の知である。それは，機械的で形式的な知ではなく，大衆によって暗黙裡に含意・支持される知である。

このように見てくると，政策情報学が求める知のあり方は，従来の個別科学とははっきりと異なった方向性，目的，方法によってもたらされる実践的で臨床的な知であると言える。とりわけ重要なのは，従来の個別科学の多くが対象から距離をとって客観化するという主客分離の方向性であるのに対し，先にBespoke という語を使ったことで示されるように，対象との不断の語らいのなかで創りあげる主客非分離（前近代の主客未分離ではなく，あえて分けない非分離である）の立場に立つ。その意味で，語らいの場から生成される臨床的な知なのである。だからこそ，政策情報学ではモデルや理論，法則から始まるのではなく，大衆の日常生活の具体的な脈絡，生活経験，個々の問題や出来事から出発し発想していこうとするのである。

それはまた，多様性を積極的に許容しつつ，バラバラなものを繋ぐ関係性を探す関係づくり・コミュニケーションの知でもある。解釈学・現象学は個別性と特定状況下での意味を重視するあまり，人それぞれ，バラバラで収拾がつかなくなりがちであるのに対し，あくまで関係づくりによって繋がることを企図する。つまり，バラバラでありながら一緒にいることを希求する。集団でありながら個性を喪失しないあり方，それこそ政策情報学が求める実践知であると言えよう。〔RK〕

■注
1) このような言語統一による近代国民国家形成について，西川は「コロンブスとネブリハ以後の500年は，ヴァナキュラーな領域とヴァナキュラーな価値に戦争が仕掛けられそれらが破壊されていった時代，国民国家形成と植民地支配の時代，支配と搾取と開発の時代」と記述する。西川長夫（2008），p.322.
2) 小林孝行（2003），p.37. 及び　長嶋俊介・田村久美（2004），p.370.の分類を参照した。
3) これについての詳細は，ギボンズ（1997）を参照のこと。

4) 藤井聡ほか（2011），p.33 及び　青木順子（2014），p.109 を参照されたい。
5) 臼井稔（2012），p.43 の図を参照のこと。
6) 柊和佑（2014）及び　柊和佑ほか（2014）を参照のこと。

■引用・参考文献

［1］青木順子　「異文化コミュニケーション教育（異文化教育）の原点としての「我々」と「彼等」のコミュニケーション問題（16）－異文化教育における「ジェノサイド」－」『安田女子大学紀要』42 号 101-116　2014
［2］アレグザンダー，C.『形の合成に関するノート／都市はツリーではない』稲葉武司・押野見邦英訳　鹿島出版会 SD 選書 263　2013
［3］石坂匡身編著　『環境政策学－環境問題と政策体系－』中央法規出版　2000
［4］井関利明・室井鉄衛編　『生活起点発想とマーケティング革新』国元書房　1991
［5］井関利明　「「政策情報学」への途－新学会の設立に寄せて－」『政策情報学会誌』1-1: 3-9　2007
［6］井関利明　「記念論集の刊行によせて」千葉商科大学政策情報学部10周年記念論集刊行会　『政策情報学の視座－新たなる「知と方法」を求めて－』日経事業出版センター　3-4　2011a
［7］井関利明　「「政策情報学」の構想（Policy Informatics）－異分野コラボレーションの「知と方法」－」千葉商科大学政策情報学部10周年記念論文集刊行会編　『政策情報学の視座－新たなる「知と方法」を求めて』日経事業出版センター　10-26　2011b
［8］伊勢田哲治　「認識論的問題としてのモード2　科学とコミュニケーション」『科学哲学』43 巻 2 号　1-17　2010
［9］磯野巧　「東京都大島町における自然ガイド活動の地域的展開」『地学雑誌』124 巻 1 号　43-63　2015
［10］イリイチ，I　『ABC－民衆の知性のアルファベット化－』丸山真人訳　岩波書店　2008
［11］イリイチ，I　『シャドウ・ワーク－生活のあり方を問う－』玉野井芳郎・栗原彬訳　岩波書店　2006
［12］植村邦彦　『市民社会とは何か－基本概念の系譜－』平凡社新書559　351　2010
［13］臼井稔　「地域コンテンツの創造とそのプロモーションのあり方」『徳山大学論叢』73 号　25-50　2012
［14］小澤紀美子　「持続可能な社会を目指す環境教育」寺西俊一・石弘光編

『環境保全と公共政策』 岩波講座 環境経済・政策学第4巻 岩波書店 .207-236 2002

[15] 兼子朋也 「山陰地方の気候風土に根ざした環境デザイン」『日本生気象学会雑誌』 51巻 2号 83-94 2014

[16] 加原奈穂子 「「伝説のふるさと」の創造－岡山県の「吉備路」と桃太郎伝説－」『早稲田商学』 427号 147-177 2011

[17] 亀山純生 「"人間と自然の共生"理念の意味・意義と風土」 2007 矢口芳生・尾関周二編 『共生社会システム学序説－持続可能な社会へのビジョン－』 青木書店 46-64 2007

[18] 北野収 「イヴァン・イリイチとグスタボ・エステバ－メキシコにおける知識人の対話と実践－」『久留米大学産業経済研究』 48巻 3号 341-343 2007

[19] ギボンズ，M 『現代社会と知の創造－モード論とは何か－』 小林信一訳 丸善 1997

[20] 桐野豊 「レギュラトリーサイエンス」『日本薬理学雑誌』 139号 215-218 2012

[21] 小林傳司 「社会のなかの科学知とコミュニケーション」『科学哲学』 43巻 2号 33-45 2010

[22] 朽木量 「新たな地域文化遺産概念の提唱－ヴァナキュラーな価値を重視した多声的な文化財の必要性－」 千葉商科大学政策情報学部10周年記念論集刊行会 2011 『政策情報学の視座－新たなる「知と方法」を求めて－』 日経事業出版センター 306-321 2011

[23] クロー，G.V・一條和生・野中郁次郎 『ナレッジ・イネーブリング－知識創造企業への五つの実践－』 東洋経済新報社 476 2001

[24] 小林孝行 「国際化，共生，エスニシティそして日本」『文化共生学研究』 1号 35-41 2003

[25] 櫻井清一 「グローバリゼーションとファーマーズ・マーケット」『農林業問題研究』 152号 .20-29 2003

[26] 鈴木敏正 「イリッチ／フレイレの思想と環境教育論－社会教育学的視点からの捉え直し－」『環境教育』 19巻 3号 .29-40 2010

[27] 田村直樹 「製品戦略にともなう消費概念の捉え方に関する再検討」『関西学国語大学研究論集』 94号 63-79 2011

[28] ダール，ロバート・ボセッティ，ジャン・カルロ 『ダール，デモクラシーを語る』伊藤武訳 岩波書店 199 2006

[29] 内藤正明 「真のエコテクノロジーを生む技術ガバナンス」 松下和夫 『環境ガバナンス論』 京都大学学術出版会 55-84 2007

[30] 長井彩 「現代日本における新しい景観像の特質」『2012年度人文地理学会大会研究発表要旨』 62-63 2012
[31] 長嶋俊介・田村久美 「生活福祉の社会かと新家政知の展開－自立・共同・共生と相互扶助体系－」『日本家政学会誌』 55巻 5号 363-373 2004
[32] 中谷礼仁 『セヴェラルネス＋－事物連鎖と都市・建築・人間－』 鹿島出版会 2011
[33] 中山昭則 「フランス南部ラングドック地方の地域特性」『別府大学紀要』 53号 169-180 2012
[34] 西川長夫 「差異とアイデンティティのための闘争の先に見えてくるもの－タゴールの反ナショナリズム論とイリイチの「ヴァナキュラーな価値」を手がかりに－」『生存学研究センター報告』 4号 .309-326 2008
[35] 西山志保 「「サブシステンス経済」の社会学的考察－社会的弱者の自立を促す経済－」『年報社会学論集』 15号 262-274 2002
[36] 野尻武敏 『第三の道－経済社会体制の方位－』 晃洋書房 1997
[37] 野中郁次郎 『知識創造の経営』日本経済新聞社 278 1990
[38] 野村林太郎・永野直・皆月昭則・林秀彦 「学生の「学びの場」の存在について－コンヴィヴィアルな学び合いのモデルの検討－」『鳴門教育大学情報教育ジャーナル』 7号 29-32 2010
[39] 長谷川大貴・中野剛志・藤井聡 「土木計画における物語の役割に関する研究（その1）－プラニング組織支援における物語の役割－」『土木計画学研究・講演集』 43号 1-9 2011
[40] 早川幸雄 「地域ブランド構築のための経験価値マーケティング」『城西短期大学紀要』 30巻 1号 49-57 2013
[41] 柊和佑 「再生環境に注目した地域情報資源ディジタルアーカイブシステム－地域振興コンテンツの基盤として－」『情報基礎とアクセス技術』 3号 1-7 2014
[42] 柊和佑・泉志帆莉・安藤友晴 「地域情報資源としての地域内在型物語の発想・創作支援及び配信手法」『人工知能学会全国大会論文集』 28号 1-4 2014
[43] 藤井聡・長谷川大貴・中野剛志・羽鳥剛史 「「物語」に関わる人文社会科学の系譜とその公共政策的意義」『土木学会論文集F5（土木技術者実践）』 67巻 1号 32-45 2011
[44] 船橋晴俊 『新幹線公害－高速文明の社会問題－』 有斐閣選書749 329 1985
[45] 吉本隆明 『重層的な非決定へ』 大和書房 1985
[46] ラトゥール, B 『虚構の「近代」－科学人類学は警告する－』 川村久美

子訳 新評論 2008

[47] Hirst. Paul "Representative Democracy and Its Limits". *The Political Quarterly*. Vol.59, No.2, pp.199-213, 1988

あ と が き

朽木 量

　政策情報学会ができて10年になろうとしていたとき，学会の大会後の懇親会二次会という場で，「政策情報学といってもまだまだ世間に浸透していない。学会誌で10周年記念特集をやるのももちろんだが，商用出版物でもっと世間にアピールする必要がある」などと酒を飲んだ勢いで息巻いていたのを，中道会長が聞き流さずに，すぐさま出版までの道筋をつけて下さった。それが，本書を上梓するきっかけである。

　政策情報学といっても，大抵は何だそれという感じで，すぐには内容が思い浮かばない。しかしながら，この学会に関わり続けて，最近になってようやく政策情報学的なものについて一致を見るようになってきたと思う。それは，政策情報学そのものが会員相互や世間に浸透したというよりも，世のなかが変化したことで，これは政策情報学的思考であると殊更に言挙げしなくても，世のなかのそこかしこに政策情報学的なものを容易に見出すことができるようになったためである。したがって，政策について最新の所説を論じれば，そこには必ずと言っていいほど政策情報学的思考が含まれているのである。そこで，まず，政策情報学とは何か，政策情報学的なものとは何かについて触れておきたい。

　本書第Ⅰ部を見れば明らかであるが，政策情報学とは何かについて尋ねられたとき，私は「現代社会の諸問題に対するポストモダン的思考様式」と答えることにしている。但し，そのポストモダンは，1980年代の日本において注目された「ポストモダン」という名の思想潮流や，単に近代以降という「状態」を指し示しているのではなく近代の科学的思考の合理性・客観性・自明性をくつがえす批判的「姿勢」としてのポストモダンなのである。

　これまで近代科学の名の下で試みられた政策研究では，大衆は個性を喪失させられて「市民」として均質化され，政策研究の対象として客観化され，政策立案の当事者としての立場から切り離されてきた。しかし，昨今ではそうした大衆こそが政策の当事者として組み込まれることが当たり前になりつつあるし，

大衆が持つ豊かな多様性を押し殺すことのないように配慮が求められるようになってきた。それに伴い，従来の政策科学に見られるような経済性，効率性，合理性だけで荒っぽく判断するのではなく，政策の実践される場とそこで展開される意味についていかに解釈するかが重視されるようになってきている。そして，一見バラバラに見えるこれらのことが繋がりあって，政策研究に新たな方向性が見えつつあるように思われる。そんな今だからこそ政策情報学的な思考が求められ，政策情報学を世に問う意味が出てきたと言える。

本書では，第Ⅰ部で政策情報学とその特徴，人文社会科学全体のなかでの位置づけについて論じた。次いで第Ⅱ部では細分化された諸々の学問分野において政策情報学的思考がいかに展開してきているかについて，当方の学会の理事を中心に各々の立場で論じた。第Ⅲ部では政策情報学的思考をするために不可欠な用語，政策情報学の理解に必要なトピックのうち主要なものを厳選してGlossary（用語集）としてまとめた。

既存のディシプリン（学問分野）を固定的に捉える人にとっては統一性がなく，やや散漫に見えるかもしれない。しかしながら，よく見れば近代科学の方法論に則った既存のディシプリンの枠組みに飽き足らず，現代社会の諸問題に対して果敢に挑戦するポストモダン的思考が随所に見られることがわかるだろう。また，斯学の提唱者である井関利明が構想した，学的故郷に固執しない雑多な研究者の「知的リゾート」が顕然と出現していることがわかるだろう。かく言う私も，元はと言えば民俗学や歴史考古学を専門とし，政策研究に縁遠かったにもかかわらず，その知的リゾートに魅せられた１人である。

あとがき冒頭で述べたように，現代社会においてポストモダン的状況は広範囲に浸透しつつある。その一方で，ことさら学問の世界に限っては，大学改革におけるガバナンスの強化，文科省による人文社会科学の軽視など個々の研究の多様性を押し殺そうとする時代錯誤も甚だしい政策が次々と採られ，知のために生きる者は益々疲弊してきている。そうした厳しい状況にあるからこそ，より一層しなやかに対応することが求められ，逆風下でも巧みにappropriateするという，そんな新しい知のあり方もより一層求められるようになってくるだろう。知に生きる者を癒してくれる「知的リゾート」である政策情報学に対する期待は更に大きくなっていくに違いない。知に生きる者の更なる参加を呼

びかけると共に，政策情報学会の益々の発展に期待する次第である。
　本書を作成するに当たり，千葉商科大学経済研究所には井関論文の転載に関して便宜を図っていただいた。また，政策情報学会会員諸氏におかれてはフォーラム・研究大会・学会誌での政策情報学に資する活発な意見交換・論文発表を通じて，当学会の発展に貢献いただいている。そのことが今回の出版に漕ぎつく最大の活力源である。末筆ながら記して，深甚なる感謝の意を表したい。

政策情報学会の歩みと入会案内

学会名称：政策情報学会
英文名称：Association for Policy Informatics (API)
設　　立：2004年11月20日（2007年11月22日・日本学術会議登録）

<学会の歩み>

2004年11月	・政策情報学会発会式、記念シンポジウム（千葉商科大学） ・初代会長に井関利明（千葉商科大学）就任
2005年11月	・第1回研究大会（千葉商科大学） 　テーマ「政策学を創る－明日への展望－」
2006年9月	・第1回政策情報学フォーラム（立命館アジア太平洋大学） 　テーマ「東アジアの未来と人材育成の展望」
2006年11月	・第2回研究大会（千葉商科大学） 　テーマ「社会的公正と政策情報」 ・二代会長に仲上健一（立命館アジア太平洋大学）就任
2007年7月	・第2回政策情報学フォーラム（千葉商科大学） 　テーマ「政策展望を持った大学教育」
2007年11月	・第3回研究大会（立命館大学） 　テーマ「戦略的イノベーションと政策情報学」
2008年7月	・第3回政策情報学フォーラム（関西大学） 　テーマ「地球経営と政策創造」
2008年11月	・第4回研究大会（慶應義塾大学） 　テーマ「転換期の政策創造」
2009年7月	・第4回政策情報学フォーラム（立命館東京キャンパス） 　テーマ「政策情報学とはなにか？」
2009年11月	・第5回研究大会（北九州市立大学） 　テーマ「サステイナブル社会の構築と政策情報：東アジア、環境、エコビジネス」
2010年7月	・第5回政策情報学フォーラム（立命館東京キャンパス） 　テーマ「政策情報学とはなにか？」
2010年11月	・第6回研究大会（エル・おおさか） 　テーマ「国際観光と政策情報：継承と変革」
2011年7月	・第6回政策情報学フォーラム（関西大学） 　テーマ「政策情報学の現在とこれから」

2011年11月	・第7回研究大会（立命館アジア太平洋大学） テーマ「時間・空間軸を横断した文化交流：推進と排除、クリエイティビティという視点を中心に」
2012年7月	・第7回政策情報学フォーラム（立命館東京キャンパス） テーマ「東日本大震災および原発事故後の政策対応」
2012年12月	・第8回研究大会（千葉商科大学） テーマ「一般化された政策とその当事者としての市民：未来設計の観察者から当事者へ」 ・三代会長に中道壽一（北九州市立大学）就任
2013年7月	・第8回政策情報学フォーラム（立命館東京キャンパス） テーマ「震災復興」
2013年11月	・第9回研究大会（一般社団法人テラプロジェクト） テーマ「政策情報と評価」
2014年7月	・第9回政策情報学フォーラム（立命館東京キャンパス） テーマ「政策教育と価値の創出」
2014年11月	・第10回研究大会（関西大学） テーマ「政策評価と規範的思考」
2015年7月	・第10回政策情報学フォーラム（立命館東京キャンパス） テーマ「政策過程における政策情報」
2015年11月	・第11回研究大会（関西学院大学） テーマ「地域資源の利活用と政策情報」

＜学会誌＞

査読付論文誌として年1回（投稿が多い場合は年2回に分割）、政策情報学会誌『Journal of Policy Informatics』を発行しています。

＜入会案内＞

政策情報学会への入会は学会サイト（http://www.policyinformatics.org/）の［入会案内等］より入会届をダウンロードし、入会手続きの流れに沿って必要事項を記載の上、お送りください。

【年会費】一般会員 10,000円、学生会員 3,000円、法人会員 30,000円

編著者

中道　寿一　　Ⅱ部11章
　　現職：北九州市立大学名誉教授，立命館アジア太平洋大学客員教授
　　専門分野：政治理論，政策構想論
　　主要著作：『政策研究－学びのガイダンス－』福村出版　2011（編著），『未来をデザインする政策構想の政治学』福村出版　2014

朽木　　量　　Ⅰ部2章・Ⅲ部
　　現職：千葉商科大学政策情報学部学部長・教授
　　専門分野：物質文化研究，歴史考古学，理論考古学，日本民俗学，地域文化政策
　　主要著作：『墓標の民族学・考古学』慶應義塾大学出版会　2004，『はじめて学ぶ考古学』有斐閣　2011（共著）

執筆者

井関　利明　　Ⅰ部1章
　　現職：慶應義塾大学名誉教授
　　専門分野：人間学方法論，超領域研究法，ソーシャル・マーケティング，政策論，ビジネス認識論
　　主要著作：『ソーシャル・マネジメントの時代－関係づくりと課題解決の社会的技法－』第一法規　2005，『思考　日本企業再生のためのビジネス認識論』学研パブリッシング　2013

山神　　進　　Ⅱ部1章
　　現職：立命館アジア太平洋大学名誉教授
　　専門分野：国際政治経済
　　主要著作：「アジア・太平洋地域で重層的に模索される貿易，投資の自由化」『なぜリージョナリズムなのか』中逵啓示編　ナカニシヤ出版　2013（共著），『激変の時代　我が国と難民問題－昨日－今日－明日－』日本加除出版　2007，ほか

國領　二郎　　Ⅱ部2章
　　現職：慶應義塾大学総合政策学部教授
　　専門分野：経営情報システム
　　主要著作：『ソーシャルな資本主義－つながりの経営戦略－』日本経済新聞出版社　2013，『オープン・アーキテクチャ戦略－ネットワーク時代の協働モデル－』ダイヤモンド社　1999

仲上健一（なかがみ けんいち）　Ⅱ部3章
　現職：立命館大学OIC総合研究機構上席研究員
　専門分野：水資源・環境政策，サステイナビリティ評価
　主要著作：『水をめぐる政策科学』法律文化社　2019, 『里海管理論－きれいで豊かで賑わいのある持続的な海－』柳哲雄編著　農林統計協会　2019（共著）

若井郁次郎（わかい いくじろう）　Ⅱ部4章
　現職：大阪産業大学・立命館大学非常勤講師
　専門分野：環境計画学，環境政策学
　主要著作：『水資源・環境研究の現在－板橋郁夫先生傘寿記念－』土屋正春・伊藤達也編　成文堂　2006（共著），『ISO有効活用ハンドブック』NPO法人ISO有効活用センター編　技報堂出版　2010（共著）

小泉國茂（こいずみ くにしげ）　Ⅱ部5章
　現職：小泉経営工学研究所所長
　専門分野：環境政策
　主要著作：『環境新時代と循環型社会』浅野宗克・坂本清編　学文社　2009（共著），『サステイナビリティ学入門』周瑋生編　法律文化社　2013（共著）

松田憲忠（まつだ のりただ）　Ⅱ部6章
　現職：青山学院大学法学部教授
　専門分野：政治学，政治過程論，公共政策論
　主要著作：『対立軸でみる公共政策入門』松田憲忠・三田妃路佳編　法律文化社　2019（共編著），『ダイバーシティ時代の行政学－多様化社会における政策・制度研究－』縣公一郎・藤井浩司編　早稲田大学出版部　2016（共著）

狭間直樹（はざま なおき）　Ⅱ部7章
　現職：北九州市立大学法学部教授
　専門分野：行政学，社会保障論
　主要著作：「社会保障の行政管理と『準市場』の課題」『季刊社会保障研究』国立社会保障・人口問題研究所　第44巻第1号　2008, 『政策研究－学びのガイダンス－』中道寿一編著　福村出版　2011（共著）

市川顕（いちかわ あきら）　Ⅱ部8章・Ⅲ部
　現職：東洋大学国際学部教授
　専門分野：拡大EU研究・国際公共政策
　主要著作：『EUの社会経済と産業』関西学院大学出版会　2015, 『体制転換とガバナンス』ミネルヴァ書房　2013（共著）

濱野和人　　Ⅱ部9章
　　現職：駿河台大学情報処理教育センター助教
　　専門分野：学習支援論，商業教育論，情報基礎教育
　　主要著作：『アカデミックリテラシー入門［第三版］－コンピュータで情報をみつける・まとめる・つたえる－』千葉商科大学情報教材開発プロジェクト編　ブイツーソリューション　2012（共著），「高等学校における公教育の社会的責任－「学校から社会への移行」という視点から－」『千葉商大紀要』千葉商科大学国府台学会　48巻1号　2010,「大学生のキャリア観の傾向に関する一考察」『千葉商大論叢』千葉商科大学国府台学会　51巻2号　2014

髙木昭美　　Ⅱ部10章
　　現職：芝浦工業大学工学部・建築学部非常勤講師
　　専門分野：政策科学，社会情報学，行政学
　　主要著作：「地方自治システムにおける政策形成プロセスの研究－政策情報論からのアプローチ－」（学位論文・早稲田大学）　2012,「電子自治体政策の今後の基本的方向性－社会情報学の視点から－」『年報行政研究』日本行政学会編　ぎょうせい　48号　2013,『地域計画情報論』土方正夫編著　成文堂　2018（共著）

加藤久明　　Ⅲ部
　　現職：大阪大学産業科学研究所特任准教授
　　専門分野：環境政策，経営組織論
　　主要著作：Hisaaki Kato, Wang XinHui and Ken'ichi Nakagami "Prospects For International Cooperation On Water Safety To Construct Water Conservation City- Based On Comparative Studies Between Fukuoka City And Zhengzhou City, Henan, China," Ken'ichi Nakagami, G. A. Choudhury, Li Jianhua And Kensuke Fukushi (ed.), *Strategic Adaptation Towards Water Crisis*. The University Press, 73-82, 2014,「持続可能なイノベーションに関する一考察－「生活起点」の視点から－」『政策科学』立命館大学政策科学会　17号　2010

政策研究を越える新地平――政策情報学の試み

2015年11月25日　初版第1刷発行
2022年 4月15日　　　第2刷発行

編著者　　中　道　寿　一
　　　　　朽　木　　　量

発行者　　宮　下　基　幸

発行所　　福村出版株式会社
　　　　　〒113-0034　東京都文京区湯島 2-14-11
　　　　　　　　　　　電話　03(5812)9702
　　　　　　　　　　　FAX　03(5812)9705
　　　　　　　　　　　https://www.fukumura.co.jp

印　刷　　モリモト印刷株式会社
製　本　　協栄製本株式会社

©Hisakazu NAKAMICHI, Ryo KUTSUKI　2015
Printed in Japan

ISBN 978-4-571-41057-4 C3030

定価はカバーに表示してあります
乱丁本・落丁本はお取替え致します

福村出版◆好評図書

中道寿一・仲上健一 編著
サステイナブル社会の構築と政策情報学
●環境情報の視点から
◎3,800円　ISBN978-4-571-41044-4　C3036

「持続可能な社会」を築く環境政策を東アジア視点から提示。地方自治体からの具体的な政策発信も詳説する。

中道寿一 編著
政策研究
●学びのガイダンス
◎2,800円　ISBN978-4-571-41042-0　C3036

政策を学ぶために必要な基本的技法と，実際の研究について実践事例を紹介する初学者に最適の入門書。

中道寿一 著
未来をデザインする政策構想の政治学
◎2,500円　ISBN978-4-571-40030-8　C3031

政治とは何かを，M・ウェーバー等著名学者の論を追い，歴史的に概説。政治参加と新たな市民政治を模索する。

A. ウェーバー 著／中道寿一 監訳
A・ウェーバー「歴史よ、さらば」
●戦後ドイツ再生と復興におけるヨーロッパ史観との訣別
◎4,800円　ISBN978-4-571-41051-2　C0036

ヨーロッパ特有の思想史の俯瞰と戦後ドイツへの国家再生の提言。反ナチスを貫き，大戦中に著した渾身の書。

狭間直樹 著
準市場の条件整備
●社会福祉法人制度をめぐる政府民間関係論
◎3,300円　ISBN978-4-571-42065-8　C3036

日本の社会福祉サービスの市場化改革における公平性確保の課題を，政府・民間関係に焦点を当てて考察する。

P.スルクネン・T.F.ベイパー他 著／樋口 進 監訳／門脇陽子・森田由美 訳
ギャンブルの何が問題なのか？
●国際比較から見る公共政策アプローチ
◎4,000円　ISBN978-4-571-41067-3　C3036

現代のギャンブルに関わる諸問題を整理し，ギャンブルの規制と障害の治療について公衆衛生の観点から提言。

E. シャフィール 編著／白岩祐子・荒川 歩 監訳
行動政策学ハンドブック
●応用行動科学による公共政策のデザイン
◎11,000円　ISBN978-4-571-41063-5　C3536

投票行動や健康関連行動など多くの分野の政策策定において，心理学は人々の行動にいかに影響を与えうるか。

◎価格は本体価格です。